FANDUI ZHENDUI FUNÜ DE JIATING BAOLI

反对针对妇女的家庭暴力

两岸及香港相关法律制度与实践比较研究

张荣丽　刘永廷　苗苗 / 著

知识产权出版社
全国百佳图书出版单位

图书在版编目（CIP）数据

反对针对妇女的家庭暴力：两岸及香港相关法律制度与实践比较研究/张荣丽，刘永廷，苗苗著. —北京：知识产权出版社，2019.7

ISBN 978-7-5130-6354-8

Ⅰ.①反… Ⅱ.①张… ②刘… ③苗… Ⅲ.①家庭问题—暴力—防止—法律—对比研究—中国 Ⅳ.①D923.924

中国版本图书馆CIP数据核字（2019）第127808号

内容提要

随着人类发展文明程度的提高，个人权利意识的觉醒和增强，家庭暴力对家庭、社会带来的危害越来越不能被容忍。为此，反对家庭暴力已经成为和谐社会建设的重要组成部分。对于有着两千年封建历史的华人来说，反对针对妇女的家庭暴力，更是任重道远。

本书通过对海峡两岸及香港相关法律法规制度制定和发展进程的研究，可以反映出华人社区反对家庭暴力进程的脉络。而一些案例的列举，又能反映出反对家庭暴力工作的外延广阔，仍有许多工作要做。法规制度与案例结合，大陆与香港、台湾对比，这样有利于不同社会制度下反对家庭暴力工作相互借鉴和提升，更好地促进家庭和睦与社会稳定。

责任编辑：石红华　　**责任校对**：潘凤越
封面设计：张　冀　　**责任印制**：孙婷婷

反对针对妇女的家庭暴力：两岸及香港相关法律制度与实践比较研究

张荣丽　刘永廷　苗　苗　著

出版发行：知识产权出版社有限责任公司	**网　　址**：http://www.ipph.cn
社　　址：北京市海淀区气象路50号院	**邮　　编**：100081
责编电话：010-82000860转8130	**责编邮箱**：shihonghua@sina.com
发行电话：010-82000860转8101/8102	**发行传真**：010-82000893/82005070/82000270
印　　刷：北京虎彩文化传播有限公司	**经　　销**：各大网上书店、新华书店及相关专业书店
开　　本：787mm×1092mm　1/16	**印　　张**：13.25
版　　次：2019年7月第1版	**印　　次**：2019年7月第1次印刷
字　　数：238千字	**定　　价**：58.00元

ISBN 978-7-5130-6354-8

前 言

家庭暴力是一个全球性的社会问题，是男女不平等在家庭中的体现，妇女儿童是家庭暴力的主要受害者。调查数据和研究结论均显示，家庭暴力已经成为阻碍妇女与男性平等享有权利和影响妇女潜能发展的一个负面因素，也是婚姻解体及家庭内部刑事犯罪的重要诱因，直接影响家庭和谐与社会稳定。为消除家庭暴力这一社会顽疾，各国政府和国际社会都在不断进行探索和努力。

自20世纪70年代以来，联合国在一些重要的国际人权公约和宣言、文件中强调各国政府应关注家庭暴力对妇女儿童基本人权的侵害，采取包括立法在内的一切措施消除对妇女儿童的家庭暴力。1979年联合国通过了《消除对妇女一切形式歧视公约》，该公约为各国保护妇女权益提供了一个覆盖政治、经济、社会、文化、家庭诸方面的综合标准，消除家庭中和社会上对妇女各种形式的歧视成为全球社会发展中的一个重要议题。1994年联合国通过了《消除对妇女的暴力宣言》，宣言将针对妇女的家庭暴力描述为："在家庭内发生的身心方面和性方面的暴力行为，包括殴打、家庭中对女童的性凌虐、因嫁妆引起的暴力行为、配偶强奸、阴蒂割除和其他有害于妇女的传统习俗、非配偶的暴力行为和与剥削有关的暴力行为。"宣言认为，"对妇女的暴力行为是历史上男女权力不平等关系的一种表现，……是严酷的社会机制之一，它迫使妇女陷入从属于男子的地位"，倡导"各国应以一切适当手段尽快采取政策消除对妇女的暴力行为"。《消除对妇女一切形式歧视公约》和《消除对妇女的暴力宣言》的内容成为各国制定反家庭暴力公共政策和立法的重要参考。

中国政府一贯致力于妇女解放及各项合法权益的保护。早在1980年7月17日联合国第二次世界妇女大会上，康克清同志就代表中国政府签署了《消除对妇女一切形式歧视公约》，中国成为公约最早的缔约国之一。同年9月，第五届全国人大常委会第十六次会议批准了该公约（对第29条国际仲裁予以保留）。1992年4月3日第七届全国人民代表大会第五次会议通过的《妇女权益保障法》中规定：妇女在政治的、经济的、文化的、社会的和家庭的生活等方面享有与男子平等的权利。禁止歧视、虐待、残害妇女。2001 年，《婚姻法》进行修正时，在总则中增加了“禁止家庭暴力”的规定，这是中国法律中第一次出现家庭暴力的禁止性规定。之后，与妇女、儿童、老年人、残疾人等弱势人群权益保障有关的法律修订时均增加了禁止实施家庭暴力的规定。2015 年 12 月 27 日，社会各界呼吁多年的《中华人民共和国反家庭暴力法》终于面世，这部以预防和处置为主要内容的反家暴专项立法，使得社会各方面处理家庭暴力问题走入法制化轨道。该法实施三年以来，效果良好，局部地区统计数据显示家庭暴力投诉率已经有所下降。

家庭暴力成因复杂，不同国家和地区由于文明发展程度及风俗习惯不同，在应对家庭暴力的措施选择上也有所不同。尽管由于历史原因，祖国大陆、香港、澳门特别行政区及台湾地区法律制度有所不同，但在治理家庭暴力这一复杂社会问题上，都注重发挥立法的作用。早在 1986 年，当时的港府就制定了《家庭暴力条例》，实施二十余年后，香港特别行政区政府结合社会发展需要，于 2008 年和 2009 年连续两年修订条例，2010 年更名为《家庭及同居关系暴力条例》，扩大了条例对家庭暴力受害人的保护范围。台湾地区立法机构于 1998 年 6 月 24 日公布了“家庭暴力防治法”，并于次年发布了“家庭暴力防治法实施细则”。澳门特别行政区立法会在广泛听取社会各界意见的基础上，于 2016 年 5 月通过了《预防及打击家庭暴力法》，该法已于 2016 年 10 月 5 日起正式生效。至此，祖国大陆、港澳特别行政区和台湾地区都有了反家庭暴力的专项法律法规。然而，徒法不足以自行，有了反家暴专项立法，还要有反家暴的责任机构、专业社会组织和具体工作机制去落实法律的具体规定。祖国大陆、香港特区、台湾地区从当地社会实际情况出发，结合防治家庭暴力的专项立法，探索开展反家暴实践，取得了丰富的中国经验，例如香港特区反家暴社会组织建立的“一站式”受害人支援服务机构，台湾地区各县市全面实施的“家庭暴力安全防护网”方案，大陆公安机关对轻微家暴行为实施的告诫制度等，都富有创造性且实施效果良好。

本书在归纳家庭暴力概念、特点、类型等基本概念的基础上，回顾了中国内地反家暴的立法进程，介绍了家庭暴力的现状，较为详细地论述了中国《反家庭暴力法》的立法目的、重要原则、预防和处置家暴的具体程序、机制以及法律责任等内容。本书还概要介绍了香港特别行政区、台湾地区家庭暴力的现状，结合法律制定，较为详细地介绍了香港特别行政区、台湾地区反家暴的法制框架和防治家庭暴力法规的主要内容。对地区一些重要的法律制度，例如香港特区的强制令制度、台湾地区的加害人处遇计划等进行了较为全面和深入的介绍。

本书三位作者有的长期在香港高校任教，有的教授港澳台法规，有的参与国家社科基金项目在全国多地进行反家暴基层调研，亦曾应邀赴香港特别行政区、台湾地区参与反家暴培训，到当地反家暴机构参访、座谈等。作者通过资料研究和实地走访，认为祖国大陆、香港特别行政区、台湾地区的反家暴工作各有所长，如果及时把反家暴的基层实践经验总结和呈现出来，不仅能为研究和实务提供参考资料，而且可以促进相互间的交流学习、彼此借鉴，提升反家暴工作水平，撰写出版本书的主要目的即在于此。作者还结合发生在不同地方的家庭暴力典型案例，说明反家暴法律在实践中的具体运用及目前面临的一些挑战，进而对完善立法和司法提出了一些有针对性的建议。

本书作者均系高校教师，各自承担较为繁重的教学及科研任务，时间精力有限，因此文中难免有疏漏和不当之处，望读者予以谅解，并欢迎专家学者和读者们批评指正。期待本书的出版可以进一步促进海峡两岸及香港、澳门特别行政区在反家暴议题上的交流和探索，为世界范围内开展的反家暴活动贡献中国智慧。

衷心感谢挪威奥斯陆大学法学院对本书出版的资助，尤其要感谢项目官员王羿女士，她对项目的促成与开展倾注了心血。还要感谢中国社科院法学研究所陈明侠教授、东吴大学法律研究所兼任客座副教授王如玄女士（台湾常青国际法律事务所顾问律师）、北京源众性别发展中心李莹主任、北京科技大学王竹青教授在本书立项、调研、机构参访、资料案例收集及出版方面提供的巨大帮助。最后，感谢知识产权出版社对本书选题的厚爱，并对石红华编辑和她的同事们对本书出版付出的辛劳致以诚挚的谢意！

本书写作分工如下：

张荣丽：第一章、第二章、第五章

苗苗：第三章

刘永廷：第四章

全书由张荣丽负责统稿。

张荣丽

2019 年 5 月

目　录

第一章　关于家庭暴力的几个基本问题

一、问题的由来

针对妇女的家庭暴力，是一个古老的社会现象。究其根本原因，与人类社会发展早期的母权制被推翻有直接关系。“母权制的被推翻，乃是女性的具有世界历史意义的失败。”❶ 随着人类社会由母系社会进入父系社会，特别是国家建立之后，男性全面掌握国家权力。男性普遍意义上的权力意识由社会公共领域延伸到家庭的私人领域，男性在家庭中也效仿国家统治的权力架构，建立起父权制度，将包括配偶、子女在内的家庭成员都纳入父权制的统治范围。对妇孺施暴作为一种家庭内部的统治手段成为男性家长权的重要组成部分，因此，家庭暴力实质上是一种建立在性别基础上的男性权力的彰显形式，暴力从来不是目的，而是达到目的的手段。如果要历史性地回顾和概括男性对妇女实施家庭暴力的原因，以下几个方面是不应被忽略的。

（一）继承人血统纯正问题

当私有制下家庭积累了一定财富后，男性为确保自己积累的财富能够由血统纯正的后代继承，于是，将配偶活动领域限定在家庭中，就成为一种自然而然的选择。“为保证妻子的贞操，从而保证子女出生自一定的父亲，妻子便落在丈夫的绝对权力之下了；即使打死了她，那也不过是行使他的权利罢了。”❷古代法律保护男性以暴力方式对家庭成员进行管束，甚至对子女的生命享有生杀予夺的权力，这种权力为父权制建构的社会文化和宗教信仰所支持、接纳和

❶ 恩格斯：《家庭、私有制和国家的起源》，人民出版社 1972 年版，第 52 页。

❷ 同上，第 53 页。

宽容。[1]

（二）婚姻家庭冲突的主导控制权问题

如果说在古代科学技术不发达的情况下，男性采用包括暴力在内的各种方式控制配偶是为了保证子女血统纯正，那么时至今日，在已经可以通过技术手段鉴定子女是否是男性生物学意义后代的情况下，家庭暴力现象在全球依然广泛存在，可见男性施暴还有其他原因。

人类社会进入近现代以来，全球范围内妇女走出家门广泛就业，在社会各领域发挥着重要的作用。但部分男性在生活中仍旧复制传统的“男主外，女主内”的性别分工模式，妇女在社会上顶起半边天的同时，在家庭中还是要履行“女主内”的责任，这就使部分女性要面对职业和家庭的双重压力。随着科技的不断发展和人口不断增加，全球劳动力市场供大于求的状态普遍化，家庭面临的生存压力也在增加。尤其在发展中国家，为了负担住房、教育、医疗、日常生活等必须的支出，家庭成员不得不在职场付出更多时间和精力，承受更大的职业压力，这种压力如果没有良性的释放方式，就很容易在家庭中演变为人与人之间的矛盾和冲突。

“婚姻冲突是一种远远绵长，深为人们熟悉的社会形态。解决这类冲突的方式有多种多样，可沉默，可咆哮，可事先防范，可出走，也有扔东西，甚至杀人等等。”[2] 战争作为政治最极端的形式，是国家或者地区之间矛盾不可调和的产物。人与人之间也是如此，面对双方矛盾冲突，尽管解决方式可以有多种选择，但强势一方凭借体力优势，采用暴力方式驯服、控制另一方，使对方顺从自己是最为简单、迅速的办法，效果往往在一场暴力后立竿见影。男性体力普遍优于女性，更胜过儿童，有施暴的生理优势。家庭暴力作为男性解决家庭矛盾和冲突的手段，客观上能够达到暂时或者长期控制对方的目的，[3] 不管

---

[1] 法律中，古罗马国家的《十二铜表法》第四表“父权法”第1条规定：婴儿（被识别出）为特别畸形者，得随意杀之。在中国清代，有关夫殴妻妾和妻妾殴夫的法律规定，“凡妻殴夫者，杖一百；其夫殴妻，非折伤勿论。”（参见《大清律例·刑律·斗殴》之“妻妾殴夫”条）明显的同罪异罚，女重男轻。宗教和文化上，犹太教、基督教经典《圣经》中，女性被描述为上帝借由男性的一根肋骨创造，女人生命来自男人，应该被男人管辖。在东方尤其是中国影响广泛的儒家经典《论语》中则有“唯女子与小人难养，近之则不逊，远之则怨”的说法。西汉董仲舒在他的《春秋繁露》中提出“三纲”：“君为臣纲，父为子纲，夫为妻纲”，从文化上歧视贬低女性，宣扬男性对女性具有当然的统治管理权力。

[2] 【美】罗斯·埃什尔曼：《家庭导论》，中国社会科学出版社1991年版，第598页。

[3] 陈敏：《涉家庭暴力案件审理技能》，人民法院出版社2013年版，第4页。

是暂时控制还是长期控制，都表明男性借助体力优势，以暴力手段在矛盾冲突中占据了主导权，控制了事态发展，达到让他人服从自己意志的目的。

（三）成瘾问题

酒瘾、毒瘾、赌瘾、烟瘾、性瘾，网瘾、购物瘾、药物成瘾[1]……出于各种原因，社会上部分人对某种药品、毒品、饮品或者某种行为产生强烈的生理心理依赖，需要不断重复以满足精神上的强烈渴求和冲动，如果减少或停止成瘾的物质和行为时会出现周身不适、烦躁、易怒等现象，甚至产生幻觉。对各种成瘾人群的研究表明，成瘾者中以男性居多，其中有部分人在吸毒酗酒后，自我控制能力下降甚至完全失去控制，对家庭成员施暴。有些成瘾者本身并没有暴力倾向，但是家庭成员试图挽救这些“瘾君子”，暴力成为他们的“挽救”方式之一。如果经过专业人员评估后确认成瘾是施暴的主要原因，就要在干预时重点帮助成瘾者戒瘾。有些国家在法律中对成瘾者有明确的戒瘾治疗要求，例如越南的《预防和控制家庭暴力法》有要求国家卫生部颁布治疗酗酒症状的程序的规定。美国《反对针对妇女的暴力法案》中针对药物滥用和家庭暴力之间的相互关系问题，要求卫生福利部部长开展一项有关犯罪行为人滥用毒品和酗酒与所报道的家庭暴力发生率之间的相互关系的研究，并要求卫生福利部部长向国会提交关于该项研究结果的报告。[2]我国台湾地区“家庭暴力防治法”中规定检察官、司法警察官或司法警察径行拘提或签发拘票时，尤应注意被告或犯罪嫌疑人“酗酒、施用毒品或滥用药物之习惯”。这说明一些国家和地区的法律已经关注到了成瘾和家暴之间的关系，试图以强制戒瘾的方式阻断因成瘾造成的家暴。尽管成瘾与暴力之间关系密切，但这并不能成为行为人施暴的抗辩理由，有些国家的反家暴法中也明确申明了这一点，菲律宾《2004年反对针对妇女及其子女的暴力法案》第27条规定：“禁止的辩由——本法不承认酒精、非法药物或者其他损伤头脑的毒品的影响力作为辩由。”

除了从施暴者角度分析其施暴原因外，考察家庭以外的社会因素也非常重要。调查表明，一个对暴力持宽容态度的国家或地区，一个视性别不平等为当

---

[1] 陈身健、刘志强、徐丽君：《药物成瘾与认知障碍的研究进展》，《实用医学杂志》2017年第2期。“药物成瘾是以失去控制地服用某种成瘾药物为特征的并伴有身心健康和社会功能受损的慢性、复发性疾病。长期服用成瘾性药物和认知功能障碍有关。”

[2] 夏吟兰主编：《家庭暴力防治法制度性建构研究》，中国社会科学出版社2011年版，第729页。美国《反对针对妇女的暴力法案》第1195条。

然，对女性高度歧视的国家和地区，也一定是家庭暴力的高发地区。在全球范围内考察和判断一个国家（地区）性别平等的状况，不仅要看法律规定、国家（地区）报告和统计数据，更要看当地至今盛行的文化习俗。只要当地习俗中还普遍对女孩实行“割礼”[1]，因嫁妆不够就虐待甚至烧死新娘，对妇女实行“荣誉谋杀”[2]，童婚、买卖婚姻、拐卖妇女猖獗，为女人在生活中规定诸多禁忌，不断曝出女性遭受暴力摧残、性骚扰，诸如此类，这样的国家或地区，无论法律上规定男女多么平等，无论国家报告、统计数据多么令人鼓舞，都要清醒地意识到这些国家或地区对女性仍存在严重的性别歧视，都要对习俗背后可能隐藏的普遍的对女性的家庭暴力有合理的推测。

不管基于什么理由，从根本上说，家庭暴力是父权制的衍生品，是父权文化的组成部分。在法律上规定人人平等的现代社会，无论是公领域还是家庭私领域中，强者对弱者的压迫和欺凌现象都是不可容忍的，因为它侵犯了人的基本权利——生命健康与人格尊严，挑战法治社会人人平等的底线，造成婚姻破裂和家庭、社会的不稳定。因此，国家有义务采取各种措施消除家庭暴力这种野蛮现象。“男女共有一个世界，消除对妇女的歧视和偏见，将使社会更加包容和更有活力。我们要努力消除一切形式针对妇女的暴力，包括家庭暴力。”[3]

为消除家庭暴力这一社会顽疾，各国政府和国际社会都在不断探索和努力。自20世纪70年代以来，联合国在一些重要的国际人权公约和宣言、文件中强调各国政府应关注家庭暴力对妇女儿童基本人权的侵害，采取包括立法在内的一切措施消除对妇女儿童的家庭暴力。1979年联合国通过了《消除对妇

[1] 根据联合国儿童基金会的定义，女性割礼或者说女性生殖器割礼，或者说女性生殖器切除，指的是对女性施行的部分或者完全切除外生殖器或者对女性生殖器官造成其他伤害的所有外科手术，包括切除阴蒂和外阴部等。见 https：//baike. baidu. com/item/% E9% 9D% 9E% E6% B4% B2% E5% A5% B3% E5% AD% A9% E5% 89% B2% E7% A4% BC/7846834。联合国儿童基金会报告显示，超过3000万女童面临着女性生殖器割礼的威胁。目前世界上约有1.25亿女性曾接受过女性生殖器切割手术。http：//www. chinanews. com/gj/2013/07 – 23/5075513. shtml；https：//baike. baidu. com/item/% E9% 9D% 9E% E6% B4% B2% E5% A5% B3% E5% AD% A9% E5% 89% B2% E7% A4% BC/7846834。

[2] 《全球5000妇女去年死于“荣誉谋杀”手段很残忍》。所谓“荣誉谋杀”是指凶手谋杀家庭成员以“捍卫家族或家庭荣誉”，受害者多为女性，遇害原因通常是“失贞”或“不检点”，常见的情况有被强奸、被怀疑通奸、打扮时髦、拒绝包办婚姻、提出离婚要求等。“荣誉谋杀”的手段也非常残忍，包括枪击、石砸、焚烧、活埋、窒息、刀刺等。http：//news. 163. com/10/0306/07/612VGO4H000146BC. html。

[3] 引自2015年9月27日中国国家主席习近平在纽约联合国总部出席并主持全球妇女峰会上发表的开幕式讲话——《促进妇女全面发展，共建共享美好世界》。见 http：//politics. people. com. cn/n/2015/0928/c1024 – 27639863. html。

女一切形式歧视公约》；1994 年联合国通过了《消除对妇女的暴力宣言》；1995 年第四次世界妇女大会通过了《北京宣言》和《行动纲领》，达成促进男女平等、保障妇女权利的战略目标和政策框架，将消除对妇女的暴力作为提高妇女地位的 12 个关切领域之一。1996 年联合国经济与社会理事会人权委员会通过了《家庭暴力示范立法框架》，指出应当“建立专门的法律来禁止在家庭和其他人际关系中对妇女施加暴力，保护此类暴力中的受害者，并阻止暴力的进一步发展”，为各国制定国内的反家庭暴力法提供专业指导。1999 年 12 月 17 日，联合国大会核准了由多米尼加共和国提交的草案，正式通过决议，将每年的 11 月 25 日定为“国际消除家庭暴力日”（亦称“国际消除对妇女的暴力日”）。2000 年 9 月联合国首脑会议上由 189 个国家签署《联合国千年宣言》，承诺以 15 年的时间在减贫、扫除文盲、对抗艾滋病、环境治理等领域致力于提升各国人民福祉，“促进男女平等并赋予妇女权利”是目标之一。2015 年 9 月，联合国 193 个会员国一致通过了《2030 年可持续发展议程》，确立了 17 个在 2030 年前要实现的可持续发展目标，其中的目标 5 是“实现性别平等，增强所有妇女和女童的权能”。国际社会围绕消除对妇女的歧视和暴力通过的所有立法、宣言及文件，表明各国政府在消除针对妇女的暴力问题上达成了广泛的共识和一致的奋斗目标，这种跨越社会制度、民族种族、文化习俗的共识推进了全球反家庭暴力工作不断向前发展。

二、家庭暴力的概念、特点及类型

预防和制止家庭暴力，首先要清楚家庭暴力的内涵。各国对家庭暴力的法律界定不仅要考虑本国情况，还应与加入的国际公约或者国际文件中对家庭暴力定义的国际标准保持一致，以确保全球反家庭暴力的目标和效果的一致。

（一）家庭暴力的定义

迄今为止，涉及妇女权益保护最重要的国际人权公约是《消除对妇女一切形式歧视公约》，这是国际社会在妇女人权保障方面达成的最广泛的共识。“最明显的妇女人权的形成是在 1979 年联合国大会通过了《消除对妇女一切形式歧视公约》之后。……这一基础广泛、综合全面的文件将妇女权利置于国际法律话语的中心地位。”❶ 公约中对何为“对妇女的歧视”给出了定义，规定了缔约国在消除对妇女歧视上应采取的措施❷，但没有就家庭暴力问题作出明确规定。1992 年联合国消除对妇女歧视委员会❸第 19 号一般性建议将“家庭暴力”表述如下：“家庭暴力是对妇女的最有害的暴力形式之一。它在所有的社会都普遍存在。在家庭关系中，各个年龄的子女都会遭受各种各样的暴力，包括殴打、强奸、其他形式的性攻击、精神方面的暴力以及由于传统观念而长期存在的其他形式的暴力。因缺乏经济独立，许多妇女被迫处在暴力关系之中。男子不承担其家庭责任的行为，也是一种形式的暴力和胁迫。这些形式的暴力置妇女的健康于危险之中，并损及她们平等地参与家庭生活及公共生活的能力。”❹ 第 19 号一般性建议所指的家庭暴力主要是丈夫对妻子实施的暴力，暴力表现形式包括身体暴力、精神暴力、性暴力和经济控制。

1993 年联合国《消除对妇女的暴力宣言》是国际反家庭暴力最重要的文件之一，第一次给“对妇女的暴力行为”作出明确定义。宣言第 1 条：“对妇女的暴力行为”一词系指对妇女造成或可能造成身心方面或性方面的伤害或痛苦的任何基于性别的暴力行为，包括威胁进行这类行为、强迫或任意剥夺自由，而不论其发生在公共生活还是私人生活中。宣言第 2 条列举了在家庭中发生的对妇女的各种暴力行为：“在家庭内发生的身心方面和性方面的暴力行为，包括殴打、在家庭中对女童的性虐待、因嫁妆而引起的暴力行为、强奸配偶、阴蒂割除和其他有害于妇女的传统习俗等。”宣言中界定的家庭暴力包括身体暴力、精神暴力和性暴力，受害人范围不限于妻子，还包括家庭中的女童。宣言特别提示各国关注对女性施暴的传统习俗，例如割礼。

---

❶ 【美】凯利 D. 阿斯金、多萝安 M. 科尼格编：《妇女与国际人权法》，黄列、朱晓青译，三联书店 2007 年版，第 4 页。

❷ 《消除对妇女一切形式歧视公约》第 1 条：“对妇女的歧视”一词是指基于性别而作的任何区别、排除和限制，其作用或目的是要妨碍或破坏对在政治、经济、社会、文化、公民或任何其他方面的人权和基本自由的承认以及妇女不论已婚未婚在男女平等的基础上享有或行使这些人权和基本自由。第 5 条：缔约各国应采取一切适当措施：（a）改变男女的社会和文化行为模式，以消除基于因性别而分尊卑观念或基于男女定型任务的偏见、习俗和一切其他方法。第 16 条：1. 缔约各国应采取一切适当措施，消除在有关婚姻和家庭关系的一切事务上对妇女的歧视。

❸ 联合国消除对妇女歧视委员会（CEDAW）于 1982 年建立，是由全球 23 位妇女问题专家所组成的一个专家机构。委员会的任务是监督《消除对妇女一切形式歧视公约》的缔约国在妇女问题上所取得的进展。https：//www. un. org/zh/aboutun/structure/ecosoc/cedaw/。

❹ 参见第 19 号一般性建议（1992 年）“对妇女的暴力行为”。http：//hrlibrary. umn. edu/chinese/CHgencomm/CHgenerl19. htm。

1996 年联合国《家庭暴力示范立法框架》（以下简称《立法框架》）指出家庭暴力立法必须明确规定："无论是在家庭内部还是在其他人际关系中针对妇女施加的暴力都是家庭暴力"。"所有这些由家庭成员对家庭中的妇女施加的以性别为基础的肉体上的、精神上的以及性的侵害行为，从简单的攻击到严重的肉体上的殴打、绑架、威胁、恐吓、强迫、盯梢、口头上的侮辱谩骂、强行或非法闯入住宅、纵火、损坏财产、性暴力、婚内强奸、因嫁妆或聘礼引起的暴力、女性生殖器残害、强迫卖淫、对家务工作者的暴力以及具有上述行为倾向的行为都可视为'家庭暴力'行为。"《立法框架》列举了家庭暴力的更多表现形式，并将家庭暴力的范围扩展到针对家务工作者实施的暴力，除了已经实施的各种暴力，具有施暴倾向也被视为家庭暴力。《立法框架》对家暴的宽泛定义使得家庭中更多暴力被关注到，恋爱、同居、曾有亲密关系等更多人际关系中的暴力行为被建议纳入法律调整的范围，各国可以根据本国具体情况在立法界定家庭暴力时参考，受害人范围的扩大也使得反家庭暴力法的社会应用价值更大。《立法框架》对家庭暴力的宽泛定义对很多国家和地区制定国内反家庭暴力法产生了积极影响：20 世纪 90 年代末期以及本世纪以来各国各地区立法中对家庭暴力的定义基本上与《立法框架》中的定义相近；有些国家或者地区法律中的家暴定义与《立法框架》有差别的，也在法律修订时向《立法框架》的要求靠近。例如 2013 年，美国《反对针对妇女的暴力法案》就扩大了保护范围，包括了同性恋者、土著印第安妇女等；我国台湾地区"家庭暴力防治法"在 2007 年修正时，把同居关系纳入了法律调整的范围。《立法框架》中不仅有对家庭暴力的宽泛定义，还包含警察、法官、律师在反家暴中应承担的重要职责，保护令制度、受害人救助、反家暴专业培训等诸多反家暴立法必须体现出的元素，作为一部立法指引草案，《立法框架》在推进各国反家庭暴力立法方面起到了积极的示范和引领作用，最大程度地缩小了国家间在反家暴立法上的差距。

（二）家庭暴力的特点

家庭暴力不仅起因复杂，外在特征上也与社会上其他的暴力形式有所不同。很多学者根据各自的研究对家庭暴力的特点进行了总结，概括出隐蔽性、连续性、严重性、多样性、长期性等特点。[1] 在以往研究的基础上，结合长期的观察和思考，我们将家庭暴力的特征概括为隐蔽性、反复性和残忍性。

1. 隐蔽性

几乎所有的归纳家庭暴力特点的研究，都会将隐蔽性作为其中一个。中央电视台曾制作过一个对监狱中杀夫女犯的访谈节目[2]，当主持人问她们事发前是否向外界求助过时，在场的女犯几乎异口同声地回答“没有”。有些家庭中的矛盾冲突激烈到杀人的程度，受害人还在保持沉默，那么，社会上有很多家庭暴力未被发现就是一种合理推测。不仅家庭暴力的加害方不愿意让外界知道自己的施暴行为，受害一方顾及家庭完整、家庭名誉、个人面子，或者受加害人恐吓威胁，不愿意或不敢让外界知道自己遭受的暴力，有些受害人甚至找借口遮掩家暴真相。个别极端的案例显示，女方直到被男方打死，外界才知道她的家庭中存在长期和严重的家庭暴力。[3] 家庭暴力的隐蔽性特点使得暴力行为在家庭中可以长期存在，受害人因此所受到的身心伤害也就特别严重。

2. 反复性

家暴受害人在叙述自己遭受的家庭暴力时，基本上都提及了暴力行为的反复发作。长期、多次成为家庭暴力的另一显著特征。“家庭暴力行为的发生和发展，呈周期性模式。模式的形成，一般要经过两个或两个以上暴力周期。每个周期通常包括关系紧张的积聚期（口角、轻微推搡等）、暴力爆发期（暴力发生、受害人受伤）、平静期（亦称蜜月期，加害人通过口头或行为表示道歉求饶获得原谅，双方和好直到下个暴力周期的到来）。暴力周期的不断重复，使受害人感到无助和无望，因而受制于加害人。”[4] 一个暴力周期结束，下一个暴力周期又开始，没有外力干预或者加害人主动放弃暴力行为，这样的周期循环会持续下去，反复发生。

一些受害人，尤其是成年女性，也会试图采取各种方式反抗家庭暴力，例如逃避，报警，向亲友、社区求助，提出分手或离婚等，如果受害人的这些反抗行为没有达到终止暴力的目的，就可能招致加害人的报复。在加害人施暴和

---

[1] 巫昌祯：《关于家庭暴力的研究概况》，《防治家庭暴力研究》，群众出版社 2000 年版，第 14－15 页。

[2] 2005 年，中国中央电视台《新闻调查》节目时任主持人柴静在河北省石家庄女子监狱采访杀夫女犯，制作成一期《女子监区调查》节目，在社会上影响广泛。

[3] 王永钦：《女记者红梅之死调查：坚硬的世俗》，《中国妇女报》2016 年 4 月 25 日。

[4] 最高人民法院应用法律研究所：《涉家庭暴力婚姻案件审理指南》。

受害人反抗的拉锯战中，为达到控制的目的，加害人的施暴程度一般会随着时间推移逐渐升级，对受害人的伤害后果愈发严重。

3. 残忍性

无论哪种社会制度和文化传统之下，对家庭和亲情的重视和营造都是共通的。以中国为例，中国传统文化中特别重视亲情，父慈子孝、兄友弟恭、夫妻相濡以沫是千百年来中国家庭成员理想关系状态的形象写照。受这种传统家庭文化熏陶长大的中国人，对有亲密关系的人实施暴力并非没有任何心理障碍，有些人在施暴后又不断请求原谅，道歉求饶，原因亦在于此：他们对自己向亲人施暴的野蛮行径亦感到羞耻和难以面对。加害人一旦克服了亲情带来的心理障碍，也就泯灭了人性中的良善和对法律的敬畏，施暴时没有了人性和理智的约束，行为的后果必然朝着恶性方向发展。有学者将家庭暴力形容为“人性之恶、家庭之痛、社会之患、文明之殇”❶，认为“家庭暴力集中反映了人性的丑恶、邪恶和罪恶”❷。的确，很多家庭暴力典型案例中呈现出的施暴细节都可以用“酷刑”来形容，其中那些针对女性的面部、性器官实施的伤害和摧残，其残忍程度挑战人伦底线，一些父母对年幼子女的施暴手段更令人发指。这些施暴者的行为已经严重背离了人所应该具备的基本人性，家庭暴力与一般的夫妻矛盾和家庭纠纷有着本质的区别。❸

对女性的精神暴力同样具有残忍特征。“我们关心暴力行为和虐待行为造成的后果时，必须知道，妇女经常谈到的最严重和最持久的伤害往往是感情上和心理上的虐待。”❹ 女性对婚姻生活有着近乎天然的美好和温柔期待，精神暴力摧毁的恰恰是女性对美好生活的向往。例如，有些男性公然带“小三”回家同床共枕，以此羞辱妻子；有些男性以女方娘家人或者子女的生命来要挟女方就范；跟踪、骚扰，恶毒的侮辱谩骂，讥讽贬低，受害人日复一日地承受着精神痛苦。“很多受害人因此感受到屈辱、恐惧、无助、自卑、痛苦、绝望等负面情绪，并因此出现比较严重的抑郁、焦虑、自杀倾向，有的甚至被逼成

---

❶ 王春霞：《反家庭暴力法（征求意见稿）公布是重大历史进步——专访中国法学会婚姻家庭法学研究会副会长李明舜》，《中国妇女报》2014 年 11 月 28 日第一版。

❷ 同上。

❸ 陈敏：《涉家庭暴力案件审理技能》，人民法院出版社 2013 年版，第 5 页。

❹ ［英］玛丽安·海斯特：《家庭暴力：英国调研概览》，引自《防治家庭暴力研究》，群众出版社 2000 年版，第 49 页。

精神分裂症患者。”[1] 的确，一些杀夫女犯在述及自己的遭遇时，除了身体伤害，她们对精神上承受丈夫长期的侮辱贬损，甚至哪一次对方说了怎样的话都记忆深刻。受害人在长期精神暴力之下积累的仇恨不仅深刻，而且富于报复性。

总结家庭暴力的特征并非仅仅出于理论研究的需要，明晰家暴的特征有两个意义：一是提示研究和实务人员在调查研究和实施干预时，对数据和干预效果要有清醒的认识。例如，调研中一些地区家庭暴力的投诉数量很少，但数据少不一定表示当地没有家暴问题，或许是由于家暴行为的隐蔽性造成的；有些暴力家庭在外力干预下暂时恢复平静，干预工作似乎可以结束，但是如果实务工作者了解家庭暴力有反复性的特征，就会科学评估干预的效果，采取定期回访等方式，帮助家庭巩固和延长平静期，直至问题彻底解决。二是通过总结家暴特征打破社会在家庭暴力问题上长期以来形成的一些刻板印象。例如，家暴的隐蔽性可以警示公众：有些“和睦家庭”可能隐藏着长期的家庭暴力，教育单位、社区工作者、医疗机构、基层群众组织在接触妇女儿童残疾人过程中，应注意他们流露出的一些家暴痕迹；家暴的残忍性警示执法机关，不能把家庭暴力当成家务事，忽视家暴可能引发的严重后果，对受害人的报警和起诉，应及时果断地依法处置。

（三）家庭暴力的类型划分

家庭暴力不仅有共同的问题特征，还可以根据一定的标准划分成不同类型。对家暴现象做类型划分研究，可以在制定对策时更富有针对性。从世界各国防治家庭暴力的法律来看，家庭暴力分为四种类型，包括身体暴力、精神暴力、性暴力和经济控制。

1. 身体暴力

是指加害人通过殴打、捆绑、伤害受害人，或限制受害人人身自由等方式，使受害人产生肉体痛苦和惧怕的行为。

2. 精神暴力

是指加害人以侮辱、谩骂、恐吓，或者不予理睬、不给治病、不肯离婚、限制社交范围（主要是限制与异性交往）、监视跟踪等手段对受害人进行精神

---

[1] 转引自陈敏：《涉家庭暴力案件审理技能》，人民法院出版社2013年版，第7页。

折磨，使受害人产生屈辱、恐惧、无价值感的行为。

3. 性暴力

是指加害人实施或威胁实施性暴力及其他违背受害人意愿的性行为，侵害家庭成员性权利的行为。受害者多为成年已婚妇女或者未成年女童。侵害行为包括对被害人实施的婚内强奸、性虐待、猥亵、强迫卖淫等。实施性暴力的目的除了满足加害人的性欲外，更重要的是通过这种手段彻底摧毁受害人的自尊心和自我价值认同，达到从精神到肉体对受害人的全面控制。

4. 经济控制

是加害人通过对夫妻共同财产和家庭收支状况的严格控制，摧毁受害人自尊心、自信心和自我价值感，以达到控制受害人和使其屈从自己的目的。

有些加害人在施暴时长期使用一种暴力形式，例如身体或者精神暴力，有些加害人对家庭成员实施的家庭暴力则是复合的多重暴力。有些暴力形式较为明显，例如肉体暴力，受害人容易留存证据；有些暴力则比较隐蔽，例如精神暴力、性暴力，受害人难以保存证据加以证明，给司法机关对暴力的认定带来困难。无论哪种暴力形式，加害人的目的都是控制受害人，使其屈从于自己的意志。

三、国家干预家庭暴力的重要意义

家庭是人生命早期的重要成长环境。人们常把家庭比喻成社会的细胞，强调家庭对社会稳定和发展的重要性；人们也常把家庭比喻成温馨的港湾，成长的摇篮，强调家庭对个人成长的重要性。“从一般意义上说，家庭为我们每个人提供的福利、友谊、自我价值、保险和爱多于任何一个其他方面的来源。”❶家庭暴力对人的生存权、发展权等基本人权构成危害，破坏家庭的和睦与稳定，损害社会整体利益，因此，国家预防和制止家庭暴力是其应尽的责任。国际社会在30多年前就开始关注家庭暴力对社会、家庭及个人产生的负面影响，并倡导通过国际公约、国内立法等方式对家暴进行积极的国家干预。联合国通过了包括《消除对妇女一切形式歧视公约》《消除对妇女的暴力宣言》《儿童权利公约》等一系列国际公约和宣言，要求各国履行国际承诺，以政策、法

❶【美】罗斯·埃什尔曼：《家庭导论》，中国社会科学出版社1991年版，第77页。

律等各种手段对家庭暴力实施国家干预。国家以法律手段防治家庭暴力，其重要意义有如下三方面。

（一）宣示反对家庭暴力的国家意志

国家对于社会问题的最鲜明的否定态度就是将其归于违法犯罪，以法律加以制裁。用暴力行为戕害他人是一种野蛮落后的社会现象，与人类社会的文明发展方向背道而驰。以法律手段遏制家庭暴力，显示出国家在家庭暴力问题上不回避、不妥协、不容忍的积极务实态度。以国家力量消除千百年来被忽视的家庭暴力现象，显示出国际社会在推动人类社会向更高的文明阶段发展的决心和信心。

（二）保障家庭成员的基本人权

对于人类来说，无论在历史上还是当今世界，无论政治制度、宗教信仰和文化习俗有何不同，有一点是亘古不变的，那就是人的生存权是第一位的，没有生存权，其他权利就失去了存在的基础。正如联合国《公民权利和政治权利国际公约》第 6 条的规定，“人人有固有的生命权。这个权利应受法律保护。不得任意剥夺任何人的生命”。国家对公民的人身权利负有不可推卸的保护责任，这种保护责任不仅应当体现在公共领域，而且应当延伸至属于私领域的家庭中，尤其是要保护处于弱势地位的妇女、儿童、老年人、残疾人等权利易受损害的家庭成员，不能让家庭成为暴力行为的庇护所。

（三）维护家庭的和睦与稳定

家庭的存在对于国家具有十分重要的意义，历史上，家庭曾经是法律中的重要主体。但是，随着近现代个人主义思潮的兴起，家庭在法律中的主体地位逐渐被个人所取代，这当然是一种社会进步，家庭已经不再是个人发展的羁绊。但是，在法律去家庭化的过程中，国家和社会却仍需要家庭发挥原有的各项一些功能，甚至在社会保障制度还不太健全的情形下，国家在一定时期还需要不断强化家庭的责任，让家庭继续为家庭成员的发展提供精神和物质依靠。即使在社会保障程度较高的国家和地区，家庭从普遍意义上讲仍是儿童生存发展所不可替代的最佳场所，仍是家庭成员在不确定大环境中的心灵港湾。稳定的家庭可以更好地发挥养老育幼和抚慰家人心灵的功能，因此，家庭的稳定符合国家整体利益。定量研究和定性研究都显示家庭暴力是造成家庭解体和诸多家庭问题的主要原因，尤其对儿童成长的负面影响深远，消除家庭中的暴力有助于家庭更好地发挥其各项功能。因此，国家如果期望从家庭获得发展的动力，就必须要设法消除家庭中的暴力现象，维护家庭的健康与稳定。

四、外国反家庭暴力立法简介

在国际上，美国、英国、加拿大、澳大利亚、日本、韩国等国家均制定了反对家庭暴力的法律。根据社会发展和反家暴实际需要，各国还在不断完善反家暴法的内容，例如，2005 年美国对《反对针对妇女的暴力法案》进行了修订，日本也在 2004 年和 2007 年对 2001 年制定的《配偶暴力防止与受害人保护法》进行了修订。在亚洲地区，最早制定反家暴法的国家是马来西亚[1]，截至 2015 年 12 月中国通过《反家庭暴力法》，除西亚地区一些国家外，其余亚洲国家均已制定防治家庭暴力的专门立法，且在实施后发挥了良好的作用。限于篇幅，本章仅选择美国、日本和越南的反家暴专项立法作简要介绍。

（一）美国 2005 年反对针对妇女的暴力法案

美国的家庭暴力问题由来已久，且比较严重。美国国会调查发现，近三分之一的美国妇女声称其一生中曾受到丈夫、男友的身体的或者性的虐待；来自家庭中长辈的虐待是家庭虐待的主要形式。全美长辈虐待发生率研究发现，在 90% 的案件中，虐待者是家庭成员。[2] 数字显示，美国每 15 秒种就会有一名女性受到攻击或被打，每天有 3 名以上的女性被其丈夫或男友杀害。家庭暴力是造成女性伤害的首要原因，因家庭暴力受到伤害的女性，比车祸、拦路抢劫和强奸中受到伤害的女性总和还要多。美国每年遭到配偶、前配偶或男友毒打的女性达到 300 万至 400 万人。弱势群体中的家庭暴力问题更为严重。有关数字显示，低收入的人遭遇家庭暴力的可能要高出收入较高的人 3 倍。儿童也是家庭暴力的主要受害者。有关数字显示，对家庭成员施暴的人中，30% 至 60% 也会加害家中的孩子。同时，与农村相比，城市中的家庭暴力更多。家庭暴力

---

[1] 马来西亚 1994 年通过的《家庭暴力法》是亚洲地区颁布的第一个针对家庭暴力的专门立法。引自全国妇联权益部：《域外防治家庭暴力立法及社会行动比较研究》（非公开出版）中第一部分“域外防治家庭暴力立法及社会行动比较研究”，第 13 页。

[2] 夏吟兰主编：《家庭暴力防治法制度性建构研究》，中国社会科学出版社 2011 年版，第 692－693 页。美国《反对针对妇女的暴力法案》第二编第 201 条。

每年造成的经济损失超过580亿美元，其中410亿美元是直接的医疗和精神治疗费。家庭暴力同时使受害人损失约800万个有薪工作日，相当于失去32000多个全职工作。[1] 家庭暴力给美国儿童带来的伤害更大，遭受家庭暴力的儿童及家暴目睹儿童不仅自己受害，而且可能造成家庭暴力的代际传承。为减少社会上普遍且严重的家庭暴力现象，美国国家和社会都积极行动，将传统上私领域的家庭问题作为社会公共问题对待，采取包括立法在内的综合措施加以应对。

美国早在1994年就制定了《反对针对妇女的暴力法案》（The Violence Against Women Act，VAWA），是世界上较早以专项立法应对家庭暴力的国家，这也是美国联邦政府最重要的反对针对妇女家庭暴力的法律。法案将基于性别的暴力视为对公民权利的侵犯，并拨款16亿美元，对针对妇女的暴力犯罪进行调查和起诉。根据这一法案，受害方有权提起民事诉讼；如果胜诉，受害方可以获得民事赔偿及惩罚性的损害赔偿费等。为保证此法案的有效执行，美联邦政府于1995年在司法部专设一个“针对妇女暴力的办公室”，主任由总统提名、参议院批准，开展并支持了包括性侵害服务等约20个家庭暴力教育、防范和安全计划。1996年，美国联邦地方法院的一名法官首次确认了该法案的合宪性。西弗吉尼亚州的克里斯托弗·贝里成为根据这一法案而被判刑的第一人，他因绑架并将其妻子殴打成植物人而被判终身监禁。[2] 该法案曾由国会进行了三次修订，最近一次修订是在2013年。法案属于综合性立法，融立法、司法、执法、宣教、救助于一体，十分接近联合国《家庭暴力示范立法框架》的立法要求，为各国制定反家暴立法树立了一个良好的参照。

1. 家庭暴力的定义

美国2005年《反对针对妇女的暴力法案》中将家庭暴力界定为：依据接受赠款的司法区的家庭暴力法律，由配偶或者前配偶、或者共同育有子女的人，或者以配偶身份正在同居或者曾经同居的人，或者与配偶身份相当的人对被害人所实施的，或者由任何人对其他成年人或者青少年所实施的受家庭或家事法律所规定的暴力犯罪行为，包括重罪或者轻罪。[3] 法案中还对虐待儿童、

---

[1] 陈小方：《美国多措并举惩治家庭暴力》，《法制日报》，2014年12月2日，法制网，http://www.legaldaily.com.cn/fxjy/content/2014－12/02/content_5869248.htm?node＝70690。

[2] 同上。

[3] 夏吟兰主编：《家庭暴力防治法制度性建构研究》，中国社会科学出版社2011年版，第685页。

虐待老人、性侵犯、跟踪、约会暴力等概念进行了界定，并将这些行为纳入法律规制的范围。从法案对家庭暴力的定义来看，美国法律对家庭暴力的界定不拘泥于传统意义的家庭成员之间，随着法案的多次修改，保护范围逐步扩大，包括印第安土著妇女、同性恋者等，有共同生活经历或者有亲密关系的人之间发生的暴力行为，都被纳入法案的调整范围。

2. 在严惩家暴行为的同时强化受害人保护

《针对妇女的暴力法案》自1994年制定以来，已经经过多次修订，每次修订都增加内容，扩大法案的保护范围。从法案增加内容来看，呈现一种双向强化的趋势：强化对施暴者的惩罚力度，强化对受害人的保护力度和预防工作的宣教力度。例如，在法案第一编“加强司法和执法，打击针对妇女的暴力”中，2005年增加了如下内容：保留受害人服务和刑事司法核心方案，同时支持发展互补的新方案，并向受害人及其家庭成员提供紧急服务。[1] 法案还新增了解决家庭暴力、约会暴力、性侵犯和跟踪行为受害人的住房需求，要求在工作场所设立国家资源中心应对机制，以帮助家庭暴力和性暴力受害人，保障印第安妇女的安全等法律规定。法案要求加重对跟踪行为的刑罚处罚，任何违反临时的或者最终的民事或者刑事禁令、限制令、禁止联络令的跟踪犯罪行为，都属于刑事犯罪，应当被处以1年以上监禁刑。[2]

对于“在先前家庭暴力或者跟踪犯罪行为之后，再次违反本章规定的，根据本章规定两倍加重其监禁刑。”[3]

3. 联邦政府对反家暴工作给予专项资金支持

法案一个十分重要的作用就是确定全国反家暴资金预算。1994年该法案通过时，五年间拨款16亿美元；2000年，该法案批准五年拨款额为33亿美元，比1994年的预算增加了一倍；2005年国会重新授权拨款升至5年39亿美元。[1] 从拨款来看，联邦政府不断在反家暴工作上增加投入。2013年时，由于美国经济状况影响，五年拨款有所下降，但国家仍给反家暴工作提供较为充分的资金预算。法案中有些项目，例如向遭受暴力的青少年受害人提供服务、保

---

[1] 夏吟兰主编：《家庭暴力防治法制度性建构研究》，中国社会科学出版社2011年版，第687页。美国《反对针对妇女的暴力法案》第一编“加强司法和执法，打击针对妇女的暴力”第101条。

[2] 同上，第690页。第114条。

[3] 同上，第691页。第115条。

[1] 郭瑞香：《美国针对妇女暴力法案专门机构和专项资金》，《妇女研究论丛》2014年第5期。

护和司法帮助，都规定了明确的资金支持数额和比例。有了资金的持续支持，反家暴预防、救助、培训等工作才能得以进行并且可持续发展。目前，反对针对妇女暴力办公室管理着四个主要的基金项目：（1）警官和检察官服务培训基金；（2）防止性侵犯计划基金；（3）州际防止性侵和家暴联盟计划基金；（4）土著部落防止家庭暴力和性侵犯联盟基金。[1]

4. 设置专门机构负责反家暴工作

根据《针对妇女的暴力法案》，每年联邦反家暴经费会拨付给两个部门：联邦司法部和卫生与公共服务部。法案实施一年后的1995年，美国成立了反对针对妇女暴力办公室，该办公室在联邦层面设立在司法部，负责法案的执行和联邦拨付反家暴资金的分配以及反家暴政策研究。反对针对妇女暴力办公室在各州的设置不一样，有些州设立在州福利机构，有些州设立在州长办公室。各州的反对针对妇女暴力办公室资金来源是多途径的，包括司法部、州财政和自筹资金。

5. 人身保护令

美国预防家庭暴力，十分重视人身保护令的作用。《针对妇女的暴力法案》中可以称为保护令的司法令状种类较多，由民事法院或者刑事法院应寻求保护的人或者为了他的利益提出起诉、申请或者动议而签发，为了预防对他人的暴力或者威胁的行为或者骚扰、性暴力、联络、通讯联络或者身体上的接近的任何禁令，包括民事法院或者刑事法院在独立的保护令程序中或者在其他诉讼程序中签发的任何临时或者最终的命令；为了保护不受家庭暴力、性侵犯、约会暴力或者跟踪，根据州、部落、准州或者地方法律授权签发保护令、限制令或者禁令的，作为保护令、限制令、禁令的组成部分而签发的任何扶养、儿童监护或者探视规定、命令、救济，都属于法案规定的保护令[2]。从时效上划分，美国的人身保护令可以分为紧急保护令、临时保护令、长期保护令和永久保护令。紧急保护令可以在法院正常工作时间以外签发，签发后的第二天，家暴受害人必须到法院让法官将其改为14天的临时保护令；长期保护令有效期为1年，一年到期后，受害人还可以决定申请延长一年或者变成永久保

[1] 郭瑞香：《美国针对妇女暴力法案专门机构和专项资金》，《妇女研究论丛》2014年第5期。

[2] 夏吟兰主编：《家庭暴力防治法制度性建构研究》，中国社会科学出版社2011年版，第691页。美国《反对针对妇女的暴力法案》第一编“加强司法和执法，打击针对妇女的暴力”第118条“更新保护令定义”。

护令。保护令内容既可以是要求施暴人搬离受害人住处、不得与申请人有任何联系、交出持枪证和武器，也可以是责令施暴人支付受害人及其子女的生活费和医疗费。保护令由警察负责执行。❶ 依照法案规定，任何违反临时的或者最终的民事或者刑事禁令、限制令、禁止联络令的，都属于刑事犯罪，应当被处以1年以上监禁刑。

美国以专项立法打击对妇女的家庭暴力效果显著，1994年《针对妇女的暴力法案》颁布实施后，美国的家暴发生率下降了65%。❷ 在法案实施的前6年里，社会经济损失减少了148亿美元；家庭暴力报告每年增加51%，热线电话增加18%，显示更多的受害人打破沉默；非致命性的家庭暴力下降了49.8%。❸

（二）日本关于防止配偶暴力及被害人保护的法律❶

日本于2001年4月颁布《配偶暴力防止与受害人保护法》，于当年10月起施行（第二章及其他章的部分条款于2002年4月施行），该法于2004年和2007年进行了两次修订。目前该法共6章30条，包括总则、配偶暴力咨询援助中心等、受害人保护、保护令、杂则、罚则、附则等部分。

1. 立法目的及配偶暴力定义

法律认为对于经济上难以立足的女性施加暴力，不仅侵犯了个人的尊严，同时也阻碍了男女平等的实现。为彰显日本宪法规定的个人尊重和法律上的平等，保护人权与实现男女平等，有必要采取受害人保护措施。因此，为了“完善配偶暴力的通报、咨询、保护、自立援助等相关体制，以达到预防和保护配偶暴力受害人的目的而制定本法”❺。

日本《配偶暴力防止与受害人保护法》在总则部分的第1条对“配偶暴力”下定义：“是指对配偶身体施加暴力（对身体的不法攻击，对生命或身体

---

❶ 张雪梅：《美国反对家庭暴力立法考察报告》，http://www.360doc.com/content/15/1220/02/819919_521634882.shtml。

❷ 郭瑞香：《美国针对妇女暴力法案专门机构和专项资金》，《妇女研究论丛》2014年第5期。

❸ 陈小方：《美国多措并举惩治家庭暴力》，《法制日报》，2014年12月2日，法制网，http://www.legaldaily.com.cn/fxjy/content/2014-12/02/content_5869248.htm?node=70690。

❶ 有关日本立法的介绍，如没有特别注明，对法律条款的分析介绍均引自全国妇联权益部《域外防治家庭暴力立法及社会行动比较研究》（非公开出版）中第二部分“资料汇编”：全文翻译的亚洲专门立法，第110-117页。

❺ 同上，第110页。

造成危害的行为）或类似对身心造成有害影响的言行（统称为身体暴力）。”[1]从定义看，日本法律将配偶暴力界定在有婚姻关系的人之间。2014 年修改后的《配偶暴力防止与受害人保护法》保护对象扩大，除领结婚证的夫妻外，同居的事实婚姻、离婚后前配偶实施的暴力也都属于配偶暴力，适用该法的规定。

2. 政策规划的制定和落实

日本在落实法律时，重视国家层面方针政策以及基层规划的制定，在《配偶暴力防止与受害人保护法》的总则部分，法律要求内阁总理大臣、法务大臣及厚生劳动大臣应为预防配偶暴力和保护被害人制定基本方针和政策，同时，法律还规定各都道府县应根据基本方针，制定相应都道府县预防配偶暴力与被害人保护对策的实施相关的基本规划。也就是说要在国家总体反暴力政策方针指导下，地方各行政区划层层推进落实法律规定。

法律的落实需要配备人员和专门场所、设施，工作人员要进行专门培训，日本《配偶暴力防止与受害人保护法》第二章就围绕受害人的各项需求以专章（“配偶暴力咨询援助中心等”）形式加以规定。根据该法第 3 条规定，日本各都道府县政府均应设置妇女咨询所及其他相应设施，为受害人提供咨询、心理指导、临时庇护、安排住所、就业促进等服务。为了给各地基层部门充分时间加以准备，法律特别规定第二章的生效时间为一年以后。这样的规定不仅显示了国家反家暴的诚意，而且有了专门的人员配备和场所设施，反家暴工作才能实现可持续发展，国家拨付的反家暴经费和颁布的各项法律规定才能落到实处。

3. 多机构合作

日本的反家暴多机构合作体现在《配偶暴力防止与受害人保护法》第三章中，该法第 9 条规定：配偶暴力咨询援助中心、都道府县警察、社会福祉事务所等相关机构在为受害人提供保护时，应“相互提携相互合作”。法律规定，任何人发现家暴行为，应第一时间通知当地配偶暴力咨询援助中心和警方；医生在工作中发现有患者因家庭暴力受伤患病，也应第一时间通知当地配偶暴力咨询援助中心和警方，并配合提供相关信息。配偶暴力咨询援助中心则

[1] 有关日本立法的介绍，如没有特别注明，对法律条款的分析介绍均引自全国妇联权益部《域外防治家庭暴力立法及社会行动比较研究》（非公开出版）中第二部分“资料汇编”：全文翻译的亚洲专门立法，第 110 页。

应向家暴受害人介绍其职能，并劝说受害人接受必要保护。警方在接到相关报警后，也应积极采取必要措施，保护受害人，防止暴力的再次发生。

4. 保护令

作为防止家庭暴力，保护受害人的重要国际经验——人身安全保护令制度在日本反家暴法律中受到特别重视，法律以第四章专章和13条的大篇幅规定，使得该制度的规定成为日本《配偶暴力防止与受害人保护法》中内容最多的一部分，规定了保护令的申请条件、保护令申请人、申请方式、保护令案件管辖、法院审理保护令案件的原则及程序、保护令期限、保护令再申请等诸多内容，十分详细具体。根据该法第10条的规定，家暴受害人在遭受身体暴力或者生命威胁（加害人告诉受害人将对其施加生命或身体上的危害的胁迫）的情况下，法院根据受害人的申请，为防止受害人生命或者身体遭受侵害，可以发出保护令。根据该法第12条的规定，保护令的申请需要以书面形式提出，申请中应列明遭受配偶的身体暴力或威胁生命的状况。保护令申请递交到法院后，法院经依法审理后，应迅速裁决保护令案件。保护令内容可以包括：（1）自命令效力发生之日起算6个月内，禁止在受害人的住所及其他场所骚扰受害人，或徘徊于受害人的住所、工作单位及其他通常所在的场所附近。（2）自命令效力发生之日起算二周内，离开与受害人的共同居所，并不得徘徊于该住所附近。（3）可以经被害人申请，在保护令生效期间，禁止加害人在该子女（15岁以下）住所、所读学校及其他场所骚扰该子女、或徘徊于所读学校及其他通常活动场所附近。该规定同样适用于被害人的亲属。这一规定突出了对被害人子女及其亲属的保护。对于违反保护令的，依照日本《配偶暴力防止与受害人保护法》第29条的规定，“处1年以下拘役或100万日元以下罚款。”

5. 实施效果

法律生效以来，对遭受家庭暴力的日本妇女起到了重要的保护作用。一份来自日本内阁府男女共同参画局的数据显示，在2015年4月1日至2016年3月31日期间，日本全国247个配偶暴力咨询援助中心共处理家庭暴力案件102963起，其中有101339起来自女性。

除政府设立的救助机构外，一些非营利组织（NGO）也在积极为反对家庭暴力、保护家暴受害者做贡献，例如日本NGO法人“全国女性庇护网”。“全国女性庇护网”诞生于1998年，在日本各地都设有民间庇护所，每年还会举办研讨会，围绕家庭暴力进行探讨。该民间组织对于日本防止家庭暴力法的制定及修改作出了巨大贡献。[1]

（三）越南《预防和控制家庭暴力法》[2]

越南社会主义共和国于2007年11月21日通过了《预防和控制家庭暴力法》，该法共六章46条，包括总则、预防与社区介入、对受害人的保护、多机构合作各方责任、法律责任等，该法于2008年7月1日起生效。

1. 立法目的及家暴定义

越南《预防和控制家庭暴力法》的立法目的为“预防和控制家庭暴力”，对家庭暴力的定义采取了抽象加列举的定义方式。“家庭暴力的定义为特定家庭成员的有目的的行为意图促使或者可能引起对其他家庭成员身体、精神或者经济方面的损害（第1条第2项）。”该法第2条则以列举方式详细说明了家庭暴力的各种表现。在身体暴力方面，用到了“酷刑”的概念；在精神暴力上，规定得较为详细，除了“侮辱或者其他故意打击自尊心、荣誉和尊严的行为”这类积极的精神暴力，还包括“孤立、避开、或者给其他家庭成员制造持久心理压力，造成严重后果”这类消极的，我们称之为“冷暴力”的精神暴力行为；该法第2条还明确规定了性暴力：“强迫性行为”；经济控制：“挪用、减少或者破坏其他家庭成员的私人财产或家庭成员的共同财产；迫使其他家庭成员过度工作或者在其能承受范围之外要求贡献更多收入；控制其他家庭成员收入以迫使其经济依赖”。值得注意的是越南将各种与婚姻有关的暴力行为也视为家庭暴力：“强迫儿童婚姻、强迫婚姻、强迫离婚以及其他破坏自由婚姻行为。”从列举的情况看，越南家庭暴力的范围是广泛的，身体暴力、精神暴力、性暴力和经济控制、干涉婚姻自由的行为，都属于家庭暴力。法律适用的范围除了包括家庭成员，法律还将有婚姻关系的前配偶和有事实婚姻关系的人也包括在内，但法律没有将有亲密关系的同居者纳入法律主体范围。

2. 禁止接触措施（保护令）

越南预防和控制家庭暴力、保护家暴受害人的主要手段是相当于人身保护

---

[1] 面对家庭暴力日本女性如何保护自己，人民网，2016年3月8日，http：//japan.people.com.cn/n1/2016/0308/c35467－28180280.html。

[2] 夏吟兰主编：《家庭暴力防治制度性构建研究》，中国社会科学出版社2011年版，第666－678页。

令的名为“禁止接触措施”的规定，具体规定在法律的第三章当中。申请“禁止接触措施”的人可以是家庭暴力受害人本人、监护人或者相关组织机构的法定代表人（机构要取得受害人同意）；“禁止接触措施”不仅可以向法院申请，而且在满足一定条件时，“家庭暴力发生地的公社人民委员会可以决定适用不超过 3 天的禁止接触措施（第 20 条第 1 项）。”而法院作出的禁止接触决定时间可以长达 4 个月（第 21 条）。在禁止接触期间，施暴者不能靠近被害人，不得使用电话或者其他媒介来和被害人接触以便实施暴力。

3. 受害人救助

越南《预防和控制家庭暴力法》第三章设专章规定“保护和协助家庭暴力受害者”。法律围绕受害者的需求，在发现暴力、医疗救助、紧急庇护方面有很多具体服务规定。该法第 26 条规定：家庭暴力受害者支持机构应当包括：（1）卫生站；（2）社会保护和协助中心；（3）家庭暴力受害者支持中心；（4）预防控制家庭暴力咨询中心；（5）社区中可靠的地址。第 28 条规定：“社会保护中心应当为家庭暴力受害者提供协助、心理建议、临时住所服务以及其他必要的服务”。

4. 多机构合作

多机构合作规定在越南《预防和控制家庭暴力法》的第四章当中。法律就个人、家庭、机构、组织在预防和控制家庭暴力中应承担的责任作出了明确规定。例如第 37 条规定了卫生部的责任：（1）颁布、制定规定，以便收留家庭暴力受害者，并且为他们在所有的医疗机构提供医疗服务。（2）指导卫生机构提供关于家庭暴力受害者的统计报告。（3）颁布治疗酗酒症状的程序。

作为一个社会主义国家，越南《预防和控制家庭暴力法》中的一些规定带有一定的体制色彩，例如公社人民委员会主席可以作出禁止接触的决定（相当于可以颁发人身保护令）（第 20 条第 2 项）；要求在调解家庭内部争议和纠纷时，原则上要“与共产党的政策一致，与国家法律一致，与社会道德和人民良好习俗一致（第 12 条第 2 项）”；将施暴者送到“人民公社、乡、镇使用再教育政策或者送去再教育（第 43 条）”同时，作为亚洲国家，一些传统的解决家庭纠纷的做法被吸纳到法律中。例如，越南《预防和控制家庭暴力法》特别注意发挥调解的作用，在第二章“预防家庭暴力”部分有大量关于调解的规定，强调家庭问题家庭解决，“家庭和家族”对家庭内部的纠纷和争议负有进行调解并促使双方和解的责任（第 13 条）；如果家庭成员不能实现和解，法律要求“家族族长或者有地位的人”应该积极进行调解工作。

小 结

家庭暴力是对家庭成员基本人权的严重侵犯，也与人类文明发展方向背道而驰，是一种全球性的社会公害。不仅危害家庭成员的身心健康、生命安全，而且破坏家庭和睦、影响社会和谐稳定。在联合国倡导及全球国家和地区的共同努力下，家庭暴力已经在绝大多数国家和地区的法律中被归于违法或者犯罪，国家以立法对家暴行为进行预防、矫治和处罚，这在人类文明的发展历史上殊为不易，因为家庭暴力被当成一种合理的、无法改变的存在，已经被漠视了千百年。各国针对家庭暴力的一致行动使得暴力在这一代或者下一代人的生活中渐渐减少，这种巨大进步不仅对妇女儿童是重要的，对人类更是重要的，它意味着一些由父权制度带来的社会问题，可以通过弱者权利保障和促进男女平等而发生本质的改变，人类通过自身不懈的努力，可以为自己为后代创造一个更加和平与美好的世界。

第二章 中国反对家庭暴力的立法与实践

一、中国家庭暴力状况概述

1949 年新中国成立后，中国大陆妇女的政治地位、社会地位、法律地位空前提高，男女平等被国家定为基本国策，《宪法》规定："婚姻、家庭、母亲和儿童受国家的保护。禁止破坏婚姻自由，禁止虐待老人、妇女和儿童。"国家在通过法律、政策保障妇女各项合法权益的同时，连续不断地根据妇女发展的需要制定长远规划和发展目标，采取多种措施和手段消除各领域对妇女的歧视，为妇女的全面发展提供保障，走出了一条依托政策和法律保障妇女权益的有中国特色的妇女发展路径。很多女性在政治、经济、科技、文艺、体育领域取得的突出成就证明：在新中国，妇女已经成为国家现代化建设中一支不可或缺的重要力量。可以说，占全世界妇女五分之一的中国妇女不仅是中国特色社会主义建设中的重要人力资源，而且是世界和平、发展和进步的积极推动力量。

但是，必须看到，中国封建社会历史漫长，历史上妇女在家庭和社会上的地位长期低下，因此，一些侵害妇女合法权益的现象，例如家庭暴力、性骚扰、性侵害一直存在。这些问题从历史上遗留下来，虽然因为时代的进步和社会制度的改变有了巨大的改观，但没有彻底消除。近年来，个别地区出现的"女德班"就是封建残余思想借传播传统文化之名的又一次"沉渣泛起"。[1]"只有一个社会容许或认可时，暴力才能普遍存在。"[2] 在"男尊女卑""夫为

---

[1] 《记者卧底女德班，揭露真相：她们正在把女孩，教成女奴》，https：//baijiahao. baidu. com/s? id = 1619738796420841219&wfr = spider&for = pc。

[2] 【美】茱莉亚·伍德著：《性别化的人生：传播、性别与文化》，徐俊、尚文鹏译，暨南大学出版社 2005 年版，第 209 页。

妻纲”“三从四德”等封建思想影响下，打老婆、打孩子被认为是男性在家庭中的当然权力，是“家务事”，公众对家暴普遍持宽容态度，默认家庭暴力是一种正常的家庭现象，公权力基本上不介入，“其夫殴妻，非折伤勿论”❶。“男尊女卑”的封建传统文化为中国社会积累了滋生暴力的丰富“土壤”，中国家庭中长期和普遍地存在家庭暴力，这不仅是一种基于传统的社会性别文化的逻辑推断，也为各种层面的社会学调查结果所证实。

中华全国妇女联合会（以下简称“全国妇联”）是中国大陆最大的妇女组织，其信访部门和面向社会开设的12338热线每年都接受大量的各类涉及妇女权益的投诉。“2004年以来，妇联系统受理的家庭暴力投诉数量每年均达4万件至5万件左右”❷。2010年全国妇联和国家统计局组织的第三期中国妇女社会地位调查数据显示，我国24.7%的女性在婚后遭受过不同形式的家庭暴力，❸与十年前第二期中国妇女社会地位抽样调查结果（16%）相比呈上升趋势。来自最高人民法院的数据显示，我国家庭暴力的发生率在29.7%到35.7%之间（不包括调查暗数），其中90%以上的受害人是女性。❹中国大陆著名的反家庭暴力组织“反家暴网络”于2000年在三省九市进行了一个抽样调查❺，结果显示，家庭暴力在普通人群中的发生率为34.7%。❻2004年至2006年，由全国妇联布置、中华女子学院主持进行的在全国13省1170个村进行的一项入户调查显示，在列举的导致农村妇女自杀的19项原因中，家庭暴力以25.46%的比例居于首位。❼根据最高人民法院在几个女子监狱做的调研统计，有50%以上的女性犯罪缘于“以暴制暴”。❽地方调查反映出的家暴数据就更高些，例如2004年至2005年在福建省一项专项调查显示：63.3%的受访成年人有被动经受家庭暴力的经历，对他们施暴的是配偶、父母、男性亲戚；近37.5%的夫妻有婚姻暴力经历，61.2%的未成年人遭受过来自父母一

---

❶ 参见《大清律例·刑律·斗殴》之“妻妾殴夫”条，法律出版社1999年版，第460页。

❷《陈秀榕代表：反家暴法应尽早列入立法计划》，法制网，2011年3月7日，http://www.npc.gov.cn/npc/lfzt/rlyw/2015-08/19/content_1943625.htm。

❸ 宋秀岩：《新时期中国妇女社会地位调查研究》，中国妇女出版社2013年版，第950页。

❹ 引自最高人民法院应用法学研究所：《涉及家庭暴力婚姻案件审理指南》。

❺ 陈明侠等主编：《家庭暴力防治法基础性构建研究》，中国社会科学出版社2005年版，第239页。

❻ 同上，第240页。

❼ 莫文秀主编：《农村妇女生命关爱的考察与反思》，中国社会科学出版社2013年版，第42页。

❽ 黄尔梅主编：《家庭暴力犯罪案件司法政策》，人民法院出版社2015年版，第36页。

方或双方的暴力❶。家庭暴力除了普遍性外，还具有严重性，几乎每年媒体都会曝光一些妇女、儿童遭受家暴致伤致死案件或者受虐妇女反抗家暴的杀夫案件。“某计划单列市中级人民法院2005年至2007年因家庭暴力引发的12件杀人案件中，有13人死亡；在某省女子监狱，仅2007年，因家庭暴力杀人犯罪的妇女就有171人，占该监狱各类故意杀人犯罪总数的30.35%；其中，因长期遭受家庭暴力被迫杀夫案件就有163件”❷。本章中所列举的案例都是实际生活中真实发生的具有代表性的案件。不同时期的各项数据均表明，中国大陆的家庭暴力现象既有普遍性，也有严重性。家庭暴力“造成了家庭难以弥合的彻心之痛，是社会的重大隐患和祸患，也是对家庭成员人权的严重侵犯和人类文明的极端反动，所以，家庭暴力不是个人私事，不是一般的家务纠纷，而是一种社会公害。”❸

1994年，以国际家庭年为契机，中国社会开始认真反思家庭暴力问题，显著标志之一就是媒体对典型案件的报道不再满足于描述婚姻百态，而是探讨家暴产生的根源并提出防治对策。这种态度的转变，与全社会男女平等意识的提升和国家对人权事业发展的重视有关❶。1995年9月4日至15日，第四次世界妇女大会在北京召开，大会明确把对妇女的暴力和基本人权自由联系在一起，称“对妇女的暴力，侵犯、损害或剥夺了妇女的基本人权和自由”。中国政府承诺制止家庭暴力，保护妇女、儿童、老人等一切弱势群体的权益，家庭暴力在中国逐渐成为一个备受关注的社会议题。

二、中国反家庭暴力立法进程

梳理从20世纪90年代中期开始到现在的反家暴立法进程，大致可以分为四个阶段：研究倡导阶段、初步立法阶段、专项立法阶段和构建防治家庭暴力法律体系阶段。

---

❶ 蒋月、林燕琴、潘峰、陈宝贵等：《中国家庭暴力问题实证研究——以福建省为例》，《金陵法律评论》2006年春季卷。

❷ 《陈秀榕代表：反家暴法应尽早列入立法计划》，法制网，2011年3月7日，http：//www.npc.gov.cn/npc/lfzt/rlyw/2015－08/19/content_1943625.htm。

❸ 王春霞：《反家庭暴力法（征求意见稿）公布是重大历史进步——专访中国法学会婚姻家庭法学研究会副会长李明舜》，《中国妇女报》2014年11月28日第一版。

❶ 戴小云：《面对家庭暴力，社会不应冷漠》，《中国妇女报》1994年2月18日第三版。佟新、曲雯：《学人热谈家庭暴力》，《妇女研究论丛》1994年第三期。

（一）研究倡导阶段

中国大陆治理社会问题的一般路径是理论研究先行，然后是将理论研究成果在试点地区进行实践，经过一段时间的实践后，总结试点实践经验，然后将经验上升为理论，将这种经过实践检验的成熟的理论转化为政策、法律加以推广应用，这样的做法符合中国国土辽阔、人口众多、社会发展不均衡的现实国情。由于家庭暴力的概念在大陆首先是由妇联组织的工作人员作为一个社会问题提出的，而且“1995 年世界妇女大会”前后成立的妇女社会组织的领导或者成员，很多是来自科研院所的女性研究人员，因此，妇女组织的研究人员发挥专长，对家庭暴力进行了深入研究，产生了丰富的研究成果。

目前可查的中国大陆最早以家庭暴力为论题的文献是 1991 年发表在《中国妇女》杂志第 12 期上一篇题为《家庭暴力白皮书》的文章，作者是时任北京市东城区妇联权益部部长的著名女律师皮小明。她从自己接待来访和代理的婚姻家庭案件入手，以一个个的真实案例说明了我国社会中普遍存在却又被普遍忽视的丈夫殴打妻子的现象，并将这种现象命名为“家庭暴力”，她提出要用法律保护这些受害妇女。由于家庭暴力问题最先由法律人提出，对策建议也是强调要立法保护，参与研究和干预的也有诸多法律界人士，因此后来对家庭暴力问题的研究和提出的干预对策便更多地具有“法律基因”。

1995 年第四次世界妇女大会后，与家庭暴力有关的研究成果逐渐增多。自 1995 年开始，如果以五年为一个考察区间，在中国知网期刊全文数据库中，以“家庭暴力”为主题检索相关文献，文献数量变化情况如表 2－1 所示。

表 2－1　以“家庭暴力”为主题的文献数量变化情况

时间	文献	较上周期增长率
1996—2000 年	215 篇	
2001—2005 年	1086 篇	405%
2006—2010 年	1470 篇	35%
2011—2015 年	2171 篇	48%

注：图表中所列数据为 2019 年 3 月末以“家庭暴力”为主题词在中国知网的检索结果。

从文献数量上看，对家庭暴力的研究和关注一直在增长；从内容上看，20 世纪 90 年代中期到本世纪初的研究多属于融合社会学和法学等学科理论和实务于一体的综合性研究。进入本世纪后，对家庭暴力的研究从综合性向专业性发展，一批性别研究、法学研究、社会学研究、心理学研究专家投身家庭暴力问题研究领域，在合理借鉴和吸收国际反家暴经验基础上，立足本土，扎根田野，取得了丰富的研究成果，法学、社会学、女性学、心理学等领域的高水平研究成果不断涌现，仅反家暴网络一个组织就出版了“反对家庭暴力理论与实践丛书”数十本。尤其是2001年修订的《婚姻法》明确将“家庭暴力”规定为违法事由后，法学领域关于反家暴的立法研究进入一个快速发展时期，研究成果无论在数量还是质量上都有显著提升。

反家暴立法方面有代表性的研究成果包括：2005年由陈明侠、夏吟兰、李明舜、薛宁兰等教授主编的《家庭暴力防治法基础性构建研究》[1]，该书在面向公众和司法人员的4500多份调查问卷基础上撰写而成。该书面向社会公布了名为《家庭暴力防治法》的专家建议稿，公布了三省九市的家庭暴力抽样调查数据，34.7%的家暴发生率被研究人员和反家暴组织广泛引用。该书还总结呈现了我国城市及农村一些地区在反家暴工作上形成的本土实践经验，同时介绍了一些域外国家和地区防治家庭暴力的法律规定。该书在2010年全国妇联和中国妇女研究会第二届妇女研究优秀成果奖评比中获得专著类一等奖，是学术界在反家暴立法研究方面的重要阶段性成果。2011年夏吟兰教授主编的《家庭暴力防治法制度性构建研究》[2]是在前书专家建议稿基础上，由著名的反家暴组织“反家暴网络”再次组成包括行政法、民法、刑法、诉讼法、婚姻法、妇女法、社会学、法社会学等领域的学者在内的专家小组七易其稿，形成新的《家庭暴力防治法》专家建议稿。该书即是在新的专家建议稿形成过程中“收集资料、翻译域外最新成果，进行调查研究、分析比较、反复研讨、论证的结晶”[3]。该书分为中国反对家庭暴力立法进路之回顾与展望、家庭暴力防治法专家建议稿全文、建议稿条文释义、预防和制止家庭暴力的专门性立法及政策四个部分，是学术界在反家暴法出台前贡献出的最重要的立法研究成果，对中国制定反家庭暴力法起到重要的参考和促进作用。书中大量的国内外立法和政策汇总也为研究家庭暴力问题提供了重要的参考资料。

全国妇联作为推进反家暴立法最重要的力量，作了大量基础性的工作。2014年4月全国妇联编写了《反家庭暴力立法理论研究与实践探索（上、下

---

[1] 陈明侠，夏吟兰，李明舜，薛宁兰主编：《家庭暴力防治法基础性构建研究》（反对家庭暴力理论与实践丛书之一），中国社会科学出版社2005年版。

[2] 夏吟兰主编：《家庭暴力防治法制度性构建研究》，中国社会科学出版社2011年版。

[3] 同上，“前言”部分第2页。

卷）》，为中国反家庭暴力立法提供了有益的参考和借鉴。中国大陆研究妇女和性别问题最权威的期刊《妇女研究论丛》也曾于2012年和2014年两度围绕反家庭暴力立法组织专题讨论并集中刊发研究讨论的成果。❶

在调查研究的同时，妇联组织、人大代表、政协委员、专家学者、新闻媒体、妇女社会组织密切合作，不断进行立法倡导，多途径推动反家暴立法研究成果的转化，对各地出台反家暴地方立法起到重要的促进作用。截至2008年，全国有29个省区市先行制定了反家暴的地方性法规和政策。在省级反家暴地方立法基本实现全覆盖后，自2008年开始，全国妇联连续六次在“两会”期间通过代表委员或单独以全国妇联名义提出“关于将反家庭暴力法列入全国人大常委会立法计划的建议”。“在反家暴法立法过程中，全国妇联和地方妇联作出了巨大的贡献，为立法机关提供了有力的支持。❷”多位全国人大代表也持续多年提出关于制定反家庭暴力法的议案和建议，如前全国人大代表、中华女子学院女性学教授孙晓梅2011年提交了关于制定“家庭暴力防治法”的建议，并于2012年、2013年、2014年连续三年提交了关于加快反家暴立法进程的建议。一些妇女保护社会组织，例如反家暴网络、北京红枫妇女心理咨询服务中心、北京市千千律师事务所、源众家庭与社区发展服务中心等也都先后提出制定反家庭暴力专项立法的建议。妇联及社会各界进行的立法倡导工作加快了国家的立法步伐，倡导的过程也体现了反家暴立法的科学性和民主性。

（二）初步立法阶段

在专家学者和妇女组织长期呼吁和探索制定全国性反家暴法的同时，地方政府及立法机关为应对频发的家庭暴力现象，已经着手以政策、地方法规等不同手段治理家庭暴力现象，积极开展反家暴地方立法的探索和实践。早在1996年1月10日，湖南长沙市委、市政府办公厅和长沙市公安局联合出台了《关于预防和制止家庭暴力的若干规定》，这是中国大陆第一个反对家庭暴力的地方性政府规章。2000年3月，湖南又出台了全国第一部反家庭暴力的地方性法规——《湖南省预防和制止家庭暴力的决议》。截至2014年末，全国

---

❶ 《妇女研究论丛》于2012年第三期和2014年第5期两次围绕反家庭暴力立法中的重点难点问题邀请专家学者展开讨论并集中刊发研究成果。

❷ 《反对家庭暴力是国家社会和家庭共同责任——专访全国人大常委会法工委社会法室副主任陈佳林》，北京妇女网，http：//www.bjwomen.gov.cn/web/static/articles/catalog_14/article_ff80808153c061de0153cf87ed410096/ff80808153c061de0153cf87ed410096.html。

共有29个省份制定出台了预防和制止家庭暴力的专门性地方法规或政策。[1]地方立法不仅为当时当地公权力预防和处置家庭暴力提供了明确的法律依据，更重要的是为未来出台国家层面的反家暴法积累了宝贵的立法和司法经验，探索用法律干预家庭暴力的方法和路径。

2001年4月修改实施的《婚姻法》，第一次在总则部分的第3条中明确规定"禁止家庭暴力"，并在"法律责任"部分把实施家庭暴力作为法院准予离婚的法定情形之一，同时还规定了施暴人的法律责任和对家庭暴力受害人的救助措施。这是中国国家层面法律中第一次出现有关家庭暴力行为的禁止性规定，"家庭暴力"概念进入国家重要部门法律中。同年的12月24日，最高人民法院审判委员会第1202次会议通过了《关于适用〈中华人民共和国婚姻法〉若干问题的解释（一）》，其中的第一条对"家庭暴力"作出法律上的界定："家庭暴力是指行为人以殴打、捆绑、残害、强行限制人身自由或者其他手段，给其家庭成员的身体、精神等方面造成一定伤害后果的行为。持续性、经常性的家庭暴力，构成虐待。"《婚姻法》及其司法解释第一次确认了家庭暴力的违法性，明确了家庭暴力的定义，为公安机关干预家庭暴力、各级法院审理涉家庭暴力案件提供了法律依据。自《婚姻法》对家庭暴力作出禁止性规定后，《妇女权益保障法》《未成年人保护法》《老年人权益保障法》《残疾人保障法》等弱势群体权益保障法律陆续在修改时都增加了禁止对妇女、未成年人、老年人、残疾人实施家庭暴力的规定，国家层面法律对家庭暴力进行规制的立法范围在不断扩展。2008年7月，全国妇联、中央宣传部、最高人民检察院、公安部、民政部、司法部、卫生部七部委联合下发《关于预防和制止家庭暴力的若干意见》，这是中国第一个专门的全国性反家庭暴力规范性文件，它对家庭暴力的定义，公安部门、人民检察院、司法行政部门、卫生部门、民政部门、宣传部门、妇联组织在反家暴工作中的职责均作出了比较明确的规定。

在这一阶段，虽然社会上对家庭暴力的法律定义尚有不同意见，法律中也仅确认了家暴行为的违法性，没有就家庭暴力的预防工作和处置程序作出具体规定，但国家透过法律向社会传达的信息很明确，那就是家庭暴力属不法行为，为国家所否定，为法律所禁止。

---

[1] 《全国妇联：29省份已出台反家暴专门性政策法规》，中国新闻网，2014年11月6日，http://www.chinanews.com/gn/2014/11-06/6758652.shtml。

（三）专项立法阶段

实际上，在反家庭暴力专项立法出台前，中国法律中针对家庭暴力行为就有所规定，只是法律条款中并未以“家庭暴力”命名这种发生在家庭成员之间的暴力行为。

首先，中国1979年制定的《刑法》中就规定了“虐待罪”，对家庭成员长期实施家庭暴力行为，情节严重的即构成虐待罪。刑法中规定虐待罪属告诉才处理的犯罪，受害人持证据直接到人民法院提起刑事自诉，法院即可依照刑法和刑事诉讼法的规定追究行为人的刑事责任。其次，1986年通过的《治安管理处罚条例》以及2005年通过的《治安管理处罚法》中，均包含有公安机关对虐待家庭成员行为的具体处罚规定。1992年第七届全国人民代表大会第五次会议通过的《妇女权益保障法》，对妇女的人身权利做了较为详细的保障性规定，包括禁止非法拘禁和以其他非法手段剥夺或者限制妇女的人身自由；禁止溺、弃、残害女婴；禁止歧视、虐待生育女婴的妇女和不育妇女；禁止用迷信、暴力手段残害妇女；禁止虐待、遗弃老年妇女；禁止拐卖、绑架妇女；禁止收买被拐卖、绑架的妇女等。因此，并非没有反家庭暴力法，公安司法机关处置家庭暴力行为就无法可依。但是，由于处理家庭暴力行为的法律规定散落在各个部门法中，加上公权力机关对家庭暴力的社会危害性认识不到位，因此造成在很长的时间里，家庭暴力的投诉及处理结果并不能令受害人满意，社会上也出现了一些家暴受害人被殴打致重伤死亡，或者不堪忍受虐待而杀害加害人的恶性案件。中国大陆家庭暴力的普遍性和严重性促使社会各界在分析家庭暴力成因的基础上，在防治对策上逐步达成共识：为了预防和制止家庭暴力，保障家庭成员的基本人权，维护平等、和睦、文明的家庭关系，国家需要制定一部集预防和处置于一身的专门法律，作为各部门处理涉家庭暴力案件的法律依据，也对社会各方面开展的反家暴工作进行规范指导。专项立法也是国际社会在干预家庭暴力对策上的一致选择。

从1995年世界妇女大会开始，经过社会各界近20年艰苦的努力，2013年10月30日，十二届全国人大常委会立法规划公布，“反家庭暴力法”列在立法规划的“第二类项目”中，属于“需要抓紧工作、条件成熟时提请审议的法律草案”。社会期待已久的反家庭暴力法终于列入了人大的立法规划。一年以后的“国际消除对妇女暴力日”，也就是2014年11月25日，国务院法制办公室公布了《中华人民共和国反家庭暴力法（征求意见稿）》及其说明，为期一个月公开征求社会各界对草案的意见。2015 年 8 月 24 日，反家庭暴力法草案由国务院提请十二届全国人大常委会第十六次会议初次审议。2015 年 9 月 8 日，中国人大网公布“反家庭暴力法草案”全文，向社会公开征求意见。截至当年 10 月 7 日，共有 8792 名社会公众提出 42203 条意见。[1]

2015 年 12 月 27 日，十二届全国人大常委会第十八次会议以 158 票赞成、1 票弃权表决通过了《反家庭暴力法》，全法共分 6 章 38 条，于 2016 年 3 月 1 日起施行。这是中国历史上第一部反家庭暴力的法律，它的诞生打破了“法不入家门”的立法传统，是总结国内长期实践探索，同时借鉴国际反家暴经验的结果，特别是其中的强制报告制度、紧急庇护制度、公安告诫制度、人身安全保护令等制度成为立法中的突出亮点。作为一部社会法，其自下而上的立法过程和广泛的社会参与度使其成为中国民主立法的一个范例，彰显了我国公民权益保护的重大进步。

（四）构建防治家庭暴力法律体系阶段

中国的反家暴立法并未止步于《反家庭暴力法》的颁布实施，各地根据反家暴工作的需要陆续出台地方性法规或者司法文件，积极落实反家庭暴力法，并利用地方立法、联合发文等形式弥补反家暴法中存在的不足。例如，2018 年 11 月 30 日山东省第十三届人民代表大会常务委员会第七次会议通过并于 2019 年 1 月 1 日起施行的《山东省反家庭暴力条例》，该条例为反家庭暴力法实施后的第一个省级反家暴地方法规，法规当中将加害人以“跟踪、骚扰等方式”和利用新媒介对家庭成员实施的身体和精神暴力纳入家庭暴力的定义中，规定“县（市、区）、乡镇、街道、城乡社区网格化服务管理中心应当将反家庭暴力工作纳入信息管理平台”，还规定人身安全保护令在“紧急情况下，可以采取电话、传真、电子邮件、手机短信等方式先行通知”。“实施家庭暴力，受到刑事处罚、治安管理处罚或者被人民法院出具人身安全保护令的，应当作为不良信息记入加害人信用档案”等，这些规定都在一定程度弥补了国家层面反家庭暴力法的不足，提升了公权力干预家庭暴力的力度。2019 年 3 月 29 日湖北省第十三届人民代表大会常务委员会第八次会议表决通过了《湖北省反家庭暴力条例》，成为继山东省后第二个出台反家暴地方法规的省

---

[1] 王春霞：《反对家庭暴力是国家社会和家庭共同责任——专访全国人大常委会法工委社会法室副主任陈佳林》，《中国妇女报》2016 年 4 月 1 日第一版。

份；2016 年 5 月 24 日，湖南省公安厅、湖南省高级人民法院、湖南省妇女联合会联合印发了《湖南省家庭暴力告诫制度实施办法》；2016 年 11 月 24 日，云南省高级人民法院、云南省妇女联合会共同制定并联合印发了《云南省家庭暴力人身安全保护令制度实施办法》，2016 年 12 月 21 日，云南省公安厅、云南省妇女联合会联合印发了《云南省家庭暴力告诫制度实施办法》。有更多地方为落实反家庭暴力法而抓紧进行配套立法工作。

目前，中国反家庭暴力法律已经形成了以宪法为基础，以反家庭暴力专项法律为主要依托，以弱势群体权益保障法律为支撑，以各部门法为辅助的基本法律框架。随着反家庭暴力法地方法规、司法解释和部门规章的不断出台和完善，反家庭暴力立法将形成一个严密的法律体系（如图 2－1），全方位地支持反家暴工作广泛深入开展，有效提升国家对家庭成员人身权利的保障水平。

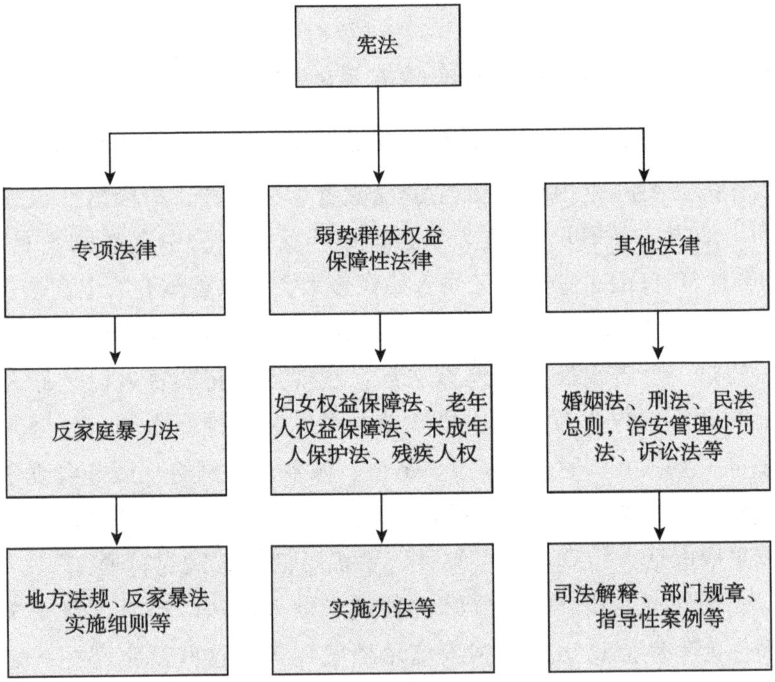

图 2－1　防治家庭暴力的法律体系

《反家庭暴力法》实施后，有效震慑了社会上的家庭暴力现象，公安司法机关、基层政府、人民团体及群众性自治组织依照法律规定，依法履行各自在反家暴工作中的应尽职责，实施三年以来取得了良好的社会效果，已经有个别局部数据显示家暴投诉量下降。《反家庭暴力法》的颁布和实施，体现了国家对妇女儿童等弱势群体权益的保护，是国家尊重和保障人权的宪法规定在家庭领域的落实和体现，也实现了中国政府在反家暴问题上对国际社会的庄严承诺。

三、《反家庭暴力法》的目的、适用范围及基本原则

（一）立法目的

《反家庭暴力法》第1条开宗明义，规定了本法的立法目的："为了预防和制止家庭暴力，保护家庭成员的合法权益，维护平等、和睦、文明的家庭关系，促进家庭和谐、社会稳定，制定本法"。对这一立法目的可以从三个层面来理解：

第一，反家庭暴力法的首要目的是为了防止家庭暴力，保护家庭成员的人身权利和其他合法权益。这一立法目的树立了对家庭暴力以预防为本的治理理念，回应了家暴受害人最根本的诉求，以保护受害人的基本人身安全为首要立法目的。

第二，维护平等、和睦、文明的家庭关系。反家庭暴力法并非简单以处罚来应对家暴行为，而是制定了大量的预防、教育条款，旨在将家庭暴力消除在萌芽和初始状态，防范在先，尽量避免暴力升级。因此，反家暴法更重要的立法目的在于以大量的防范措施维护家庭成员的人身权利不受侵犯。在家庭成员的人身权利得到保障的前提下，才可能在家庭内部建设平等、和睦、文明的家庭关系。

第三，反家庭暴力法的根本目的在于促进家庭和谐、社会稳定。家庭是组成社会有机体的基本单位，家庭和睦稳定，社会才能在稳定基础上更好地向前发展；反之，如果家庭内部问题重重，家庭成员的人身安全在日常生活中都无法保障，不仅国家和社会要为解决各种家庭问题付出巨大的成本，而且一些恶性案件还会冲击正常的社会秩序。反家暴法致力于消除家庭中的暴力现象，维护家庭成员之间的和睦关系。家和万事兴，家庭的和睦与和谐有助于社会的稳定。

（二）适用范围

根据《反家庭暴力法》的规定，该法主要调整的是发生在家庭成员之间的暴力行为。关于家庭成员的范围，现有法律没有做明确规定，但是民事、刑事、行政诉讼法等法律的有关规定，《刑事诉讼法》第108条（六）项规定“近亲属”是指夫、妻、父、母、子、女、同胞兄弟姊妹。民事诉讼法、行政诉讼法规定的近亲属除了上述人员外，还包括祖父母、外祖父母、孙子女、外孙子女和其他具有扶养、赡养关系的亲属。《婚姻法》第三章“家庭关系”中规定的家庭关系也基本上限于上述家庭成员范围。一些地方立法对家庭成员范围有比较明确的规定，例如《广东省社会救助条例》第13条规定：共同生活的家庭成员包括：（1）配偶；（2）父母和未成年子女；（3）已成年但不能独立生活的子女，包括在校接受本科及以下学历教育的成年子女；（4）其他具有法定赡养、扶养、抚养义务关系并长期共同居住的人员。从法律规定总体上看，我国的家庭成员是由祖辈、配偶双方及其子女（孙辈）等共同生活的成员组成，反家庭暴力法适用于上述范围家庭成员。

鉴于生活中因各种原因在一起共同生活的非家庭成员之间也会发生暴力行为，例如有关系密切的伴侣在同居期间发生的暴力行为、离婚后仍在一起共同生活的前配偶之间发生的暴力行为等，《反家庭暴力法》第37条规定：“家庭成员以外共同生活的人之间实施的暴力行为，参照本法规定执行。”本条规定扩大了反家暴法的适用范围，提高了法律干预家庭暴力的总体成效，符合当前社会对反家暴法适用范围的期待，也与国际社会倡导的反家庭暴力法适用范围以及域外国家和地区反家暴法的适用范围保持基本一致。

（三）基本原则

根据《反家庭暴力法》总则部分的规定，可以将《反家庭暴力法》立法的基本原则归纳如下。

1. 国家责任原则

《反家庭暴力法》第3条中规定：反家庭暴力是国家、社会和每个家庭的共同责任。国家禁止任何形式的家庭暴力。这一规定体现了国家对家庭暴力“零容忍”的态度，突出了国家在反家庭暴力工作中的主体地位和应承担的国家责任。国家责任原则的确立为中国反家庭暴力工作提供了强大的支持和坚强的后盾。

2. 政府主导下的多机构合作的原则

从世界各国反家暴工作经验来看，基本上都要走多机构合作的道路，因为任何一个单一机构都无法全面开展反家暴工作，也无法满足家暴受害人的多样化服务需求。根据我国具体国情，需要有一个主导机关牵头，多机构才能尽快搭建起合作平台，相互之间的合作才能顺畅地运行。根据《反家庭暴力法》第 4 条的规定，县级以上人民政府负责妇女儿童工作的机构，负责组织、协调、指导、督促有关部门做好反家庭暴力工作。这里的“县级以上人民政府负责妇女儿童工作的机构”指的是政府中的“妇女儿童工作委员会”，在多机构合作中起牵头作用。县级以上人民政府有关部门、司法机关、人民团体、社会组织、居民委员会、村民委员会、企业事业单位，则要按照《反家庭暴力法》和有关法律规定，依法履行法定职责，做好反家庭暴力工作。反家暴工作需要一定的经费投入，各级人民政府应当对反家庭暴力工作给予必要的经费保障，包括预防工作需要的宣传教育投入，处置家暴案件的法律援助投入，受害人救助服务投入，加害人行为矫正的投入，等等。缺乏必要的经费投入，反家暴工作很难见到成效和走向深入。

3. 预防为主、惩教结合原则

对家庭暴力行为无论怎样处罚，对受害人来说都为时已晚，家暴造成的伤害后果已经铸成。各国在反家暴工作中基本上都遵循预防为主的原则，防患于未然才是对家庭成员最好的保护。《反家庭暴力法》第 5 条第 1 款规定：“反家庭暴力工作遵循预防为主，教育、矫治与惩处相结合原则。”这一原则将教育排在矫治和惩处家暴行为之前，说明国家期望通过教育这一治本措施来纠正一些家庭成员的错误行为模式，预防在前，惩处在后。对家暴受害人来说，事后的权利救济远不如不让暴力行为发生。因此，事前预防，将预防与教育、对加害人的行为矫治和对家暴行为的惩处结合起来，综合治理，才能有效降低家暴发生率，维护家庭的和睦与安宁。

4. 尊重受害人真实意愿及保护当事人隐私原则

《反家庭暴力法》第 5 条第 2 款规定：“反家庭暴力工作应当尊重受害人真实意愿，保护当事人隐私。”家庭暴力具有隐蔽性，因此，受害人的意愿往往决定着国家司法机关能否追究行为人的法律责任。以虐待罪为例，依照刑法规定，虐待罪属于告诉才处理的自诉罪，如果受害人不去人民法院起诉，法院不主动追究行为人的刑事责任。但是，如果受害人是受到强制恐吓，无法起诉的，受害人的法定代理人、近亲属可以代为告诉。司法机关工作人员和参与家庭暴力调解、法律援助、心理辅导、来访投诉的人员，对于家庭暴力中涉及的个人隐私，应当予以保密。

5. 家庭中弱者受特殊保护原则

《反家庭暴力法》第5条第3款规定："未成年人、老年人、残疾人、孕期和哺乳期的妇女、重病患者遭受家庭暴力的，应当给予特殊保护。"上述人员处于年龄、身体机能或者生理状况特殊时期，造成这部分人的自我保护意识和能力欠缺，需要法律给予特别保护，才能保障他们的人身权利。因此，《反家庭暴力法》规定了特殊保护原则，对特殊状态下和特殊年龄段的家庭成员给予特殊保护，符合这部分家庭成员的根本利益。

四、《反家庭暴力法》的主要内容

《反家庭暴力法》共六章38条，其主要内容包括家庭暴力定义、反家暴责任主体、工作原则、预防和处置家庭暴力的措施、机制及法律责任等，是一部实用性很强的社会法。

（一）家庭暴力的定义

反家庭暴力首先遇到的问题就是要给"家庭暴力"下定义，以方便全社会认识家庭暴力，也为司法机关甄别和处理涉家暴案件提供明确的执法依据。在中国，家庭暴力的官方定义首次出现在最高人民法院对修改后的《婚姻法》作出的司法解释中。最高人民法院在2001年12月24日最高人民法院审判委员会第1202次会议通过的《关于适用〈中华人民共和国婚姻法〉若干问题的解释（一）》中第1条对"家庭暴力"作出了解释：是指行为人以殴打、捆绑、残害、强行限制人身自由或者其他手段，给其家庭成员的身体、精神等方面造成一定伤害后果的行为。持续性、经常性的家庭暴力，构成虐待。由于最高人民法院对法律的解释属于司法解释，具有法律效力，故家庭暴力自此在概念上有了权威的定义。最高人民法院对家庭暴力的解释表明中国政府对家庭暴力的治理措施已经由以往主要依靠道德舆论谴责、社区民事调解发展到采取更严厉的法律手段加以干预。家庭暴力定义的出台澄清了公众对家庭暴力问题存在的一些模糊认识和错误观念，也使得公安司法机关面处置家庭暴力案件执法有据。

对比《〈婚姻法〉司法解释（一）》和《消除对妇女的暴力宣言》中对家庭暴力定义，我们发现两者之间有明显的差别：第一，司法解释中对家庭暴力的定义仍显狭窄，局限在身体暴力和精神暴力的范围，没有述及家庭暴力的多样性，例如对配偶的婚内强奸、性虐待、经济控制等；第二，司法解释对家庭暴力的定义中规定构成家庭暴力须达到“造成一定伤害后果”的要求，这使得轻度家庭暴力、难以呈现伤害后果的精神暴力无法纳入法律调整的范围；第三，将家庭暴力局限于家庭成员之间，大量的发生在恋爱期间和离婚后的暴力行为无法纳入法律调整的范围。这些问题在实践中反映较为强烈，需要法律对该定义作出进一步的调整和完善。

2015 年 12 月 27 日通过的《反家庭暴力法》第 2 条对“家庭暴力”的界定是根据反家庭暴力的实际需要，在以往家暴定义基础上作出的发展和完善：“家庭暴力是指家庭成员之间以殴打、捆绑、残害、限制人身自由以及经常性谩骂、恐吓等方式实施的身体、精神等侵害行为”。对该定义应从以下几方面理解：

第一，家庭暴力发生在家庭成员之间。家庭由一定范围的亲属组成。亲属是具有血缘、婚姻或者收养关系的社会成员。我国的亲属范围较广，其中的近亲属构成了一个家庭的家庭成员。近亲属范围在民事、刑事、行政三大诉讼法中有明确规定，《刑事诉讼法》第 108 条第（六）项规定：“‘近亲属’是指夫、妻、父、母、子、女、同胞兄弟姊妹。”民事诉讼法、行政诉讼法规定的近亲属除了上述人员外，还包括祖父母、外祖父母、孙子女、外孙子女和其他具有扶养、赡养关系的亲属。《婚姻法》第三章“家庭关系”中规定的家庭关系也基本上限于上述家庭成员范围。因此，从大陆法律规定来看，家庭成员由祖辈、配偶双方及其子女（孙辈）成员共同组成，他们之间发生的家庭暴力行为受《反家庭暴力法》的调整。

第二，家庭暴力有多种表现形式。《反家庭暴力法》以列举的方式说明了什么是家庭暴力：殴打、捆绑、残害、限制人身自由以及经常性谩骂、恐吓等。概括地说，定义中列举的家暴方式包括三大类，第一类是针对受害人身体实施的殴打、捆绑和残害等行为，这是实践中常见也是对受害人伤害较大的一类暴力形式。殴打和残害往往给受害人造成体表伤害，严重的会致人伤残甚至死亡。这里的“捆绑”不应简单理解为单纯用绳子把某人身体捆上，如果捆绑是为了防止外出，限制其人身自由，可以归为第二类家暴。这里的“捆绑”，是加害人在殴打、残害过程中的捆绑，目的是为了防止受害人反抗、逃跑和躲避，因此其捆绑行为给受害人带来人身危险与殴打和残害是一样的，甚至更大；第二类家暴方式是限制人身自由，例如将受害人关闭起来，禁止其自由出入或者禁止与他人进行通信交流。第三类家暴方是经常性谩骂和恐吓，对家庭成员进行精神摧残。偶尔的此类行为不构成家暴，谩骂和恐吓行为达到经常的程度才构成家庭暴力行为。

第三，家庭暴力有身体暴力和精神暴力等不同类型。根据《反家庭暴力法》对家庭暴力的定义，中国法律中的家庭暴力主要指加害人对受害人实施的身体暴力和精神暴力，而非域外国家或地区反家暴法中常见的对家庭暴力的四类型划分，缺少对性暴力和经济控制的规定。但定义中"……身体、精神等侵害行为"中的"等"字也说明，法律并不排除实践中家庭成员之间可能存在的身体、精神以外的暴力类型，对其他类型的家庭暴力行为仍可依法处罚，例如性暴力造成性器官损伤的可以按照身体暴力来处理，构成犯罪的，可以由司法机关按照虐待罪或者故意伤害罪定罪处罚；长期以经济控制为手段威胁恐吓家庭成员，可以按照精神暴力行为加以处罚。

（二）对家庭暴力的预防

"反家庭暴力法最核心的内容，是关于家庭暴力的预防和制止。……要通过这些预防措施来制止家庭暴力的发生，或者防止家庭暴力的升级，这是这部法出台的最重要的目的。"[1] 国际上对家庭暴力有三级预防的理论：事发前的一级预防，注重面向大众宣传普及反家暴知识，扭转公众对家庭暴力的错误认识，自觉摒弃暴力行为，从而减少家庭暴力；对高危人群的二级预防，重点关注存在家暴的家庭和筛查出高危人群进行有针对性的干预，防止暴力升级和暴力行为反复发生；事发后的三级预防，重在对受害人给予安全庇护和提供需要的各种服务，对加害行为给予处罚，防止暴力行为再发生。做好预防工作，可以及时化解家庭矛盾和冲突，防止矛盾扩大和冲突升级，对受害人提供安全保障，力求将个人、家庭、国家和社会因家庭暴力可能付出的代价降到最低。也正因为如此，各国在制定反家庭暴力法时，都将预防置于非常重要的位置，反家暴经费也大量用于预防工作。

基于预防工作的重要意义，中国《反家庭暴力法》在总则之后首先就规

---

[1] 王春霞：《反对家庭暴力是国家社会和家庭共同责任——专访全国人大常委会法工委社会法室副主任陈佳林》，《中国妇女报》2016 年 4 月 1 日第一版。

定了对“家庭暴力的预防”，将预防工作排在反家庭暴力各项工作的首位。根据《反家庭暴力法》规定，家庭暴力的预防主要应做好如下工作。

1. 通过宣传教育普及反家暴理念及法律知识

宣传教育是提升公众反家暴意识、普及反家暴知识的重要环节。国家机关、人民团体、媒体、教育机构等可以采用公众喜闻乐见的形式开展反家暴宣传。

第一，国家开展家庭美德宣传教育，普及反家庭暴力知识，增强公民反家庭暴力意识。《反家庭暴力法》在总则部分规定：国家禁止任何形式的家庭暴力。这是国家对公民的承诺，也是国家反对家庭暴力的宣言，因此反家暴是国家的重要责任，开展一级预防是国家防止家庭暴力、维护家庭和谐的重要手段。

第二，工会、共产主义青年团、妇女联合会、残疾人联合会应当在各自工作范围内，组织开展家庭美德和反家庭暴力宣传教育。人民团体覆盖的社会成员占全国人口的绝大部分，且妇女儿童是家庭暴力的主要受害人群，因此人民团体在反家暴宣传教育方面责无旁贷。

第三，广播、电视、报刊、网络等应当开展家庭美德和反家庭暴力宣传。传统媒体和现代媒体都各自拥有庞大的受众群体，媒体开展反家暴宣传教育成本低，见效快，覆盖面广，尤其是在各种家暴典型案件发生后，媒体深入发掘家暴原因、还原事发过程、反思案件发生的教训、提出完善法律和处置程序的建议，这些工作都会对反家暴的深入广泛和持久开展起到积极推进作用。

第四，学校、幼儿园应当开展家庭美德和反家庭暴力教育。家庭暴力有代际传承的特点，要切断家庭暴力的传承，就要让儿童自幼接受反家暴教育，让他们认识家庭暴力的违法性和危害性，自觉摒弃暴力思维和暴力行为。因此，教育机构在反家暴工作中具有重要的基础作用。

2. 建立多机构合作机制做好反家暴预防工作

根据《反家庭暴力法》的规定，反家庭暴力是国家、社会和每个家庭的共同责任。也就是说，全社会都有责任反对家庭暴力，社会各方面应通力配合，建立多机构合作机制，共同应对家庭暴力的挑战。

第一，县级以上人民政府有关部门、司法机关、妇女联合会应当将预防和制止家庭暴力纳入业务培训和统计工作。

第二，医疗机构应当做好家庭暴力受害人的诊疗记录。

第三，乡镇人民政府、街道办事处应当组织开展家庭暴力预防工作，居民委员会、村民委员会、社会工作服务机构应当予以配合协助。

第四，各级人民政府应当支持社会工作服务机构等社会组织开展心理健康咨询、家庭关系指导、家庭暴力预防知识教育等服务。

第五，人民调解组织应当依法调解家庭纠纷，预防和减少家庭暴力的发生。

第六，用人单位发现本单位人员有家庭暴力情况的，应当给予批评教育，并做好家庭矛盾的调解、化解工作。

第七，未成年人的监护人应当以文明的方式进行家庭教育，依法履行监护和教育职责，不得实施家庭暴力。

总之，国家和社会通过宣传和教育，在全社会营造对家庭暴力“零容忍”的氛围，坚持多机构合作，多渠道化解家庭矛盾和纠纷，让受害人感受到全社会的关爱和支持，让加害人感受到全社会对施暴行为的不宽容、不纵容、不沉默，对家庭暴力行为形成有效的震慑。

（三）对家庭暴力的处置

《反家庭暴力法》第三章规定了对“家庭暴力的处置”。根据处置主体的不同，可以分为单位及基层组织对家庭暴力投诉的处置，公安机关对家庭暴力报警的处置，人民法院对家庭暴力诉讼的处置等。

（1）单位和基层组织对家庭暴力投诉和求助的处置。家庭暴力受害人及其法定代理人、近亲属可以向加害人或者受害人所在单位、居民委员会、村民委员会、妇女联合会等单位投诉、反映或者求助。这些单位或者组织接到家庭暴力投诉、反映或者求助后，应当根据受害人的需要和本单位或者组织在反家暴工作中的职责给予帮助、处理。单位、个人发现正在发生的家庭暴力行为，有权及时劝阻。工会、共产主义青年团、妇女联合会、残疾人联合会、居民委员会、村民委员会等应当对实施家庭暴力的加害人进行法治教育，必要时可以对加害人、受害人进行心理辅导。

（2）公安机关对家庭暴力报警的处置。家庭暴力受害人及其法定代理人、近亲属可以向公安机关报案。公安机关接到家庭暴力报案后应当及时出警，制止家庭暴力，按照有关规定调查取证，协助受害人就医、鉴定伤情。加害人实施家庭暴力，应予告诫的，要对加害人给予告诫；构成违反治安管理行为的，由公安机关依法给予治安管理处罚；构成犯罪的，依法追究其刑事责任。

（3）人民法院对家庭暴力诉讼的处置。家庭暴力受害人及其法定代理人、近亲属可以依法向人民法院起诉，要求法院追究加害人的法律责任。人民法院审理涉及家庭暴力的案件，可以根据公安机关出警记录、告诫书、伤情鉴定意见等证据，认定家庭暴力事实。人民法院应当依法对家庭暴力受害人缓收、减收或者免收诉讼费用。人民法院对于因家暴申请人身安全保护令的案件，应当给予重视和及时发放。

（四）防治家庭暴力的重要制度

根据反家庭暴力工作和受害人保护的需要，《反家庭暴力法》中规定了一系列的预防和处置家暴的专门制度，例如人身安全保护令制度、公安告诫制度、庇护制度、强制报告制度，等等。这些制度在预防和发现家庭暴力、制止家庭暴力、保护安置被害人、教育矫治加害人等方面发挥了重要作用，搭建起我国反家庭暴力工作的制度体系。

1. 人身安全保护令制度

人身安全保护令制度是发端于域外国家和地区的制度建设，在反家暴工作中发挥了特别重要的作用。中国《反家庭暴力法》第四章设专章规定了人身安全保护令制度，足见对这一制度的重视程度。法律详细规定了人身安全保护令的申请与受理、保护令种类、适用的条件、具体保护措施以及保护令执行等内容。目前人身安全保护令在基层法院已经为越来越多的法官所重视和使用，对家暴受害人人身安全起到很好的保护作用。

所谓人身安全保护令，是指家庭成员或者共同生活的人在遭受家庭暴力或者面临家庭暴力的现实危险时，向人民法院申请的禁止加害人施暴或者与加害人在日常生活中适度隔离以维护自身人身安全的一种民事令状。当事人申请人身安全保护令的，人民法院应当受理。根据法律规定，如果当事人是无民事行为能力人、限制民事行为能力人，或者因受到强制、威吓等原因无法申请人身安全保护令的，其近亲属、公安机关、妇女联合会、居民委员会、村民委员会、救助管理机构可以代为申请。人身安全保护令案件由申请人或者被申请人居住地、家庭暴力发生地的基层人民法院管辖。人民法院受理当事人的申请后，应当在72小时内作出人身安全保护令或者驳回申请；情况紧急的，应当在24小时内作出。

人身安全保护令可以包括下列措施：（1）禁止被申请人实施家庭暴力；（2）禁止被申请人骚扰、跟踪、接触申请人及其相关近亲属；（3）责令被申请人迁出申请人住所；（4）保护申请人人身安全的其他措施。

人身安全保护令的有效期不超过6个月，自作出之日起生效。人身安全保护令失效前，人民法院可以根据申请人的申请撤销、变更或者延长。

人民法院作出人身安全保护令后，应当送达申请人、被申请人、公安机关以及居民委员会、村民委员会等有关组织。人身安全保护令由人民法院负责执行，公安机关以及居民委员会、村民委员会等应当协助人民法院执行。

被申请人如果违反人身安全保护令，构成犯罪的，依法追究刑事责任；尚不构成犯罪的，人民法院应当给予训诫，可以根据情节轻重处以1000元以下罚款、15日以下拘留。

根据最高人民法院2016年的司法解释，人身安全保护令已成为独立诉由，且申请人身安全保护令不缴纳诉讼费，亦无须提供担保。

2. 公安告诫制度

公安机关对家庭暴力加害人依法进行告诫，是中国特色反家暴工作的一个经验创举。公安告诫制度发端于江苏省，江苏省妇联和省公安厅等部门积极探索防治家庭暴力的新路径，结合江苏地方实际，借鉴国内外先进立法经验，本着严谨务实的态度，在积极试点和充分调研论证的基础上，于2013年7月25日由江苏省高级人民法院、江苏省人民检察院、江苏省公安厅和江苏省妇女联合会联合印发了《江苏省家庭暴力告诫制度实施办法（试行）》，在全国率先建立家庭暴力告诫制度，旨在通过发挥公安机关治安行政指导在防治家庭暴力中的作用，加强对家庭暴力的提前干预，解决当前防治家庭暴力手段单一、被动和滞后等问题，保护受害人权益，维护家庭和社会的和谐稳定。具体就是针对那些家庭暴力情节较轻，依法不给予治安管理处罚的，由公安机关对加害人给予批评教育或者出具告诫书。告诫书应当包括加害人的身份信息、家庭暴力的事实陈述、禁止加害人实施家庭暴力等内容。公安机关的家庭暴力告诫书可以在诉讼中对家暴行为起到证明作用，实施后作用良好，对家庭暴力行为起到了警告和震慑作用，有效预防了家暴再发生。江苏的经验很快传播到其他省市，在反家庭暴力法制定过程中被吸收进法律中，成为反家庭暴力的中国经验。

公安机关在作出告诫决定后，应当将告诫书送交加害人、受害人，并通知居民委员会、村民委员会。居民委员会、村民委员会、公安派出所应当对收到告诫书的加害人、受害人进行查访，加强对受害人的保护，用告诫书来震慑和监督加害人不再实施家庭暴力。如果受害人对加害人提起与家庭暴力有关的诉讼，公安机关发放的告诫书可以作为人民法院认定家暴事实存在的证据使用。

3. 临时庇护制度

从国际经验来看，各国各地区的反家暴立法中基本上都规定了要建立家暴受害人的庇护机构，为受害人及其子女提供临时庇护。根据我国反家庭暴力法的规定，县级或者设区的市级人民政府可以单独或者依托救助管理机构设立临时庇护场所，为家庭暴力受害人提供临时生活帮助。无民事行为能力人、限制民事行为能力人因家庭暴力身体受到严重伤害、面临人身安全威胁或者处于无人照料等危险状态的，公安机关应当通知并协助民政部门将其安置到临时庇护场所、救助管理机构或者福利机构。

2015 年 9 月 24 日，民政部、全国妇联发布了《关于做好家庭暴力受害人庇护救助工作的指导意见》（以下简称《指导意见》），《指导意见》中的家庭暴力受害人庇护救助工作对象指常住人口及流动人口中，因遭受家庭暴力导致人身安全受到威胁，处于无处居住等暂时生活困境，需要进行庇护救助的未成年人和寻求庇护救助的成年受害人。寻求庇护救助的妇女可携带需要其照料的未成年子女同时申请庇护。《指导意见》还明确了未成年人特殊优先保护、依法庇护、专业化帮扶、社会共同参与等原则，确定了及时受理求助、按需提供转介服务、加强受害人人身安全保护、强化未成年受害人救助保护等工作内容，并从健全工作机制、加强能力建设、动员社会参与、强化宣传引导等方面提出了具体的工作要求。

4. 强制报告制度

强制报告制度，是指特定组织或者机构工作人员或者特定行业人员在发现无民事行为能力人、限制民事行为能力人遭受或者疑似遭受家庭暴力时，依法履行向公安机关报告义务的制度。未能依法报告，造成严重后果的将承担相应的法律责任。这里的特殊行业人员，例如教师、医生、护士、社区工作人员等，他们在工作过程中较他人更容易发现家暴受害人，因此，《反家庭暴力法》第 14 条规定："学校、幼儿园、医疗机构、居民委员会、村民委员会、社会工作服务机构、救助管理机构、福利机构及其工作人员在工作中发现无民事行为能力人、限制民事行为能力人遭受或者疑似遭受家庭暴力的，应当及时向公安机关报案。公安机关应当对报案人的信息予以保密。"法律还规定，如果上述人员未按规定向公安机关报案，造成严重后果的，由上级主管部门或者本单位对直接负责的主管人员和其他直接责任人员依法给予处分。

5. 依法撤销监护人资格制度

根据《反家庭暴力法》第21条的规定，监护人实施家庭暴力严重侵害被监护人合法权益的，人民法院可以根据被监护人的近亲属、居民委员会、村民委员会、县级人民政府民政部门等人员或者单位的申请，依法撤销其监护人资格，另行指定监护人。被撤销监护人资格的加害人，应当继续负担相应的赡养、扶养、抚养费用。

2014年12月18日，最高人民法院、最高人民检察院、公安部、民政部联合发布《关于依法处理监护人侵害未成年人权益行为若干问题的意见》，对于父母或者其他监护人性侵害、出卖、遗弃、虐待、暴力伤害未成年人，教唆、利用未成年人实施违法犯罪行为，胁迫、诱骗、利用未成年人乞讨，以及不履行监护职责严重危害未成年人身心健康等行为，规定司法机关可以依法撤销其监护人资格。

6. 法律援助制度

法律援助是指由政府设立的法律援助机构指派或者安排承担法律援助义务的律师，为经济困难或特殊案件的当事人无偿提供法律服务的一项法律保障制度。《反家庭暴力法》第19条第1款规定：法律援助机构应当依法为家庭暴力受害人提供法律援助。实践中家暴受害人经常需要的法律援助服务包括提供法律咨询、支持诉讼、代写法律文书等。

上述各项制度既有国际经验，又有本土实践；既保护了受害人的合法权益，又考虑了公权力介入私领域的合适程度；既体现了“国家禁止任何形式的家庭暴力”的零容忍态度，又考虑到现阶段的具体国情。法律对制度之间的相互衔接及落实也做到能具体就具体，突出法律的可操作性，达到法律宣示性和实用性的统一。

五、中国各地扎根本土的反家暴实践

从20世纪90年代中期开始，中国反家庭暴力就开始了不间断的探索和实践。尤其是进入21世纪以来，随着修改后的《婚姻法》将家庭暴力行为归于违法，防治家庭暴力逐渐成为社会各界关注的焦点和社会治理的共识。各地在反家暴的措施和机制上也进行了积极的探索，取得了很多宝贵的实践经验，走出了一条属于中国自己的反家暴之路。虽然中国幅员辽阔，风土民情各异，各地反家暴的路径和经验做法有所不同，但仍有一些共同的经验可以传播和分享。

（一）在党委和政府领导下建立反家暴多机构合作工作机制

家庭暴力是一个原因复杂、解决不易的社会问题，其防治是一个涉及很多部门，需要动用很多社会资源的系统工程。考察一些国家和地区的反家暴工作，基本上都是国家给予政策、法律和财政支持，政府主导，以受害人需求为导向，多部门参与，建立转介顺畅的机制，部门和组织间按照一定规则和流程开展工作，对个案提供有针对性的帮助和服务，对社会公众进行长期的反家暴宣教，这是一套经过多国反家暴实践证明了的成功经验。进入 21 世纪以来，在多省市完成了反家暴地方立法后，探索适合中国国情的家暴干预模式就成为了一个新的课题。

2008 年全国妇联、公安部等七部委联合制定的《预防和制止家庭暴力若干意见》要求，“各部门要依法履行各自的职责，保障开展预防和制止家庭暴力工作的必要经费，做好预防和制止家庭暴力工作。各部门要加强协作、配合，建立处理家庭暴力案件的协调联动和家庭暴力的预防、干预、救助等长效机制，依法保护家庭成员特别是妇女儿童的合法权益。”国家在 2009 年和 2016 年发布的两个《国家人权行动计划》[1] 中都强调了各部门要加强协作、配合，完善预防和制止家庭暴力多部门合作机制和家庭暴力的预防、制止和救助一体化工作机制。《妇女发展纲要（2011—2020）》在预防和制止对妇女的家庭暴力的策略措施上也作出了和人权行动计划同样的规定。2015 年颁布的《反家庭暴力法》中第 4 条规定了政府主导多机构合作反家暴，在法律对家庭暴力的预防和处置规定中，都有多机构合作的规定。可见，政府主导的多机构合作工作机制是中国在预防和制止家庭暴力上的策略选择。中国政体有别于西方国家，党委的重视和支持是国家立法、司法和行政资源投入反家暴领域的前提，因此，建立政府主导的多机构合作必须有党委的领导和支持。各地实践经验也表明，党委和政府充分认识反家暴工作在家庭建设和社会治理方面的重要意义，引导司法、行政各部门及人民团体以联合发文形式，明确各方在反家暴

[1] 在《国家人权行动计划（2009—2010）》中，在预防和制止对妇女的家庭暴力问题上，要求“完善预防和制止家庭暴力多部门合作机制，以及预防、制止和救助一体化工作机制。”在《国家人权行动计划（2016—2020）》中，要求“完善预防和制止家庭暴力多部门合作机制，以及预防、制止和救助一体化工作机制。”

工作中的职责范围和具体工作内容，多机构合作平台就能在很短时间内搭建并运行起来。

（二）妇联组织积极探索和推广反家暴试点经验

作为人民团体的妇联组织在反家暴实践中积极探索，及时总结和推广试点经验，为国家立法积累经验，为中国反家暴工作探索合适的方法和路径。进入21世纪以来，妇联组织运用国内国际的反家暴项目资金在湖南、河北、陕西、甘肃、四川等多个省份开展反家暴试点工作，取得了丰富的反家暴实践经验，初步形成了多个可复制的工作模式，开始向全国其他地方推广，以减少各地在落实法律、提供救助服务方面的探索成本，快速提升各地反家暴工作水平。

在多机构合作工作机制建设上，2013年，湖南省长沙市实施了多机构合作项目。实施过程中，率先系统化地设计出一套对家暴个案识别和干预的制度和机制，建立了多机构合作机制、危险评估机制、联席会议制度，搭建了信息平台。全市妇联系统在全国率先使用《家庭暴力案件危险性评估量表》，基层派出所、司法所、社区（村）等正逐渐推广使用。浏阳市、开福区每季度召开高危家暴案件评估联席会议，全国反家暴专家认为可在全国复制和推广。[1]浏阳市以家庭暴力高危案件多部门联席会议为多机构联动的载体，通过联席会议以及信息交流平台，公安、法院、检察院、妇联、民政、司法、医疗、教育部门围绕家庭暴力进行协同干预，产生了很好的干预效果。

全国妇联/联合国妇女署“促进反家庭暴力立法，推广多部门合作模式”项目2014年启动，在湖南、四川、甘肃三个省的项目试点县探索家暴干预的机制及工作模式。在项目推进过程中反家暴法出台，湖南宁乡、四川仪陇和甘肃靖远三个项目县的反家暴工作逐渐走向具体、专业，显现出干预成效，发展出甘肃靖远县的“五中心联动反家暴工作模式”、四川仪陇县的“一二三四五反家暴工作模式”、湖南宁乡县的“社区（村）网络支撑的五步法反家暴工作

[1] 朱华：《长沙反家暴走在全国前列　多机构形成强大社会合力》，《长沙晚报》2014年11月26日。https：//news. changsha. cn/html/187/20141126/1988742. html。

模式”[1] 等不同的反家暴工作模式。[2]

在庇护方面，河北石家庄和衡水创建的家暴庇护模式受到联合国妇女署称赞，联合国妇女署将把两市的优秀做法作为项目成果写入研究报告。石家庄市反家庭暴力庇护中心是2008年成立的河北省首家反家庭暴力庇护中心。反家庭暴力法颁布实施后，该中心不断创新服务模式，请专业社工介入家暴庇护工作，提高服务质量，近年来累计为230名受暴妇女提供了庇护。在衡水市家庭暴力受害妇女庇护所，妇女可以免费得到心理疏导、法律咨询、医疗救治、家庭矛盾调解、家政服务培训等服务。庇护结束后，根据妇女意愿，可安排就业，使妇女在短暂的庇护后，获得经济上的自救和暂时摆脱暴力的条件，真正做到自食其力，实现自立自强。庇护所成立以来，共庇护受害妇女30余人次。[3] 2018年初，上海市嘉定区首个反家暴庇护所——嘉定暖心驿站正式启用。据报道，这是上海地区首个设备功能最齐全的庇护所，也是首个完全按照反家暴法的要求进行设计的庇护所。该庇护所由接待室、疏导室、体验室、休息室、监控室组成，同时配备储藏室、卫生间。受助对象来到庇护所后，在接待室填写入住申请书，庇护所的志愿者将安排其入住休息室；休息室有两张床位，庇护所遵照受助者的意愿，可安排其亲属或者志愿者陪护；根据受助者的要求，庇护所在疏导室安排心理咨询师、社会工作者、律师等提供心理辅导和法律咨询等服务，受助者必要时可借助体验室来辅助开展心理治疗。[4]

妇联的长期立法倡导和反家暴实践工作受到国家、社会及广大妇女的高度肯定，“她们对保护妇女儿童合法权益的执着、敬业精神，为推动立法作出的不懈努力给我留下了深刻印象。如果没有她们的工作，可以说，反家庭暴力法

---

[1] 吕菊兰：《全国妇联推广宁乡反家暴模式》。文中介绍湖南省宁乡县自2014年项目落户后，创新运用家庭暴力干预“五步工作法”开展基层反家暴工作，受到广泛好评。“五步工作法”即通过五个步骤来帮助家庭暴力受害人的方法，具体包括：鼓励受害人说出真相、引导受害人学会收集证据、引导受害人学会向援助机构求助、引导受害人学习相关法律知识、引导受害人建立危险评估意识五个方面。凤凰资讯网，http：//news. ifeng. com/a/20170419/50963634_ 0. shtml。

[2] 《多部门合作联动干预家庭暴力模式的有效探索》，http：//wemedia. ifeng. com/38930906/wemedia. shtml。

[3] 《反家暴，河北的“庇护模式”获联合国妇女署点赞!》，搜狐网，2017年7月8日，http：//www. sohu. com/a/155445496_ 616026。

[4] 黄筱菁：《上海市嘉定区成立反家暴庇护所》，搜狐网，2018年3月13日，http：//www. sohu. com/a/225439705_ 420076。

不可能在2015年出台。”[1]

（三）公安、司法机关能动执法

在反家庭暴力法颁布之前，由于没有明确具体的执法依据，加之反家暴意识薄弱，公安司法机关处置涉家暴案件时推诿、不出警、定罪不准、处置不当等现象不时发生。随着反家暴工作的不断推进，公安司法机关在反家暴工作中所处的位置和发挥的作用越来越重要。为规范执法活动，提升公安司法机关处置涉家暴案件的执法水平，公安司法机关不断出台司法文件，编写参考性办案指导手册，发布指导性案例，指导下级司法机关准确适用法律，依法处置家庭暴力案件，积极践行公平正义。

2008年3月，最高人民法院中国应用法学研究所编制下发了《涉及家庭暴力婚姻案件审理指南》，这是一本办理涉及家庭暴力的婚姻案件的资源手册，目的在于帮助地方各级人民法院做好法律规则、性别平等理念、家庭暴力理论知识、审判组织保障等方面的准备，以利于下级法院在审理涉家暴离婚案件时准确甄别，准确适用法律，更好地保障家庭暴力受害人的人身和财产权利。

为加强对家庭暴力犯罪案件的司法应对，最高人民法院专门成立了“涉家庭暴力刑事司法改革”课题组，先后至十余省市调研、访谈，设立了9个改革试点法院，收集典型案例350余件，访谈因不堪忍受家庭暴力而杀害施暴人的服刑女性50余名，入户调查2700多人次。在深入调研和实践的基础上，针对家庭暴力犯罪案件在司法实践中存在的犯罪事实难以发现、诉讼程序难以启动、定罪标准不够明确等问题，最高法、最高检、公安部、司法部2015年联合制定了《关于依法办理家庭暴力犯罪案件的意见》，规定了依法及时、有效干预，保护被害人安全和隐私，尊重被害人意愿，对未成年人、老年人、残疾人、孕妇、哺乳期妇女、重病患者特殊保护的办案原则，在案件受理、定罪处罚等方面作出了详细具体的规定，为公安司法机关正确处置涉家暴犯罪案件提供了明确的执法依据。时至今日，该意见仍在司法实践中发挥着积极作用。

试点法院在发放人身安全保护令、引入专家证人出庭制度等方面也进行了积极的探索。反家暴法实施后，2016年云南楚雄州中级人民法院审理的受虐妇女杀夫案件时，家庭暴力问题专家应邀出席法庭审理，在法庭上向办案人员

---

[1] 王春霞：《反对家庭暴力是国家社会和家庭共同责任——专访全国人大常委会法工委社会法室副主任陈佳林》，《中国妇女报》2016年4月1日第一版。

详细解释与家庭暴力及受暴妇女心理状态相关的一些专业问题，帮助审判人员在全面和深入了解家庭暴力发生发展的基础上公正执法。

江苏省公安机关和妇联组织一同积极探索治理轻度家庭暴力的方法，公安告诫制度就是探索的结果，后被吸收进国家层面的反家庭暴力法中，成为宝贵的反家暴“中国经验”。

最高人民法院和最高人民检察院也注意用发布指导性案例的方法指导下级司法机关办理涉家暴案件。最高人民检察院 2018 年 11 月 18 日公布的第十一批指导性案例中，就包括一起 11 岁的女童被继母虐待的案件，在这起案例中，检察机关对虐待行为的加害人依法提起公诉，要求人民法院依法追究其刑事责任。

（四）社会组织广泛参与反家暴专业服务工作

反家暴社会组织是活跃在反家暴一线的重要力量，国家也充分重视和积极扶持社会组织参与反家暴工作。《国家人权行动计划（2016—2020）》中提出：国家鼓励和扶持社会组织参与反家庭暴力工作。《反家庭暴力法》中在预防家庭暴力和强制报告等方面规定了社会工作服务机构的工作范围和义务，社会工作组织参与反家暴工作有了明确依据。从 1995 年的“世界妇女大会”开始，公益性质的社会组织在反家暴领域开展了长期的实践探索，包括反家暴立法研究和倡导、个案救助服务，预防家暴的宣传教育、反家暴能力培训等，社会组织在反家暴工作中不断成长壮大：有些组织以推进反家暴立法为历史使命，有些机构长期坚持面向社会开展反家暴宣传培训和提供各种服务，有些机构专注反家暴公益诉讼，还有些机构专门提供受害人需要的庇护、心理辅导等服务。随着《社会团体登记管理条例》《民办非企业单位登记管理暂行条例》《基金会管理条例》的公布和修改完善，社会组织的发展更加健康规范。在全国各地众多的反家暴组织中，开展反家暴工作历史较长且具有代表性的机构如下。

1. 北京市千千律师事务所（前身是北京大学妇女法律研究与服务中心）[1]

1995 年 12 月，中国第一家专门从事妇女法律援助、研究与倡导的公益性机构——“北京大学法学院妇女法律研究与服务中心”成立，中心一直将家

---

[1] 引自《中国反家庭暴力大事记梳理（1990—2017）》及北京市千千律师事务所提供的机构介绍。http：//www. woman-legalaid. org. cn/。

庭暴力问题作为机构的重点关注、研究和推动领域之一，主要通过提供免费法律咨询、办理典型法律援助案件、举办反家暴意识和实操处理技能强化培训、送法下乡（进社区）、反家暴试点建设、反家暴立法倡导和推进等方式，推动反家庭暴力工作的开展。依托中心，2009 年 9 月发起成立了“北京市千千律师事务所”。千千律师所以秉承“用爱心书写公益人生，用法律构建性别平等”的工作宗旨，以专职律师专职开展公益法律服务活动为机构特色，创建了一个集妇女权益保护、法律援助与 NGO 发展三位一体的独特的民间法律援助模式，致力于推动国家公益法律援助事业的发展和相关法律法规的改革和完善。过去的 23 年里，机构共向全国提供免费法律咨询服务近 12 万件；通过跨区域、联动性、规模化办案方式，共为全国 28 个省（区、市）的十数万妇女等弱势群体免费代理案件 4000 余件，其中重大典型案件 400 余件；机构共向国家有关部门提交法律意见书、立法建议、研究报告和两会提议案 110 余件，推动了相关法律政策的改革；机构先后出版了《妇女权益与公益诉讼》《家庭暴力与法律援助》《中国妇女劳动权益保护理论与实践》《中国职场性别歧视调查》《农村妇女参政问题研究》《见证法治帮扶弱者》《扬法治之剑惩家暴罪戾》等 16 部调研专著。机构取得的工作成绩以及所带来的影响力和社会价值赢得了社会的赞誉和肯定，先后获得“中国十大有影响力的民间组织”“中国公益事业杰出贡献奖”“模范公益组织奖”“关爱女性机构奖”“2010 年幸福中国年度公益十强”、2013 年责任中国公益人物奖（公益律师群像）等诸多社会荣誉。

2. 中国法学会反对家庭暴力网络[1]

2000 年 6 月，中国法学会反对家庭暴力网络（研究中心）成立，网络集合了全国各地法学、社会学、妇女学、社工学、医学、新闻学、心理学等学科的理论研究、教学工作者，以及妇女工作者、妇女活动家、律师、公、检、法、司、人大等执法和立法部门的实际工作者，始终将从社会性别和妇女人权的视角关注家庭暴力、干预家庭暴力作为自己的使命，并团结各地区、各领域的广泛成员展开反家庭暴力的联合行动。网络在“反对针对妇女的家庭暴力对策研究与干预”的总项目下，设立了反家暴资料中心、反对家庭暴力网站、社会性别培训、针对妇女的家庭暴力行为状况调查研究、家庭暴力司法干预状况调查研究、热线咨询家庭暴力个案研究、反家暴媒体宣传、受暴妇女口述实

---

[1] 引自《中国反家庭暴力大事记梳理（1990—2017）》中对该机构的介绍。

录、反家暴培训系列教材、对受暴妇女的法律援助、城市反家暴社区干预、反家暴医疗干预、农村反家暴社区干预以及反家暴国内研讨会、反家暴国际研讨会等15个分项目。网络主要通过反家暴多机构干预研究、反家暴立法倡导和社会性别意识培训，在多机构合作、社区干预、受暴妇女支持、社会救助、男性参与、医疗司法改革等领域都初步创立了独特模式并在全国范围内推广，同时多次通过两会代表递交《家庭暴力防治法（建议稿）》《人身安全保护令司法解释》《警察干预家庭暴力规程》等立法、司法及政策建议，为推动中国的反家庭暴力工作作出了独特的、卓有成效的贡献。该组织在完成立法推进的历史使命后于2012年宣告解散。

3. 深圳鹏星反家庭暴力服务中心[1]

深圳市鹏星家庭暴力防护中心于2009年启动国内首个民间反家庭暴力社工服务项目："和谐家园——深圳市反家庭暴力社工援助项目"。2010年5月6日正式在深圳市民政局注册成立，是深圳市暨国内首家以社工为主导的民间家庭暴力防护中心，也是目前深圳市唯一一个系统地从事反家庭暴力干预服务及研究的民间社工机构。近十年来，鹏星家庭暴力防护中心累积了一定的社会工作者介入家暴防治工作的经验和成效，探索出了本土化的反家暴服务模式。中心曾获得首届中国公益慈善项目大赛金奖、首届全国优秀专业社会工作服务项目评选活动一等奖、第二届中国社会创新奖入围奖等多项社会荣誉，服务的专业性、创新性、可复制性和可持续性均得到社会的广泛认可。

4. 湖北省监利县蓝天下妇女儿童维权协会[2]

湖北省监利县蓝天下妇女儿童维权协会成立于2014年，奉行"技术公益、有效公益"理念，自2015年3月起，实施反家暴项目——"万家无暴"。该项目探索出"妇联+公安+社会组织+"的反家暴联动模式，截至2019年2月已为751名家暴受害人提供了心理疏导、咨询指导、免费鉴定、庇护、法律援助等服务。机构被授予全国三八红旗集体、全国巾帼文明岗等荣誉称号。"万家无暴"项目入选全国优秀巾帼志愿服务项目、中国好公益平台优质公益产品、2018中国公益慈善项目大赛百强、凤凰网2018年度十大公益项目。该项目的反家暴联动模式已经在湖北八个地区复制落地。

---

[1] 引自深圳市鹏星家庭暴力防护中心提供的机构介绍。

[2] 引自湖北省监利县蓝天下妇女儿童维权协会提供的机构介绍。

5. 北京源众性别发展中心[1]

北京源众性别发展中心成立于2011年11月，是一家专门从事妇女维权及推动性别平等的公益性机构。2015年，源众发起成立北京市东城区源众家庭与社区发展服务中心，这是北京市东城区第一家致力于家庭和社区发展及服务的社会组织，致力于妇女、儿童、老年人等弱势群体权益保护。中心积极开展反性别暴力的倡导、研究、法律援助与法律服务、公众教育，设立了受暴妇女儿童法律帮助热线，组建了全国范围内的受暴力妇女儿童法律服务志愿律师团队和心理咨询师团队，目前有来自全国近20个省市180余名志愿律师和心理咨询师参与其中。近几年，源众办理了近百起针对妇女儿童暴力的案件，为受害人提供法律援助以及心理、社工、经济帮助等综合性支持服务，如温州姚某以暴制暴杀夫案、百色助学网创始人王杰性侵贫困女童案、广西大化虐童案、杭州王某因家暴重伤案等。中心聚集了各领域的专家、学者和行动者的力量，在性别平等和儿童保护领域进行积极的创新和开拓，并致力公益服务和社会组织发展模式的探索，致力于公益法律服务的职业化、专门化和专业化。

在封建历史漫长的中国，要在全社会扭转“法不入家门”，“打老婆、打孩子是家务事”的传统观念，并不容易，国家还要承担起动员全社会力量合力反家暴的重任。中国反家庭暴力多年的实践经验表明，仅靠国家制定法律和政策还是不够的，徒法不足以自行，政府部门和社会各界还要在落实法律、完善法律、建构制度、积极探索工作模式上共同努力，立足基层做好预防和受害人救助工作，从儿童开始抓反家暴教育，通过长期和不懈的努力，家庭暴力的发生率和重复率才能真正降下来。

六、《反家庭暴力法》的实施效果及面临的挑战

反家暴法实施一年后，2017年9月，全国人大和全国妇联调研组曾到基层调研法律贯彻实施情况，[2] 并根据调研结果提出“要继续开展普法宣传教育，着重开展针对国家机关公务人员的培训制度，以多种形式加大社会宣传力

---

[1] 引自北京市东城区源众家庭与社区发展服务中心提供的机构介绍。

[2] 《沈跃跃强调推动反家庭暴力法更好实施》，《人民日报》2017年9月8日。调研组工作更详细信息参见《专题调研反家庭暴力法实施情况》，即墨政务网，2017年9月10日，http：//www.jimo.gov.cn/n3201/n3234/n3237/170910212016129183.html。

度，增强受害者自我保护意识，在全社会形成浓厚的反家暴氛围。要着力解决好反家庭暴力法实施中的几个重点难点问题，进一步加强家庭暴力告诫制度的实施力度，进一步完善人身安全保护令制度的适用，进一步加强有关家庭暴力的数据统计，进一步加强对家暴受害人的庇护和救助力度”的建议。截至2018年12月底，全国法院共审查5860件人身安全保护令申请案件，发出3718份人身安全保护令。[1] 保护令的申请数量每年都在不断增加，说明保护令发挥了预防暴力发生、保护受害人人身安全的作用，人们认可并且需要保护令。一些妇女组织也陆续公布或者发表法律实施效果监测报告或者调研报告，例如，致力于妇女权益和性别平等的“为平”妇女权益机构在反家庭暴力法实施后，已经连续三年向社会发布反家暴法实施情况监测报告。北京源众性别发展中心也于2017年3月和2019年3月分别发布了《反家庭暴力法实施情况调研报告》和《反家庭暴力法实施三周年：改变与挑战》的报告。2019年2月，杭州市妇联发布的全国首个反家暴白皮书——《杭州市反家庭暴力工作调查研究报告（2016—2018）》，杭州市主城区发生家庭暴力报案（含报案、求助及社区上报），2018年较2017年同期下降6.87%，是《反家庭暴力法》实施三年以来，家庭暴力投诉总量首次下降。[2] 虽然杭州的数据是局部的，但是仍令人感到振奋，法律的实施效果在一些地方逐渐显现出来。无论是全国人大和妇联的调研结果，还是妇女组织的监测调研报告，都是在多地调查、座谈、实地探访或者长时间大面积的信息追踪汇总基础上形成的，结论基本可靠。

综合各地各层级调研情况和多份调研和监测报告中披露的数据和结论，可以将反家庭暴力法实施中面临的困难和挑战归纳为以下几点。

（一）反家暴法的社会认知度和公权力部门的执法意识处置能力均有待于提升

由于反家庭暴力法实施时间不算很长，同时受制于宣传经费有限，因此，无论是普通民众还是政府及司法机关人员，对该法的认知度还有很大的提升空间。反家暴法实施三年后的一个调查显示：基层人员获得的培训机会相对较

---

[1] 姜佩杉：《亮利剑铸强盾绘蓝图——反家庭暴力法实施三周年暨人身安全保护令问题研究座谈会综述》，《人民法院报》2019年3月1日第四版。

[2] 张洁君：《杭州发布首个全国副省级城市反家暴白皮书》，“中国杭州”政府门户网站2019年2月28日，http://www.hangzhou.gov.cn/art/2019/2/28/art_812270_30574024.html。

少，仅有约十分之一的人参加过有关培训，多数人只知有法，却不了解具体内容，对反家暴法的具体内容和责任部门的相关职责并不太清楚。[1] 公众对法律不了解的后果是依然对暴力持宽容态度，受害人仍旧在暴力下保持沉默。有些家暴受害人在社工、律师陪同下向司法机关申请保护令，要求发告诫书，却往往被告知不知道发放程序或者以不知道令状格式为由推脱。

由于对反家暴法不甚了解，“部分基层民警仍然把家暴作为‘家务事’，接到受暴妇女报警后以家庭矛盾为由推脱或直接转交妇联组织；对依法处理家暴案件存在错误认识和畏难情绪，一些基层民警甚至公安局领导仍然把维护家庭稳定放在第一位，不愿深入干预家暴案件”[2]。这种现状如果得不到纠正，即便国家有了反家庭暴力法，妇女打破沉默曝光家庭暴力仍会顾虑重重，施暴者仍旧有恃无恐。问题表明，我国反家暴的一级预防工作亟待加强，普法及培训任务艰巨，公权力部门对反家暴法的执法意识和对家暴的处置能力均有待于提升。

（二）缺乏实施细则导致反家暴重要机制落实困难

我国台湾地区在“家庭暴力防治法”出台后的次年又制定了“家庭暴力防治法实施细则”，将不宜在“家庭暴力防治法”规定的内容，例如一些待明确的概念，书面申请保护令应记载事项，违反保护令的处遇计划等给予明确规定。实施细则的公布有助于厘清概念、明确责任，加快法律的落实，确保法律统一实施。大陆《反家庭暴力法》颁布至今已经三年有余，反家暴法的实施细则尚未出台，带来的最主要问题是反家暴法实施中很多问题不明确，一定程度上影响了法律的执法效果。例如，《反家庭暴力法》第 37 条是否适用于共同生活的同性伴侣之间发生的暴力行为，告诫书的具体发放程序和规范要求，申请庇护的具体程序和需要办理的手续，法院发放保护令后，公安机关等协助执行单位的具体协助内容，乃至于保护令、告诫书的具体格式，这些问题都需要明晰。截至 2018 年 12 月底，全国法院共发出 3718 份人身安全保护令。我国台湾地区人口总数约 2300 万人，2016 年、2017 年台湾地区法院人身保护令

---

[1] 引自源众特稿：《反家庭暴力法实施三周年，改变与挑战》。源众家庭与社区发展服务中心反家暴法实施三周年特稿。

[2] 孙自法：《反家暴法实施两周年中国冀为投诉受理案件处置立规程》，中国法院网，2018 年 3 月 1 日，https：//www. chinacourt. org/article/detail/2018/03/id/3216176. shtml。

核发总数分别是 15855 份、15956 份。[1] 对比可知，大陆保护令申请数量和签发数量还有很大的提升空间。公安机关出具告诫书、人民法院签发保护令除了要有明确的执法依据，还要有清晰的执法指引和程序规定，因此，有关部门应加快“反家庭暴力法实施细则”的立法进程，部门内部也可以根据《反家庭暴力法》的规定，制定系统内部的处理家庭暴力问题的工作规程。

（三）反家暴的多机构合作机制建设有待于加强

目前，随着反家暴法的不断普及，很多政府部门和社会组织也开始依照法律规定干预家庭暴力，向受害人提供各种服务。例如设立反家暴的热线电话，建立受害人庇护场所，开展反家暴工作人员培训、向受害人发放人身安全保护令，向加害人出具公安告诫书等。但是这些机构基本上都是各自独立完成一部分工作，各部门所掌握的社会资源缺乏必要的沟通和整合。政府部门之间、政府部门和社会服务机构之间没有顺畅的投诉转介机制，导致被害人需要付出大量时间和精力去联络不同机构才能得到一些需要的服务。“一些个案中出现法院、民政、公安和基层群众自治组织缺乏主动作为，互相推诿卸责的现象，致使家暴案件的处理效果不尽人意”[2]，直接影响了受害人面对家暴打破沉默的勇气和积极性。一些建立了多机构合作的地区，还没有探索和总结出较为成熟和规范的、可以推广应用的反家暴工作模式和具体的工作流程，法律执行的结果就难免不一致，反家暴成效的考评也缺乏一套科学的评估指标体系。同时，受反家暴资金的制约，已经建立起来的多机构合作往往无法可持续发展。因此，国家和地方政府应围绕家暴受害人庇护、心理辅导、伤情鉴定、法律援助等需求，集合政府系统和社会上的反家暴力量，建立以受害人为中心的规范与转介顺畅的多机构合作机制，以降低受害人的求助成本，增强其打破沉默，战胜家庭暴力的勇气和信心，这是反家暴工作的当务之急。

（四）反家暴经费落实不到位影响预防和救助工作开展

与域外反家暴组织可以自己筹集经费不同，我国的国情决定了承担反家暴职责的政府部门、司法机关、人民团体等，其所需要的反家暴工作经费主要来

---

[1] 《反家暴法实施三周年：人身安全保护令的执行规定仍需细化》，https：//baijiahao. baidu. com/s? id = 1626809868914968368&wfr = spider&for = pc。

[2] 孙自法：《反家暴法实施两周年中国冀为投诉受理案件处置立规程》，中国法院网，2018 年 3 月 1 日，https：//www. chinacourt. org/article/detail/2018/03/id/3216176. shtml。

源于国家财政，因此，财政向反家暴工作的拨款数额直接决定着反家暴法的普法规模、培训的人数、对受害人的救助力度。美国反家暴很重要的一条经验就是国家对这项工作给予充分的经费支持。反家暴法实施三年以来，基层对反家暴工作普遍反映的问题之一就是经费缺乏，这导致一些司法人员无法获得充分的专业培训，一些反家暴的专业社会服务机构无法通过政府购买服务来获得反家暴专项资助，一站式的综合庇护机构也因资金匮乏而发展缓慢。《反家庭暴力法》第4条第3款规定："各级人民政府应当对反家庭暴力工作给予必要的经费保障。"这是法律中对反家暴经费唯一提及之处，内容过于简要。

实际上，很多国家和地区将政府的经费保障和主要投入领域作为反家暴的重要举措。例如在澳大利亚，为打击家庭暴力，2015年9月澳洲政府宣布拨款1亿澳元（约合4.7亿元人民币），用于在未来三年培养警察、社工和急救人员，在家暴多发地区设立能提供法律援助和医疗服务的反家暴服务中心，在帮助受害者的同时也帮助施暴者避免重犯。❶ 美国政府从2002年开始，每年拨款3.9亿美元用于司法部的反家暴项目。❷ 自成立以来，美国设在司法部的反对针对妇女暴力办公室已获得了国会50亿美元的资助。❸ 中国大陆反家暴法刚开始实施，国家及地方政府对反家暴工作所需经费规模、发放方式、主要投向、经费使用的监督办法等需尽快拿出资金拨付及使用监督方案。

（五）反家暴专业人员匮乏且资源配置不均衡

反家暴工作不同于一般的化解家庭纠纷，对工作人员的专业背景及能力有一定要求。从20世纪90年代中期开始，中国就出现了专门的反家暴社会组织，随着项目的开展，不少试点地区反家暴工作也做得非常出色，出现了一批反家暴研究、实务及培训专家，也不断有年轻人投身反家暴工作，但总起来说反家暴工作还需要很多专业人才的加入，在反家暴工作方案设计，被害人、加害人心理干预，法律援助、社会工作机构介入、专家证人出庭等方面满足专业程度更高的工作需求。

目前存在的问题如下：

（1）可出庭作证的专家证人数量稀少。2012年《刑事诉讼法》修改后，

---

❶ 新华社记者赵博：《综述：澳大利亚全社会协力向家暴说"不"》，新华网，2016年3月3日，http://www.xinhuanet.com/world/2016-03/03/c_1118223028.htm。

❷ 赵颖：《美国警察/社区为本的反家庭暴力模式》，《上海公安高等专科学校学报》2005年第二期。

❸ 郭瑞香：《美国针对妇女暴力法案专门机构和专项资金》，《妇女研究论丛》2014年第5期。

专家证人出庭有了法律依据，但是符合法律规定的家庭暴力问题专家资格的人却少之又少。

（2）心理干预人员欠缺。几乎所有的家暴受害人，尤其是儿童（包括目睹儿童）都需要心理干预，但是国内研究家庭暴力问题的心理专家也不多，能够常年从事这心理干预工作的人就更少。

（3）反家暴培训师人数不足。反家庭暴力法规定了特定行业从业人员的强制报告制度，但是工作人员如何在日常接触中识别家庭暴力是需要专业培训的。面对司法、教育、医疗、基层社区系统庞大的从业者群体，目前培训教师数量远远无法满足培训的需要。

（4）施暴人矫正工作人员匮乏。家暴预防环节中很重要的一环是针对加害人的行为干预，通过有效矫正，施暴者能自觉放弃暴力行为，从而彻底阻断暴力在家庭中的循环，但是目前有能力和愿意从事加害人行为干预工作的专业人员非常少，这项工作几近空白，没有形成可借鉴和复制的加害人行为矫治经验。以施暴人的成瘾问题为例，如果经过专业评估，确认成瘾是造成加害人施暴的原因，在对这类成瘾者实施干预时，必须要加入戒瘾治疗，由专业人员进行干预。但是，目前除了戒除毒瘾有专业人员提供帮助外，其他成瘾问题少有专业人员为成瘾者提供帮助。

此外，反家暴资源分布不均衡问题在基层也较为突出，人力、物力资源过于集中在城市，尤其是集中在一些反家暴工作开展的历史较长的大城市中。在一些反家暴工作基础薄弱的偏远地区，尤其是广大农村地区，对反家暴服务需求量大，但是可用于该项工作的各项资源均较为匮乏，资源中最欠缺也是最难解决的是反家暴专业人员。

七、完善反家暴立法和加强实践的建议

（一）完善反家庭暴力立法的建议

1. 尽快制定《反家庭暴力法》的实施细则

建议国家有关部门综合反家庭暴力法实施几年来的执行效果和基层各方反馈的意见建议，尽快出台“反家庭暴力法实施细则”，对反家庭暴力法中一些不甚明确的规定作出必要的解释和补充，以便反家庭暴力法更好地落实。建议在细则中主要明确以下内容：

第一，完善家庭暴力的定义。除了身体暴力、精神暴力外，对受害人实施的性暴力和经济控制亦应纳入反家暴法调整范围。同时，在列举的各种家庭暴力手段中，增加对家庭成员的跟踪和骚扰。

第二，明确家庭成员的具体范围，说明《反家庭暴力法》第 37 条参照执行的具体情形，明确共同居住的同性伴侣之间发生的暴力行为是否适用反家庭暴力法的调整。

第三，建议在细则中明确规定公安机关对家暴案件的处置程序和具体要求，明确规定家暴案件接警、出警、取证、适用告诫制度、给予行政处罚、协助人身安全保护令执行、受害人协助安置等一系列规程，实现家暴案件应对处置工作的规范化；统一制定家暴告诫书的基本范本，并纳入警务执法办案平台；将家暴案件作为一个单独的案件类别，纳入公安机关统计系统。[1]

第四，借鉴台湾地区“家庭暴力防治法”的规定[2]，在细则中对教育部门面向中小学生进行的反家暴教育规定明确的课时数，建议以每学年 8 课时为宜，具体上课方式由各校在保证课时数前提下自行安排，教学内容由国家教育部统一规定。

第五，建议在细则中进一步细化人身保护令的申请条件、裁定程序、执行程序、法律责任等，加大公安和基层社区协助执行保护令的力度，为人民法院提升保护令发放数量创造条件。

第六，细则中应要求民政机关、工青妇组织、人民调解组织、社会服务机构等就涉家暴的投诉和处理程序问题作出内部规定，以便这些单位和组织的工作人员处理涉家暴问题时有章可循，有法可依。

2. 推动各省立法机关制定适合本省情况的反家暴条例

我国幅员辽阔，人口众多，56 个民族语言风俗习惯各不相同，家庭暴力的表现形式可能也不一样，各地立法机关应根据反家庭暴力法规定的总体原则和各项制度，结合当地经济社会发展状况，以问题为导向制定地方反家暴条例，增强法律的实用性和可操作性。2018 年 11 月 30 日山东省第十三届人民代表大会常务委员会第七次会议通过的《山东省反家庭暴力条例》开启了中国

---

[1] 孙自法：《反家暴法实施两周年中国冀为投诉受理案件处置立规程》，中国法院网，2018 年 3 月 1 日，https://www.chinacourt.org/article/detail/2018/03/id/3216176.shtml。

[2] 台湾地区“家庭暴力防治法”中第 60 条规定：高级中等以下学校每学年应有四小时以上之家庭暴力防治课程。

大陆省级反家暴地方立法的进程。该条例共6章54条，其中有不少亮点值得其他省份制定地方立法时学习和借鉴：

第一，扩展了反家庭暴力法中家庭暴力的表现形式，将对家庭成员的侮辱、诽谤、威胁、跟踪、骚扰等方式或利用新媒介实施的暴力也纳入法律调整的范围。

第二，细化了政府妇女儿童工作机构在组织、协调、指导、督促反家庭暴力工作方面的具体内容。

第三，建立健全反家暴的预防教育体系，在社会治安综合治理机制及城乡社区网格化服务管理中加入反家暴内容，在地方立法中体现出鲜明的时代特点和中国特色。

第四，详细规定了公安机关出具告诫书的条件、告诫书内容，发放、送达程序，违反告诫的处罚规定等。此外，细化了人民法院人身安全保护令的申请条件、具体措施和发放程序。在保护令措施部分，增加了“禁止被申请人查阅申请人及其未成年子女户籍、学籍、收入来源等相关信息”的规定，加强了对受害人个人信息的保护。

第五，明确了《反家庭暴力法》第37条规定适用的具体情形，“家庭成员以外具有监护、扶养、寄养、同居等关系的共同生活的人之间实施的暴力行为，参照本条例规定执行。”

《山东省反家庭暴力条例》中的这些立法亮点积极回应了当代社会各方在反家暴工作中的诉求，弥补了国家层面反家暴立法的不足。地方立法的出台使得国家层面和地方层面的反家庭暴力法律相互支持和补充，构成反家暴的完备法律体系，增强反家暴法的实用性和可操作性。在本书即将付梓之际，《湖北省反家庭暴力条例》也获得全票通过，条例共6章43条，于2019年6月1日起实施。

（二）加强反家庭暴力实践的建议

从各地反家暴实践来看，做法不尽相同，特别是在反家暴法出台前，中国各地的反家暴实践带有一定的探索性、尝试性。反家暴专项法律出台后，各地反家暴工作应围绕法律规定进行，以扎扎实实落实法律规定为主要任务，并不断探索可复制、容易落地生根的本土实践经验。

1. 深入持久地开展反家庭暴力及男女平等教育

调查数据中反映出的反家暴法普及不够、培训欠缺问题应引起各方重视，将普法工作放在十分重要的地位常抓不懈，加强对家庭暴力的一级预防。家庭暴力，归根结底还是性别不平等在家庭中的表现。国家对家庭暴力的治理不能满足于事后惩戒，还应当注意改造滋生暴力的社会文化土壤，消除对女性的性别歧视，以平等促家庭文明，以家庭文明促社会和谐，这也是其他国家反家暴立法和实践的一条重要经验。国家可以将和谐家庭建设和反家暴结合起来，设定为某一年的年度主题，集中力量在一段时间里普及反家暴知识，扭转公众在家暴问题上存在的不正确认识，让性别平等理念和反家暴意识深入人心。例如，人民团体发挥接近群众，接近基层的优势，深入持久地开展反家暴宣传活动；基层社区群众组织可以利用社区宣传栏、活动中心等场所及普法讲座、文体活动、评选文明家庭、妇女节、儿童节、重阳节等活动机会，宣传男女平等、反对家庭暴力的理念，让人们在家庭生活中和谐相处，自觉摒弃暴力行为；媒体应发挥传播优势，在宣传普及反家暴知识的同时，通过曝光家暴事件和报道典型案例的裁判，及时将处理结果向社会公布，发挥典型案例的教育和警示作用。媒体还应当及时向社会传达国家和社会为家暴受害人及其家庭提供的各种帮助资源和服务项目，方便需要的人及时获取这些资源和服务。

鉴于受暴儿童和目睹儿童遭受暴力对他们的身心健康会造成长远影响，属应当特殊保护的受害人群，因此教育部门在预防儿童遭受家暴工作中承担重要责任。儿童只有了解基本的反家暴知识，才能在面临家暴时采取正确的方法保护自己，自我保护能力才能提升。因此，国家应当将反家暴相关知识纳入国民教育范畴，由教育部门组织专家编写教材，规定课时，在幼儿园、中小学广泛开展反家暴教育，使得反家暴理念在幼年时期就根植于儿童内心，培养儿童规范自己的言行，冷静和理智地对待与他人之间的矛盾和纠纷，正确面对挫折和压力，在学会用法律保护自己的同时，也学会尊重他人。

2. 以部门联合发文形式从国家层面倡导建立多机构合作机制

基层多机构合作机制建立和转介困难的问题可以通过政府部门联合发文的方式加以解决。在中国，政府部门[1]联合发文是经常使用的、具有中国特色的公共管理方式，主要解决政府部门间工作的协作与协调问题。具体到反家暴，2008 年 7 月 31 日，中央宣传部、最高人民检察院、公安部、民政部、司法部、卫生部、全国妇联联合制定了《关于预防和制止家庭暴力的若干意见》；2015 年 3 月 2 日，最高人民法院、最高人民检察院、公安部、司法部印发《关于依

---

[1] 这里的政府部门不仅包括政府行政部门，还包括国家司法机关、人民团体、行使行政职能的事业单位等，这些部门之间都可以联合发文。

法办理家庭暴力犯罪案件的意见》；2015 年 9 月 24 日，民政部和全国妇联联合印发《关于做好家庭暴力受害人庇护救助工作的指导意见》。在《反家庭暴力法》发布前，上述政策文件曾经在相当长时间里对指导和规范反家暴工作发挥着重要的作用。随着《反家庭暴力法》的出台，法律为公安司法机关、政府部门、人民团体、社会组织等开展反家暴工作规定了总体工作原则、各部门职责和具体的干预机制，但是，由于立法不可能规定得过于详细具体，因此，反家暴工作涉及的相关部门仍然可以发挥政策优势，根据《反家庭暴力法》中规定的职责及部门优势资源，联合发布落实反家庭暴力法的政策文件，详细规定各部门对家暴实施干预的工作流程和转介规则，为各部门做好反家暴工作提供明确的工作指引，也为基层搭建多机构合作机制提供依据。

（1）公安司法机关：在文件中规定公安司法机关应制定处置家暴案件的规范流程，尤其是对公安机关发放家庭暴力告诫书、人民法院发放人身安全保护令，应从申请到法律责任作出详细规定。

（2）财政部门：针对《反家庭暴力法》第 4 条中“各级人民政府应当对反家庭暴力工作给予必要的经费保障”，财政部应对经费保障的法律规定给出更详细的说明，例如按什么标准划拨经费，经费划拨方向，对预防和救助资金的划分，对经费使用的评估及监督等。

（3）民政部门：详细规定庇护中心的建立和日常管理，规定民政部门要制定从接受庇护申请到受害人离开庇护中心的全过程工作流程；规定“为家庭暴力受害人提供临时生活帮助”的具体内容，规定民政部门依法申请撤销监护人监护资格的具体情形。

（4）法律援助机构：应明确对家暴受害人提供法律援助的条件和程序。

（5）人民团体：文件应规定工会、共产主义青年团、妇女联合会、残疾人联合会等人民团体要制定内部的处理家暴投诉的工作流程。根据反家暴法规定，上述组织还有责任对实施家庭暴力的加害人进行法治教育，必要时可以对加害人、受害人进行心理辅导，文件中应对从事法制教育、心理辅导的人员资格要求、具体工作内容、效果评估等给予明确说明。2018 年 2 月，全国妇联已经率先印发了《妇联组织受理家庭暴力投诉工作规程（试行）》，要求各地妇联组织在接到妇女家庭暴力投诉后，应当按照“登记、危险评估、分级处理、结案存档、跟踪回访”的程序进行处理，并不断完善个案管理流程。

3. 建立“一站式”的家暴受害人服务救助中心

家暴受害人在救助方面普遍反映的一个问题，就是要走访多个机构才能逐一满足验伤、庇护、法律援助、心理辅导等不同的服务需求。对于我们这样一个地域广阔的国家来说，仅仅走访各服务机构的交通住宿就成为家暴受害人请求帮助时面临的一个巨大障碍。亚洲最著名的反家暴专业机构——中国香港特区“和谐之家”的作法值得特别关注：他们一个重要工作经验是以反家暴机构为核心，围绕受害人需求，建立包括预防宣传、热线电话、受害人庇护、医疗、就业培训、子女照顾等服务在内的“一站式”服务（one-stop sevice agency）救助中心（2006 年建立全港及东南亚第一家一站式家庭暴力综合防治中心——“赛马会和谐一心家暴防治中心”）。一站式服务机构可以将各种救助服务资源整合在一起，便于受害人顺畅、便捷地根据需要加以利用，这种工作经验具有很强的借鉴价值。内地一些大中城市，例如上海、深圳等地已由政府主导建立，或者通过政府购买社会服务的方式建立起了综合性的反家暴救助中心，由妇联等妇女组织负责日常管理。“一站式”服务救助机构可以将国家和社会的各种资源整合在一起，为家暴受害人提供更优质和高效的服务。因此，基于家庭暴力的特点和受害人的需求，为高效利用各种资源，目前不易发展小型的零星化的服务救助组织，应选择建立资源集中、服务高效的“一站式”服务救助机构。

4. 建立家庭暴力的全国性统计数据库

在现代信息社会，为解决问题作出的各项决策越来越依赖真实可靠的统计数据。要使有限的社会资源发挥出最大社会效益，必须要对社会问题有深入细致的了解和调研。用数据说明问题，用数据衡量决策效果已经成为普遍的作法。以家暴为例，国家对家庭暴力每年的报警投诉数量、犯罪数量、暴力集中发生的地区和时段、提起民事刑事诉讼数量、调解数量、庇护人数、儿童遭受家暴数量、家暴导致的离婚案件数、家暴致死致残数量等应该进行比较详细的数据统计。通过对真实可靠的统计数据进行专业分析，可以对家暴发生的总体状况和区域状况有详细的了解，在了解基础上，才能把社会资源有针对性的投入到急需的领域和地区。

为保证数据的客观真实，部门或者组织内部中可以由专人或者专门机构去处理家庭暴力。以司法机关为例，可以仿效少年法庭的工作模式，在公检法机关办理家庭暴力案件时，成立专门的办案组织，例如法院成立“家庭暴力法庭”，由经过培训的具有反家暴专业知识和经验的司法人员处理家暴案件。这样做一方面能保证办案质量，另一方面便于数据统计。基层单位或者组织处理家暴投诉或者进行伤情鉴定、接受庇护、提供法律援助时应做好记录和归档工作。每个年度末由国务院妇儿工委统一进行数据汇总，或者由政府机构在统计数据基础上发布年度《家庭暴力白皮书》，向社会公开家庭暴力状况的年度全国数据和年度省级数据，介绍反家暴主要工作进展、面临的挑战和未来的防治规划。国家相关部门和地方政府以及社会组织可以依据数据情况和白皮书内容规划来年的反家暴工作。

5. 国家采取各种措施激励更多人投身反家暴工作

单纯依靠国家或者社会组织都无法消除家庭暴力这一社会顽疾，必须走多机构合作之路。尽管反家庭暴力初始阶段起于民间，妇女保护组织长期卓有成效的工作使得国家和社会对家庭暴力问题逐步重视起来，但是，无论是从人力上还是资金上，反家暴单纯依靠社会组织都难以达到可持续发展，需要国家政策和资源的投入。国家应当重视培育反家暴社会工作服务机构，通过注册登记和审查进行管理，以购买服务促进机构的发展，让国家的政策资源、物质资源与专业组织的人力资源、技术资源很好地结合起来，为社会提供源源不断的高质量反家暴服务。当反家暴社会组织实现健康、可持续发展时，也会吸引和激励更多的人投身反家暴工作，使反家暴成为长期可持续发展的社会工作项目。

国家大规模和持久地开展反家暴工作，需要源源不断地向反家暴工作领域输送专业人员，因此，国家应加强对专业人才的培养，高等院校社会学专业、心理学专业、法学专业、医学专业在培养学生时，可以有意识地结合所学专业，以课程、讲座、假期项目、实习等方式引导学生学习与家庭暴力有关的知识，了解国家反家暴的法律和政策，参与反家暴实践，使他们走向社会后能比较熟练和专业地处理家暴事件。

八、针对妇女的家庭暴力典型案例评析

（一）刘某申请人身安全保护令案[1]

1. 基本案情

申请人刘某（女）与被申请人李某自 2011 年 11 月开始同居生活，共同居住在以刘某名义申请的廉租房内，双方未办理结婚登记。同居生活期间，李某

[1] 引自 2018 年最高人民法院发布的 2017 年家庭暴力典型案例之“案例 10”。

经常对刘某实施殴打、威胁、跟踪、骚扰行为，并以刘某家属生命安全相威胁。为此，刘某多次向派出所、妇联等相关部门反映情况、寻求保护，相关部门多次组织双方调解并对李某进行批评教育，但李某仍未改变。2016 年，刘某认为李某与其他女子有不正当男女关系，劝解李某回心转意，李某以此为由对刘某发脾气，数次酒后殴打刘某，并扬言提刀砍死刘某。同年 4 月，李某再次以刘某怀疑其有外遇一事，对刘某进行殴打，并持菜刀砍伤刘某。2016 年 9 月 12 日，刘某向重庆市城口县人民法院申请人身安全保护令。

2. 裁判结果

重庆市城口县人民法院经审查后，依法作出人身安全保护裁定：禁止李某实施家庭暴力；禁止李某骚扰、跟踪、接触刘某及其近亲属；责令李某迁出刘某的住所。裁定作出后，李某未申请复议。

3. 案例评析

《反家庭暴力法》中将家庭暴力界定为发生在家庭成员之间的肉体或者精神暴力行为，但现实生活中，恋爱期间和离婚前后也是暴力的高发阶段，且恶性案件往往发生在这期间一方提出分手之后。因此，如果《反家庭暴力法》仅仅调整家庭成员之间发生的暴力行为，社会上大量亲密关系伴侣之间发生的侵害人身权利行为就缺乏防治的法律依据，因此，立法机关根据社会现实需要，在《反家庭暴力法》第 37 条中规定“家庭成员以外共同生活的人之间实施的暴力行为，参照本法规定执行。”该规定为处理非家庭成员之间发生的暴力行为提供了明确的法律依据。本案即是一起同居者申请人身安全保护令的案件。有些人虽然彼此之间没有家庭成员关系，但是他们基于某种特殊的亲密关系而在一起共同生活，比如同居关系当事人，还有社会上常见的离婚不离家现象，他们之间发生的暴力行为，即可参照反家庭暴力法的有关规定执行。如果有人遭受家庭暴力或者面临家庭暴力现实危险的，人民法院也可依当事人申请发出人身安全保护令，保障受害人的人身权利不受侵犯。

本案中加害人李某的暴力行为不断升级，从殴打、威胁、跟踪、骚扰发展到持刀伤人，司法机关除了给受害人刘某发放人身安全保护令，还应当根据李某行为的性质及其给受害人造成的人身伤害程度，对李某依法给予处罚。

（二）郑某丽诉倪某斌离婚纠纷案[1]

1. 基本案情

原告郑某丽与被告倪某斌于2009年2月11日登记结婚，2010年5月7日生育儿子倪某某。在原、被告共同生活期间，被告经常击打一个用白布包裹的篮球，上面写着“我要打死、打死郑某丽”的字句。2011年2月23日，原、被告因家庭琐事发生争执，后被告将原告殴打致轻微伤。2011年3月14日，原告向法院提起离婚诉讼，请求法院依法判令准予原、被告离婚；婚生男孩倪某某由原告抚养，抚养费由原告自行承担；原、被告夫妻共同财产依法分割；被告赔偿原告精神损失费人民币30000元。

2. 裁判结果

法院经审理认为，原告郑某丽与被告倪某斌婚前缺乏了解，草率结婚。婚后被告将一个裹着白布的篮球挂在家中的阳台上，且在白布上写着对原告具有攻击性和威胁性的字句，还经常击打篮球，从视觉上折磨原告，使原告产生恐惧感，该行为构成精神暴力。在夫妻发生矛盾时，被告对原告实施身体暴力致其轻微伤，最终导致了原、被告夫妻感情的完全破裂。因被告存在家庭暴力行为不宜直接抚养子女，且婚生男孩倪某某未满两周岁随母亲生活更有利于其身心健康。被告对原告实施家庭暴力使原告遭受精神损害，被告应承担过错责任，故被告应酌情赔偿原告精神损害抚慰金。据此，依法判决准予原告郑某丽与被告倪某斌离婚；婚生男孩倪某某由原告郑某丽抚养，抚养费由原告承担；被告倪某斌赔偿原告郑某丽精神损害抚慰金人民币5000元。该判决已生效。

3. 案例评析

与一般家庭暴力案件不同的是，法院在本案判决中认定了被告对原告实施了精神暴力：“从视觉上折磨原告，使原告产生恐惧感，该行为构成精神暴力。”所谓精神暴力，主要是指以语言或者某种行为来威胁恐吓受害人，控制受害人的人身自由，限制其人际交往，强迫受害人做其不愿意做的事情等，总之，以摧残、折磨等方式使对方精神上感受痛苦，进而顺服自己。因此，精神暴力不仅是家庭暴力的一种重要形式，而且对受害人造成的负面影响可能更为久远。儿童时期遭受家长施加的羞辱、谩骂、恐吓等精神暴力甚至会影响孩子

[1] 引自2014年2月27日最高人民法院发布的十大家暴典型案例之“案例2”。

的一生，长期处于精神暴力家庭中的子女，性格也会受到一些不良影响，例如内向、胆小、不愿意与人交往、自卑等。对于遭受严重精神暴力的妇女儿童，应当特别重视对被害人的心理辅导和抚慰，减轻精神暴力对他们的心理造成的影响。

由于精神暴力行为具有隐蔽性，举证十分困难，因此，司法实践中对精神暴力的认定和处罚案例较为罕见，本案即是其中的审判典范。社会工作组织在接到此类案件的投诉时要多关注受害人精神层面受到的伤害，及时提供心理辅导，人民法院在本案中判决的一个亮点是让被告赔偿原告精神损失费人民币5000元。因此，对于不思悔改，实施严重精神暴力的加害人，社工可以借鉴本案的经验，配合律师对受害人及其子女提供法律援助，帮助他们摆脱暴力婚姻，并要求加害人对受害人遭受的精神痛苦和损失给予赔偿。

实践中对那些长期对家庭成员实施精神暴力的人，还需要分析他们滥施暴力的原因，从根源上解决问题。如果是加害人精神病态导致，应建议其家人尽快带加害人进行诊疗；如果是性格所致，可以通过单位、妇联、居委会（村委会）、社会工作服务机构等对加害人进行帮教，使其认识到对他人滥施精神暴力的违法性，促使其转变性格，与家人和睦相处；如果是身体疾病或者家庭贫困，或者是酗酒、婚外情、赌博等恶习导致加害人滥施精神暴力的，则应从扶贫救助，戒除恶习等角度入手，帮助这些问题家庭根除精神暴力根源。

（三）北京市海淀区人民法院依法剥夺女童养母监护权案[1]

1. 基本案情

李某系小芳（女，未成年人，自幼被李某捡拾并办理收养手续）之养母。作为监护人，李某长期对小芳实施辱骂、殴打等家庭暴力行为，强迫其彻夜捡拾废品导致睡眠严重不足，影响休息、学习。且李某怠于履行监护职责，放任其男友王某对小芳进行暴力殴打，并导致小芳多次遭受他人犯罪侵害，处于危困状态，确属依法应撤销其监护人资格的情形。

2. 裁判结果

根据儿童最大利益原则及儿童受特殊优先保护的原则，为维护小芳的合法权益，综合考虑其本人意愿，2017年11月，北京市海淀区人民法院依法判决

---

[1] 弓凯希：《北京首例民政部门申请撤销监护人资格案审结》，《人民法院报》2017年11月1日第三版。案例根据报道有所改动。

撤销李某作为小芳监护人的资格，指定北京市西城区民政局为小芳的监护人。该案适用特别程序审理，一审终审，宣判当日案件已生效。

庭审中，北京市丰台区人民检察院作为李某犯罪案的公诉机关就本案支持起诉。作为全市首例检察机关就涉未成年人民事案件支持起诉并参与庭审的案件，海淀区人民法院在申请人一侧靠近审判台位置，专设支持起诉人席位。法庭还特别注重保护未成年人的心理健康，考虑到小芳的个人意愿，为使其在诉讼中免受二次伤害，法庭采用专门的视频保护技术，让小芳在司法社工的陪同下，在专门的保护室同步参与法庭调查。确保其在不直接面对李某的情况下，最大限度地行使未成年人参与诉讼的权利。

3. 案例评析

儿童是家庭暴力的主要受害群体，由于儿童年幼，缺乏自我保护能力，因此，家庭暴力对儿童产生的危害就更大。以案例中的小芳为例，在很长时间里被养母强迫捡拾垃圾，且受到他人犯罪行为的长期侵害，严重损害了其身心健康。中国自 20 世纪 90 年代初便制定了《未成年人保护法》，该法明确规定未成年人享有四大权利：生存权、发展权、受保护权和参与权。生存权是儿童的基础性权利，家庭暴力恰恰构成对儿童生存权利的重大威胁。《反家庭暴力法》在总则部分第 5 条中强调对包括未成年人在内的家庭中的弱势群体给予特殊保护，因此，司法机关及全社会对儿童虐待和儿童家暴问题应当给予特别的重视。

在儿童保护案件程序法律尚不健全的情况下，相关部门在处理本案过程中遵循儿童最大利益原则的做法尤为可贵。例如，为使小芳摆脱养母的虐待，北京市西城区民政局申请撤销李某监护人资格，这是北京市首例民政部门作为申请人要求撤销未成年人养母监护人资格的案件；海淀区人民法院承办本案的法官为帮助小芳走出童年的心理阴影，专门邀请北京市青少年法律心理咨询中心的心理专家一同前往临时庇护机构，通过耐心的释法说理工作，使小芳理解了本案诉讼对其未来生活的意义和影响；心理专家及时洞察了小芳不想再面对李某的心理顾虑，对小芳予以循循善诱的心理抚慰和支持。小芳明确表示愿意出庭参与诉讼，勇敢表达自己的真实意愿。法院采取视频保护措施，让她在专门的保护室里同步参与法庭调查，既保障了小芳参与诉讼的权利，同时又避免她再与养母面对面，展现了海淀法院对小芳的人文关怀和特殊保护；丰台区人民检察院作为李某犯罪案的公诉机关就本案支持起诉，是全市首例检察机关就涉未成年人民事案件支持起诉并参与庭审的案件；北京市西城区民政局所属的西城区救助管理咨询站作为临时庇护机构，在近一年时间里为小芳提供了临时监护、生活照顾、学习帮助等照顾。本案处理过程中，人民法院、人民检察院、民政部门、庇护机构、法律援助机构、儿童保护社会服务机构等通力合作，彰显出多机构合作在救助危困儿童工作中的巨大力量。

小芳案件的出现说明学校和基层社区组织对家暴受害儿童的筛查发现能力还要加强，要争取早发现，早救助；国内大型城市应尽快建立专业化的家暴及性侵害受害儿童“一站式”庇护中心，集热线咨询、法律援助、心理辅导、临时庇护功能于一体，为受害儿童创造更好的保护救助环境。

（四）云南省楚雄州妇女果某杀夫案[1]

1. 基本案情

2015 年 10 月 19 日 13 时许，云南省楚雄州武定县公安局 110 指挥中心指令猫街镇派出所，“你辖区白子村委会大村村民小组果某报警称，她将丈夫刘某打死在家里，请出警处理。”民警赶到时，果某正在院子里等着，而躺在院子里的刘某已经死亡。果某告诉民警，刘某是她用木棒打死的。第二天，果某被武定县公安局刑事拘留，11 月 4 日被逮捕。

果某杀夫的原因是长期遭受家庭暴力。在平日的婚姻家庭生活中，刘某经常暴力殴打、威胁果某以及果某的父母，并曾经因为吸毒被公安机关强制戒毒，还曾因打伤果某、用刀刺伤岳父被公安机关行政处罚。果某多次通过请亲戚朋友帮忙劝解，向妇联、司法所等部门反映情况，报警、向法院起诉离婚等方式，均无法制止刘某的暴力行为。案发当日，刘某醉酒情况下向果某及其父母索要 5 万元无果后，将三人先后推倒在地并持刀进行威胁。忍无可忍的果某捡起一根木棒向丈夫头上打去，击打多次后，刘某当场死亡。

2. 裁判结果

楚雄州中院审理后认为，果某在刘某实施家庭暴力时由于身体差异和心理上的恐惧缺乏反抗能力，最终在案发当日，因为刘某醉酒后又对其辱骂、殴打，并在打骂中威胁其家人的人身安全，在激愤、恐惧的状态下为了摆脱家庭暴力、消除其所受到的威胁，用木棒将刘某打死，其行为具有防卫因素。刘某在案件的起因上具有明显过错，可对果某酌情从宽处罚。

楚雄州中院还认为，果某作案后自首，审理过程中自愿认罪、悔罪。被害

---

[1] 周玉林：《引入专家证人，判决更专业权威》，《中国妇女报》2016 年 11 月 25 日第 4 版。案例根据报道有所改动。

人刘某的亲属在案发后自愿放弃附带民事赔偿，主动出具了谅解书，要求对果某从轻减轻处罚。此外，一百多位村民主动请愿，希望对果某从轻减轻处罚，足以证实对果某适用缓刑对所居住社区无重大不良影响。

“辩护人提出果某长期遭受被害人严重的家庭暴力，属于受暴妇女的反抗行为，其行为有防卫性质，且危害对象具有特定性，所造成社会危害有别于其他故意杀人案件，应当宽容处理的辩护意见法院予以采纳。”2016 年 11 月，云南省楚雄州中级人民法院对长期遭受家庭暴力的被告人果某故意杀人案进行宣判：“被告人果某犯故意杀人罪，判处有期徒刑三年，缓刑五年。”

3. 案例评析

果某杀夫案件是妇女不堪忍受丈夫的长期虐待，因反抗暴力侵害而触犯刑律的一个典型，这类案件在中国不时仍有发生。类似果某的犯罪行为与其他故意杀人犯罪有所不同，这类杀夫案件普遍具有这样几个特点：第一，犯罪侵害的是特定的人，即长期对被告人实施家庭暴力的人，一般都是婚姻关系中的男性，犯罪的社会危害性较小。第二，犯罪前，女方一般都有长期遭受家暴的经历，形成了特殊心理反应；犯罪时有情非得已的事由，一般都是在男方又一次严重施暴过程中，女方反抗暴力侵害导致男方死亡结果的发生，其行为有防卫因素在内。第三，妇女杀夫后一般都有自首、施救等情节，属于初犯，认罪态度好，夫家亲属谅解，邻里群众呼吁轻判，社会对这类人的同情与接纳程度远高于其他严重刑事犯罪分子。第四，杀夫女性以中年妇女居多，犯罪前多有向外界求助经历，且子女多未成年。

近年来，中国部分法院审理妇女不堪忍受丈夫虐待，以暴制暴杀夫的案件，开始引入“专家证人”制度。所谓专家证人，又称“有专门知识的人”，依照《刑事诉讼法》第 197 条的规定：公诉人、当事人和辩护人、诉讼代理人可以申请法庭通知有专门知识的人出庭，就鉴定人作出的鉴定意见提出意见。最高人民检察院也于 2018 年公布了《关于指派、聘请有专门知识的人参与办案若干问题的规定（试行）》，从执法角度进一步明确了什么人属于“有专门知识的人”，“专门知识”包括哪些内容。[1] 本案中公诉人和辩护人双方都

[1] 最高人民检察院 2018 年 2 月 11 日公布的《关于指派、聘请有专门知识的人参与办案若干问题的规定（试行）》中所称“有专门知识的人”，是指运用专门知识参与人民检察院的办案活动，协助解决专门性问题或者提出意见的人，但不包括以鉴定人身份参与办案的人。所称“专门知识”，是指特定领域内的人员理解和掌握的、具有专业技术性的认识和经验等。

提出了这方面的要求。法庭根据法律规定和控辩双方要求，通知了家庭暴力问题专家参加庭审，回答合议庭及控辩双方提出的涉及家庭暴力的专门问题。专家出庭使得合议庭对家庭暴力犯罪的特点，女方长期受虐形成的特殊心理，家庭暴力加害人的行为模式，其暴力行为不断升级导致的可能后果，被告人重回社区是否存在社会危害性等问题都有了较为清晰的认识，因此法庭在综合全案证据基础上，结合控辩双方意见，作出了“判三缓五”的判决结果。这样的判决具有非常重要的社会意义，一方面法院在判决中确认被告人长期受虐和其杀夫行为之间的因果关系，被告人杀人是“为了摆脱家庭暴力、消除其所受到的威胁”，确认了被害人长期施暴是女方犯罪的诱因，体现了法律的公正性；另一方面，对于人到中年，上有老、下有小的犯罪妇女来说，法院轻判或者缓刑判决最大限度地降低了夫死妻坐牢给家庭带来的巨大冲击。尤其对于家庭中的未成年人，缓刑判决保全了其能享受的母爱，这对儿童健康成长具有不可替代的作用，轻判体现了刑法的宽宥性。

小　结

从提出家庭暴力这个问题到制定地方反家暴立法，最后到出台全国反家暴专项立法，中国用了二十多年的时间。《反家庭暴力法》的颁布实施是中国妇女儿童人权保护的一个巨大进步。虽然有些受害人倒在家庭暴力血泊中没有等到法律的诞生，但是更多的家暴幸存者将因这部法律而摆脱暴力伤害和威胁，获得重生。反家暴法以预防为核心，用多机构合作、人身保护令、公安告诫、紧急庇护、法律援助等制度为受害人织就保护网络，整个法律以其实用性和可操作性在社会法中独树一帜。然而徒法不足以自行，未来社会各方面更重要的任务是落实法律中预防和处置家暴的具体规定，让这部社会反响良好的法律成为反家暴的利器，为消除针对妇女的家庭暴力、创造友好型的家庭和社会环境发挥其应有的作用。

第三章 中国香港特别行政区的反家暴立法与实践

一、香港特区家庭暴力状况概述

香港特区具有其独特的家暴生态环境：多元文化之间的碰撞、广泛的跨境移民婚姻、高节奏的生活方式、巨大的生活压力、高密度的居住空间以及香港近年屡创新高的租金和房价等高企的生活成本都是造成市民广泛的心理焦虑的来源，并最终也会促成家庭暴力的持续增长。数据显示，近年来香港的家暴案件有上升趋势。其中配偶之间的家暴绝大部分属于丈夫对妻子实施的家庭暴力；在儿童虐待案件中绝大部分是父亲或者母亲对子女的虐待；在各种虐待之中，尤其以身体虐待为主。[1] 虽然在家暴案件中男性受害人占据少数，但其绝对数目也呈现上升趋势。而且，据非政府组织“关注家庭暴力受害人法权会”的估计，儿童虐待案件之中仅仅有1%会呈报给政府相关机构，而99%的案件都不为人知。[2] 据香港特别行政区社会福利署披露的数字，从2013到2016年间，每年家暴新增案件数目在4000到5000件之间。[3] 2017到2018年度，根据妇女及儿童庇护中心提供的数字，80%的受害人都遭受了亲密同居关系虐待，另有20%属于其他类型的家庭暴力。其中在65%的案件中施暴者是受害者的丈夫，在9%的案件中施暴者是受害人的男朋友，而7%的案件中施暴者

---

[1] 香港立法会：“立法会十题：政府部门处理家庭暴力个案（附表：香港家庭暴力个案统计资料（2001—2003））”，载香港政府新闻网，https：//www. info. gov. hk/gia/general/200402/18/annex10c. pdf，2004年2月18日发表，2019年3月18日访问；另参见《香港保护儿童资料库和虐待配偶个人及性暴力个案中央资料系统（2005年—2017年）》历年数据。

[2] Association for Concern for Legal Rights of Victims of Domestic Violence，Submission to the Subcommittee on Children's Rights Agenda：Rights of children affected by domestic violence，January 2018.

[3] 和谐之家：守护每一个家和谐成长，2016—2017年报，参见 https：//www. harmonyhousehk. org/sites/harmonyhousehk/files/pdf/publications/AnnualReport16_ 17. pdf。

是受害人的父母。面对家庭暴力的高发态势，为保护暴力之下的妇孺，香港政府选择了与其他国家和地区相同的应对措施，制定专项立法反对针对妇女的暴力，早在1986年，当时的港府就制定了《家庭暴力条例》，在世界上属于较早用采用法律措施应对家暴这一社会问题的地区。2009年，特区立法机关对该条例进行了修订，主要是扩大了法律的保护范围，使条例适用于同居关系，适应社会发展的现实需要。目前的香港特区反家暴的法律称为《家庭及同居关系暴力条例》。

香港特区的反家暴法律体系是一个纵横交错，整合了政府与非政府资源的复杂体系。从立法上来看，反家暴的法律包括刑事以及民事两个部分。对被害人的权利保护的一个有力的法律手段是《家庭及同居关系暴力条例》所提供的强制令制度，该制度为保障家庭暴力受害人免受施暴人骚扰提供民事法律救济。受普通法传统的影响，家庭暴力并无各方都接受的统一而明晰的定义。但是这一立法术语上的缺位并未阻碍香港近年来在立法、司法以及社会福利领域的积极的作为。近年来香港反家暴立法的一个重要的成就就是对家暴受害人的保护范围逐渐扩大。而在司法中新的立法得到了体现，同时普通法传统下的司法审慎又决定了法官在各种冲突的利益之间取得了微妙的平衡，从而兼顾了各方的需求。在社会福利方面，政府和非政府部分的务实合作也促进了早期介入、预防、教育、救助等一系列措施相互巩固和取得相当可观的进展。

（一）家庭暴力的定义

在香港特区法律上，“家庭暴力”并非一项特定罪行，而只是一般性名词。而现行的《家庭及同居关系暴力条例》以及任何其他香港法令或普通法并也未就这一名词作出界定。香港的立法者对此未作出定义是基于一系列的考虑。最重要的是，明晰的法律定义“无形之中限制法律覆盖范围，导致法律界限纠纷，从而削弱对家庭暴力受害者的保护，因为以法律条款明确、详细定义‘家庭暴力’非常困难”。[1] 因此，立法者对家暴不作出定义，其实是为其在司法实践中的扩张和发展留下足够的空间。由于香港的普通法案例制度，不将“家庭暴力”一词进行立法上的定义反而可以赋予法院“享有弹性及空间，藉

---

[1] 香港立法会：“《2007年家庭暴力（修订）条例草案》委员会团体提供的意见/建议摘要”（立法会CB（2）330/07－08（01）号文件），第1页，载香港立法会网，https：//www.legco.gov.hk/yr06－07/chinese/bc/bc61/papers/bc611113cb2－330－1－c.pdf，2007年11月发表，2019年3月18日访问。

判例而按照不断变化的社会情况确立不同同形式的家暴行为。[1]尽管香港的制定法和普通法没有对“家庭暴力”进行区分，但是各政府职权部门，基于现实需求，均作出了各种不同的定义。社会福利署在《处理亲密伴侣暴力个案程序指引》中用“亲密伴侣暴力”一词来代替“家庭暴力”，用以指代“在亲密关系下正或曾共同生活的情侣之间发生的虐待行为，而这些情侣正或曾维持长久的亲密关系，而非短暂交往”。他们可以是已婚夫妇、同居者或分居配偶/同居者等。涉及的暴力形式可能包括以下一种或多种：身体暴力、性暴力及精神虐待。[2]这个宽泛的定义是与社会福利署的政府职能相匹配的。与负责社会治安的警务处及负责检控的律政司相比，社会福利署需要经常跨越专业及界别打击家庭暴力和扶助家庭暴力的被害人。社会福利署在惩治家庭暴力中起到一个统筹和协作的作用。比如在指定《处理亲密伴侣暴力个案程序指引》等文件的过程中，社会福利署就会联合相关的政府部门（如警方、律政司、教育局、房屋署以及医院管理局、卫生署）和非政府机构（如香港社会服务联会、香港家庭福利会、香港明爱、基督教家庭服务中心以及防止虐待儿童会）来共同考虑对不同背景、利益以及需要的人士进行平衡和保护。[3]社会福利署不仅对家暴的受害人提供各种支持和服务，还为儿童专门提供辅导及危机介入服务。宽泛的定义能更好地为福利署展开工作提供支持。

相对的，香港警务处给予需警方介入的家庭暴力的定义是：“在一般被称为有婚姻关系或亲密伴侣关系之间的人士，包括有长久关系的情侣或已分手的情侣，他们之间所发生的涉及暴力或破坏社会安宁的刑事或杂项案件［同时也适用于同性同居人士和情侣］。”[4]此定义是在“需要警方介入”这一前提下

---

[1] 香港立法会：“《2007年家庭暴力（修订）条例草案》委员会团体提供的意见/建议摘要”（立法会CB（2）330/07－08（01）号文件），第1页，载香港立法会网，https：//www. legco. gov. hk/yr 06－07/chinese/bc/bc61/papers/bc611113cb2－330－1－c. pdf，2007年11月发表，2019年3月18日访问。

[2] 香港社会福利署：“处理亲密伴侣暴力个案程序指引”，第2页，载香港社会福利署网，https：//www. swd. gov. hk/doc/fcw/proc_ guidelines/battered_ spouse/Acrobat%20Document%20（updated%20in%20August%202014）%20（Chi）. pdf，2014年8月发表，2019年3月18日访问。

[3] 香港立法会福利事务委员会：“处理家庭暴力及性暴力的策略和措施小组委员会家庭暴力及性暴力的定义、识别及评估”（立法会CB（2）781/14－15（01）号文件），第1页，载香港立法会网，https：//www. legco. gov. hk/yr14－15/chinese/panels/ws/ws_ dv/papers/ws_ dv20150209cb2－781－1－c. pdf，2015年2月发表，2019年3月18日访问。

[4] 香港社会福利署：“处理亲密伴侣暴力个案程序指引”，第62页，载香港社会福利署网，https：//www. swd. gov. hk/doc/fcw/proc_ guidelines/battered_ spouse/Acrobat%20Document%20（updated%20in%20August%202014）%20（Chi）. pdf，2014年8月发表，2019年3月18日访问。

作出的，因此与福利署的概念相比，其范围比较有限。而根据香港律政司《检控涉及家庭暴力案件的政策》，家庭暴力“用以形容某人对另一人经常作出的一连串操控或支配行为，而双方是有或以前曾有密切关系或家庭成员关系。该等行为通常是接连发生的虐待事件，不论是否涉及人身的虐待，对受害者造成的影响是累积性的。家庭暴力可以在不同的背景和家庭情况、性向、年龄、伤残或性别中发生，但大多数施虐者均属男性而受害者则多属女性。家庭暴力可泛指现在是或曾经是亲密伴侣的成年人或家庭成员之间因暴力、恐吓行为、身体虐待、性虐待或精神虐待而引起的任何刑事罪行。成年人是指任何年满18岁的人，而家庭成员则包括母亲、父亲、儿子、女儿、兄弟、姊妹及祖父母，不论是直系、姻亲或继父母家庭的亲属关系”。[1] 这一定义尽管囊括了各方面的利益和关系，但是因为基于刑事起诉的需求，其范围难免更加有限。

这些有关部门作出的有关家庭暴力的定义并不仅限适用于现时维持婚姻关系的人士之间，因此离异、分居人士和其他处于非正式关系中的人士也可能包括在此定义内。尽管2009年的修订将法律的保护范围扩展适用于男女同性恋之间的同居关系，但跨性别人士关系尚无法确定是否受现行法律的保护。目前认为这些定义的缺陷还在于，虽然家务工享受香港劳动和刑事法律规定的权利并受到保护，反家庭暴力法仍未包括家务工关系。现实中，家务工还是不能或者不愿向有关部门报告其所遭受的虐待或暴力，因为他们害怕受到雇主的惩罚或经济上的刁难。[2] 已经有改革者呼吁在未来的立法中将他们纳入家庭暴力的保护范围内。

上述关于家庭暴力的定义包括施暴者或者施虐者对被害人进行的精神虐待以及经济虐待，而不仅仅限于身体虐待。在《处理亲密伴侣暴力个案程序指引》中，“施虐者”（即我们提到的施暴者）的定义包括从精神上和经济上虐待受害人的人：“施虐者是指在亲密关系中以强制操控的行为模式，并透过一项或多项恐吓性的身体暴力、性侵犯或恐吓对方并使其相信确会遭受身体暴力等行为的人士。施虐者可能在精神上、经济上或性方面控制及恐吓受害人，或

---

[1] 香港律政司：“检控涉及家庭暴力案件的政策”，第7段，载香港律政司网，https：//www. doj. gov. hk/sc/public/pubppcdv. html，2009年发表，2019年3月18日访问。

[2] 香港亚洲家务工工会联会：“2013 Women's Day-Domestic Workers Are Forced to Keep Silenceon Sexual Violence HK Government Must Remove Discriminatory Policies on Domestic Workers Violence No More on Domestic Workers”，第1页，载国际家务工联会网，http：//idwfed. org/en/updates/domestic-workers-mobilized-on-the-international-womens-day/2013-fadwu-women-day-statement-and-flyer. pdf，2013年3月3日发表，2019年3月18日访问。

主要透过使用身体暴力表现出这种行为模式。"[1] 对虐待方式作出宽泛的定义，更有利于对被害人进行全方位的保护。另一方面，警方自2009年起将家庭冲突案件按其严重性界分为家庭暴力（刑事）、家庭暴力（杂项）及家庭事件三种：（1）家庭暴力（刑事）案件是指上述关系的人士之间所发生涉及暴力的刑事案件，包括谋杀及误杀、伤人、严重殴打、强奸、非礼、刑事恐吓、刑事毁坏及藏有攻击性武器等；（2）家庭暴力（杂项）案件则指上述关系的人士之间所发生涉及普通袭击及破坏社会安宁的案件；及（3）家庭事件是指上述关系的人士间所有围绕家庭发生的非暴力及非破坏社会安宁的事件，例如纠纷、滋扰、烦扰或冲突等。

对于归入刑事案件范围内的家庭暴力案件，虽然警方负责就家庭暴力相关案件作出调查和指控，但是在警方将搜集到的证据移送检控人员之后，主要的决定则由律政司作出。检控人员会充分考虑受害人的意见，但是由于他们主要代表全社会的民众来检控危害社会的家暴行为，因此会在独立的立场上考量各种因素。检控人员一般会取得受害者的家庭状况资料，并考虑提出刑事检控是否会对受害人的家庭成员造成不利的影响。一般来说，涉及家庭暴力的罪行的案情越严重，在这种情况下，即使受害者不愿配合警方提供证据以及为警方提起检控提供便利条件，检方也会独立提出检控。这是因为监禁、威慑和惩罚具有严重违法行为的犯罪人符合公众的利益。[2] 此时，检方需要在两方面的关系之间取得平衡：（1）受害人的需要、意愿和利益；（2）公众的利益。在两者之间产生严重冲突的时候，往往检方会倾斜于后者的利益。但是这样也存在实际上的困难，因为家庭暴力往往是在私底下发生的，而受害者可能是唯一具有指证被告犯罪行的能力的人。因此，除非被告人承认犯罪并且在法庭认罪，受害者便往往需要出庭作证。在某些案件中，如果检方可以找到其他有利的佐证来支持检控，受害者出庭作证也并不一定是举证案情的唯一出路。在受害人的证词是检控的唯一突破的情况下，检控官在不得已的情况下可以根据《刑事诉讼程序条例》（第221章）中第65B条，申请使用受害者的陈述书作为证据而无需要求受害者出庭作供。检控官还可以申请采用特别措施，如闭路电视来

[1] 香港社会福利署："处理亲密伴侣暴力个案程序指引"，第1页，载香港社会福利署网，https://www.swd.gov.hk/doc/fcw/proc_guidelines/battered_spouse/Acrobat%20Document%20(updated%20in%20August%202014)%20(Chi).pdf，2014年8月发表，2019年3月18日访问。

[2] 香港律政司："检控涉及家庭暴力案件的政策"，第15段，载香港律政司网，https://www.doj.gov.hk/sc/public/pubppcdv.html，2009年发表，2019年3月18日访问。

协助受害者作证。实在没有替代措施，检方可以申请强迫受害者出庭亲自作证。[1] 在少数情况下，检控人员在被害人意愿和公众利益相冲突之时，选择不就家庭暴力案件提出检控。这些特殊情况主要包括以下几种场景：(1) 受害者希望以非刑事手段替代刑事指控；(2) 案件所涉及的暴力程度相对轻微；(3) 被告人没有虐待配偶或其他形式的家庭暴力的前科；(4) 施暴者存在悔过的情节（比如施暴人表示愿意接受社会福利署提供的辅导服务等情形）。[2] 在这些情况下，由于被告人所体现出来的人身危害性比较小，因此采用非刑事手段符合采取刑事领域晚近流行的前瞻性的评估理念——施暴人对受害者本人以及对社会公众的现实性以及未来的威胁和风险都比较低。总的来说，经由警方、监控机关两道工序过滤之后的案件已经不仅仅是单纯的“家事”案件，而是公诉性质的危害社会的刑事罪行。

（二）法律保护的范围

香港反家庭暴力法律对受害人的保护范围在近年来逐渐扩大，并逐渐得以清晰界定。从 1997 年到 2009 年，有关家暴主体的立法经历了一系列的变化。在 2008 年前，受保护的主体很有限，主要包括夫妻、在亲密关系下共同生活的异性伴侣以及儿童。2008 年《家庭暴力条例》有三方面的重要拓展：第一，该修订后的法律将被害人可以申请的防止侵害对象从配偶扩展到配偶与前配偶，从异性同居者扩大为前异性同居者。第二，虽然从理论上来讲，未成年人本来就在法例的保护范围内。但是 2008 年的修法将未成年人独立出来特别加以规定，以便照顾到未成年人的特质，并在法律语义上对于未成年人的保护的重要性进行强调。第三，2008 年法律将保护对象更扩张到直系亲属以及其他更外围的具有家庭关系的成员。这样从时间范围、亲属关系和特定保护对象三方面对权利保护的主体进行了大范围、多层次的扩张。短短一年后，2009 年立法者再次对反家庭暴力的保护主体进行扩展。这次修法对同居关系的定义从亲密关系下共同生活的异性情侣扩展到亲密关系下共同生活的同性和异性伴侣。这就意味着，反家暴法的范围内，立法者其实已经将异性和同性伴侣视为平等的主体。由于这种法律上的修改是在其他基本的法律（比如《基本法》）未修改的基础上进行的，因此遇到了相当程度的阻力。不过，从立法的意图上

[1] 香港律政司：“检控涉及家庭暴力案件的政策”，第 15 段，载香港律政司网，https://www.doj.gov.hk/sc/public/pubppcdv.html，2009 年发表，2019 年 3 月 18 日访问。

[2] 同上。

来看，这两次修法的目的一致：扩大家庭暴力的受保护主体的范围。前次的修改收获了比较多的赞同的声音，但是后次修法则成为了各方争论的焦点。

在修订法律的过程中，立法者考虑到“与异性同居者一样，处于亲密关系的同性同居者或会因彼此之间的特殊权利分布、互动关系、风险因素等而有所顾虑，不愿意或不敢向警方举报同居的施虐者的暴力行为”。❶ 换言之，由于家暴犯罪特殊的性质以及可能出现的严重后果——人身伤害乃至危及生命——政府力求为同性同居人士提供民事法律上的救济措施。与此相对，反对将同性同居人士纳入保护范围的原因有以下两条：第一，有的论者担心《家庭及同居关系暴力条例》与现存的香港法律框架不相匹配。他们认为，现存的香港法律不承认同性婚姻，如果将同性同居者纳入反家暴条例的保护范围，等于间接承认同性婚姻、公民伙伴关系或其他同性伴侣关系，会引起法律之间的冲突。有论者认为，保护同性同居关系会造成“日后同性恋者的司法覆核，挑战现时的《婚姻条例》（第181章），届时，由于《家庭及同居关系暴力条例》（第189章）与《婚姻条例》（第181章）对婚姻家庭的定义出现明显的不一致性，法庭极有可能会要求修改现时一男一女自愿结合的婚姻家庭政策，令同性婚姻合法化”。❷ 第二，受宗教信仰或道德价值的影响，很多论者反对同性婚姻合法化。他们虽然反对同性之间的暴力行为，赞成对他们进行适当保护，但是不赞同将其纳入反家暴法律的范围，正是担心修法会给家庭和婚姻观念带来的挑战和冲击。有议员曾于电台节目表示，“家暴条例不应该扩阔至多元家庭关系，对于单亲、离婚、异性同居及同性同居伴侣，均不应受到保障！”❸

---

❶ 香港劳工及福利局：“《2009年家庭暴力（修订）条例》明日生效”，第2段，载香港劳工及福利局网，https://www.lwb.gov.hk/chs/press/31122009.htm，2009年12月31日发表，2019年3月18日访问。

❷ 香港明光社：“反对政府将同性同居者纳入《家庭暴力条例》为同性婚姻大开绿灯”，第2段，载香港明光社网，http://www.truth-light.org.hk/nt/article/%E5%8F%8D%E5%B0%8D%E6%94%BF%E5%BA%9C%E5%B0%87%E5%90%8C%E6%80%A7%E5%90%8C%E5%B1%85%E8%80%85%E7%B4%8D%E5%85%A5%E3%80%8A%E5%AE%B6%E5%BA%AD%E6%9A%B4%E5%8A%9B%E6%A2%9D%E4%BE%8B%E3%80%8B-%E7%82%BA%E5%90%8C%E6%80%A7%E5%A9%9A%E5%A7%BB%E5%A4%A7%E9%96%8B%E7%B6%A0%E7%87%88-%E2%80%94%E2%80%94-%E6%98%8E%E5%85%89%E7%A4%BE%E6%96%B0%E8%81%9E%E7%A8%BF，2008年12月9日发表，2019年3月19日访问。

❸ 串联亚洲同志：“香港同志阵营发起网上联署：《家庭暴力条例》保障同性同居伴侣”，第5段，载串联亚洲同志网，https://www.fridae.asia/sc/gay-news/2009/01/08/4514.xiang gang tong zhi zhen ying fa qi wang shang lian shu jia ting bao li tiao li bao zhang tong xing tong ju ban lv，2009年1月8日发表，2019年3月18日访问。

从某种方面来说，可能正是由于反对者担心将同性同居关系者纳入《家庭及同居关系暴力条例》会至少在象征意义上对“婚姻”和“家庭”的概念造成冲击，造成一男一男或一女一女的同居与“一男一女”的婚姻概念具有同等地位这样的印象，所以沿用多年的《家庭暴力条例》最终才会更名为《家庭及同居关系暴力条例》。正如反对者提出的：“此条例若通过肯定替同性婚姻开绿灯，令年轻下一代受害……若同性同居被视作正常家庭，则衍生更多复杂问题。”❶ 因此，修订法律的名称“清晰表达条例的保护范畴包括两类人士，一类是以《婚姻条例》组织家庭的认识及所衍生出来的亲属，包括前/现时夫妻及其子女，第二类便是同居人士，包括前/现时同居男女，男男及女女这样，条例便显得名正言顺”❷❸。香港劳工及福利局局长撰文，称在考虑到法案委员会以及社会人士的呼声后，决定采取“三条腿走路”的灵活方式修订法律，以便存小异、求大同❶：第一，现存法律只针对异性同居关系的条文被删除并加入新的、扩张的“同居关系”的定义（指作为情侣在亲密关系下共同生活的两名人士（不论同性或者异性）之间的关系和包括已终结的该等关系，以便于将“婚姻”“配偶”以及“夫妻”区分开来。第二，条例在语义上将不同类别的受保护人士作出清晰的区分：即分为配偶、前配偶及其子女；配偶（直系或延伸家庭关系人士）；以及同居人士、前同居人士及其子女等三种，分别对应不同的条文处理，避免混同。第三，条例的名称变更为《家庭

---

❶ 梁嘉仪，罗民威：“《家暴条例》纳同性同居立法会听证63团体出席”，第3段，载时代论坛网，https：//christiantimes. org. hk/Common/Reader/News/ShowNews. jsp? Nid = 51112&Pid = 5&Version = 0&Cid =220&Charset = gb2312，2009年1月12日发表，2019年3月18日访问。

❷ 香港明光社：“反对政府将同性同居者纳入《家庭暴力条例》为同性婚姻大开绿灯”，第6段，载香港明光社网，http：//www. truth-light. org. hk/nt/article/% E5% 8F% 8D% E5% B0% 8D% E6% 94% BF% E5% BA% 9C% E5% B0% 87% E5% 90% 8C% E6% 80% A7% E5% 90% 8C% E5% B1% 85% E8% 80% 85% E7% B4% 8D% E5% 85% A5% E3% 80% 8A% E5% AE% B6% E5% BA% AD% E6% 9A% B4% E5% 8A% 9B% E6% A2% 9D% E4% BE% 8B% E3% 80% 8B –% E7% 82% BA% E5% 90% 8C% E6% 80% A7% E5% A9% 9A% E5% A7% BB% E5% A4% A7% E9% 96% 8B% E7% B6% A0% E7% 87% 88 –% E2% 80% 94% E2% 80% 94 –% E6% 98% 8E% E5% 85% 89% E7% A4% BE% E6% 96% B0% E8% 81% 9E% E7% A8% BF，2008年12月9日发表，2019年3月19日访问。

❸ Outright Action International：“Hong Kong：Same-Sex Couples Included in the Amended Domestic Violence Law”，第3段，载 Outright Action International 网，https：//www. outrightinternational. org/content/hong-kong-same-sex-couples-included-amended-domestic-violence-law，2009年12月22日发表，2019年3月18日访问。

❶ 香港劳工及福利局局长：“求大同　存小异——谈家暴条例修订”，第9段，载香港劳工及福利局网，https：//www. lwb. gov. hk/chi/author/05062009. htm，2009年6月5日发表，2019年3月18日访问。

及同居关系暴力条例》，以清楚反映出法律保护“家庭”和“同居关系”两种泾渭分明的类别。最终通过的条例因此是各方关系较量和妥协的最终产物。

相对来说，对于立法囊括同性关系持支持态度的论者是从以下几个方面来考虑的。其一，对同性同居者提供与异性同居者同等的人权保护。从对受害人人权进行保护的角度，“受害人不应因其性倾向而不获保障”。基于同性同居者被其亲密伴侣施虐的情况确实存在，持这种观点的人认为，他们需要保护的情况与异性同居者应当一视同仁。香港基督徒学会提出，从信仰的角度看条例的保障范围，人道精神和人权保护应该超越婚姻的规范。[1] 其二，国际上的趋势表明，对同性同居者提供反家暴法律上的保护是各国和各地区逐渐形成的共识。在法律的保障上，新西兰、澳大利亚、我国台湾地区及菲律宾等政府也在不承认同性婚姻的情况下，修改相关法例以保障任何性倾向的家暴受害人。由此可见，国际社会已正视同一屋檐下同性伴侣的暴力问题，并提供适切的保障。[2]

（三）反家暴立法的框架

香港法律有关反家暴的立法框架可以简单分为民事和刑事两个部分。[3] 其中，刑事部分涉及两个部分的制定法。其一是《侵害人身罪条例》（香港成文法第 212 章）。该条例对于家庭暴力导致人身伤害的各种罪名规定了刑事制裁条款。这些罪名包括谋杀、误杀、企图谋杀、伤人或对他人身体加以严重伤害、遗弃儿童以致生命受危害、对所看管儿童或少年虐待或忽略、以火药等导致身体受损伤、袭击致造成身体伤害和普通袭击等罪行。其二是《刑事罪行条例》（香港成文法第 200 章）。该条例与不涉及人身伤害的其他刑事犯罪以及性犯罪的各种罪名有关，其包括的具体罪名诸如恐吓、纵火、摧毁或损坏财产的罪行，以及强奸、乱伦、非礼等性罪行。其中比较轻微性质的刑事罪名包括恐吓。根据法律规定，施暴者如果作出任何违法行为导致被害人的人身、名

---

[1] 香港立法会：“香港基督徒学会就【《家庭暴力条例》的修订建议】意见书”（立法会 CB（2）559/08 - 09（09）号文件），第 1 页，载香港立法会网，https://www.legco.gov.hk/yr08-09/chinese/panels/ws/papers/ws0110cb2-559-9-c.pdf，2008 年 12 月 29 日发表，2019 年 3 月 18 日访问。

[2] 香港立法会：“有关立法会福利事务委员会《家庭暴力条例》（第 189 章）的修订建议和谐直接意见书”（立法会 CB（2）635/08 - 09（05）号文件），第 1 页，载香港立法会网，https://www.legco.gov.hk/yr08-09/chinese/panels/ws/papers/ws0110cb2-635-5-c.pdf，2009 年 1 月 10 日发表，2019 年 3 月 18 日访问。

[3] 参见表 3 - 1。

誉或财产遭受损害，使第三者的人身、名誉或财产遭受损害，或使任何死者的名誉或遗产遭受损害都构成犯罪。[1] 此类情节比较轻微的罪行仍受反家暴法律体系的制裁，可以看出香港反家暴相关立法保护的人身权利范围相当广泛。

与反家暴法相关的民事法律体系旨在为家庭暴力受害人提供民事补救。民法架构下的有关法条包括三个主要的部分：其一，《保护儿童及少年条例》（香港成文法第213章）："赋权法院就需要照顾或保护的儿童或少年（即曾经或正在受到袭击、虐待、忽略或性侵犯的儿童或少年，或其健康、成长或福利曾经或正在受到忽略或于可避免的情况下受到损害的儿童或少年）发出监管令或委任法定监护人。"[2] 其二，《精神健康条例》（香港成文法第136章）："赋予在该条例下设立的监护委员发出命令，把精神上无行为能力的人士交由适合人士或社会福利署署长照顾的权利。监护委员会如有理由相信精神上无行为能力的人士正处于危险之中、或者正在或相当可能会被虐待或受人利用，并认为有需要即时作出安排以保护该名人士，则可按条例赋权发出一项紧急监护令。"[3] 其三，《家庭暴力条例》，如前所述，是一部为家庭暴力受害人提供民事救济并保障家庭暴力受害人免受施暴人骚扰的法律。

表3-1　香港反家暴立法的法律框架

民事法律框架		
法律名	适用范围	提供救济的范围
第189章《家庭及同居关系暴力条例》	配偶、前配偶、指明未成年人、同居关系（同性或异性）双方、已结束的同居关系（同性或异性）双方	赋权法院可应申请发出强制令
第243A章《幼儿服务规例》	注册幼儿中心及其主管、幼儿工作员、留宿幼儿中心及其雇员、互助幼儿中心及其雇员	禁止体罚儿童
第279A《教育规例》	学校及其负责人（校监、校长）教员	禁止体罚学生

[1] 香港法例第200章《刑事罪行条例》，第24条。

[2] 香港立法会："选定地方处理家庭暴力的策略和措施"，第12页，载香港立法会网，https://www.legco.gov.hk/yr07-08/chinese/sec/library/0708rp09-c.pdf，2008年6月16日发表，2019年3月18日访问。

[3] 同上。

续表

民事法律框架		
法律名	适用范围	提供救济的范围
第213章《保护儿童及少年条例》	曾经或正在受到袭击、虐待、忽略或性侵犯的儿童或少年，或其健康、成长或福利曾经或正在受到忽略或于可避免的情况下受到损害的儿童或少年	赋权法院就需要照顾或保护的儿童或少年发出监管令或委任法定监护人
第136章《精神健康条例》	正处于危险之中或正在或相当可能会被虐待或受人利用的精神上无行为能力的人士	赋权在条例下设立的监护委员会发出命令，把精神上无行为能力的人士交由合适人士或社署署长照顾

刑事法律框架		
罪名	条款	法律后果
谋杀	第212章《侵害人身罪条例》第2条	终身监禁（若未满18周岁，则法庭对该人应判处终身监禁抑或较短刑期的监禁，具有酌情决定权）
误杀	第212章《侵害人身罪条例》第7条	终身监禁及罚缴由法庭判定的罚款
企图谋杀	第212章《侵害人身罪条例》第10条—14条	终身监禁
伤人或对他人身体加以严重伤害	第212章《侵害人身罪条例》第19条	监禁3年
遗弃儿童以致生命受危害	第212章《侵害人身罪条例》第26条	监禁3年（简易程序）；监禁10年（公诉程序）
对所看管儿童或少年人虐待或忽略	第212章《侵害人身罪条例》第27条	监禁3年（简易程序）；监禁10年（公诉程序）
以火药等导致身体受损伤	第212章《侵害人身罪条例》第28条	终身监禁
袭击致造成身体伤害	第212章《侵害人身罪条例》第39条	监禁3年
普通袭击	第212章《侵害人身罪条例》第40条	监禁1年

续表

刑事法律框架		
罪名	条款	法律后果
恐吓	第200章《刑事罪行条例》第24条	罚款2000港元及监禁2年（简易程序）；监禁5年（公诉程序）
纵火	第200章《刑事罪行条例》第60（3）条（用火摧毁或损坏财产而犯本条所订罪行者，须被控以纵火）	终身监禁
摧毁或损坏财产	第200章《刑事罪行条例》第60条	监禁10年（第60（1）条：摧毁或损坏财产）/终身监禁（第60（2）条：摧毁或损坏财产+意图藉摧毁或损坏财产以危害他人生命或罔顾他人生命是否会因而受到危害）
强奸	第200章《刑事罪行条例》第118条	终身监禁
乱伦	第200章《刑事罪行条例》第47条（男子乱伦）、第200章《刑事罪行条例》第48条（女子乱伦）	47条：监禁10年、监禁14年、监禁20年；48条：监禁14年
非礼	第200章《刑事罪行条例》第122条（猥亵）	监禁10年

二、强制令制度

强制令制度是香港反家暴法律的一个显著的特点，也是香港法律向家暴受害人提供民事法律救济的有效途径之一。《家庭及同居关系暴力条例》（香港法例第189章）赋予家事法庭（香港区域法院的组成部分）[1] 以及原讼法庭[2]

[1] 家事法庭，有别于区域法院的一般民事司法管辖权，专门负责有关婚姻和家庭的案件，比如离婚案件和子女经济救助的案件。

[2] 原讼法庭在一些特别情况下可以行使区域法院发放强制令的权利：（a）案件情况紧急；或（b）原讼法庭信纳案件情况特殊，以致由原讼法庭行使该等权力较由区域法院行使为恰当。参见《家庭及同居关系暴力条例》第4条。

发放强制令以禁止实施暴力者接近或者伤害家庭暴力的受害人及其子女。与此相平行的救济措施包括《保护儿童及少年条例》（香港法例第213章）。《保护儿童及少年条例》在政府及非政府机构提供的援助外，赋予法院就需要受照顾或保护的儿童或少年发出监管令或委任法定监护人的权利[1]。此外，在家庭以外地方受到性暴力伤害的受害人，如遭受人身伤害及/或损失，亦可提出民事法律诉讼，申请强制令及/或追讨赔偿。受害人可以亲身到法律援助署申请法律援助，以便提出民事法律诉讼。[2] 法庭发放的强制令可以与其他有关婚姻家庭的法律救济程序并行不悖。

（一）强制令形式

强制令的具体形式基本分为六种。法庭可以向施暴者发出禁制骚扰令、驱逐令、重返令、参与计划令以及更改或暂停执行管养令和探视令。[3]

（1）禁制骚扰令。指如果法庭确信施暴者曾经对受害人进行骚扰，就可以发放禁令阻止施暴人再从事此类行为。

（2）驱逐令。指在法庭确信施暴者施暴者曾经对受害人进行骚扰的基础上，可以禁止施暴者进入或者居留在受害人的居所或者居所的一部分，甚至还可以是另一个非居所的地方。即便此场所是施暴人和受害人此前共同居住或者婚姻生活的场所，法官也仍然可以签发禁令。

（3）重返令。指施暴者必须准许受害人以及与施暴者共同居住的未成年人进入及留在该受害人或者未成年人与施暴者的共同居所或该共同居所的指明部分。

（4）参与计划令。是指受害者可以请求法院命令施暴者参加社会福利署长核准和安排的任何计划，以便于施暴者改变其态度及行为。

（5）更改或暂停执行管养令和探视令。适用于未成年的情况。如果已经

---

[1] 香港立法会："选定地方处理家庭暴力的策略和措施"，第16页，载香港立法会网，https：//www. legco. gov. hk/yr07 – 08/chinese/sec/library/0708rp09 – c. pdf，2008年6月16日发表，2019年3月18日访问。

[2] 香港社会福利署："处理成年性暴力个案程序指引"，第45页，香港社会福利署网，https：//www. swd. gov. hk/doc/fcw/proc _ guidelines/sexual _ violence/Procedural% 20Guidelines% 20（Sexual% 20Violence）%20（Rev%202007）%20（Chi）%20（080911）. pdf，2007年发表，2019年3月18日访问。

[3] 香港司法机构："怎样根据《家庭及同居关系暴力条例》（香港法例第189章）申请强制令"，参见 https：//www. judiciary. hk/zh_ cn/court_ services_ facilities/dov. html。

为某未成年人向法庭申请驱逐令并获得批准，但是此时施暴者对该未成年有探视权，则可以向法庭申请更改或者暂停探视权。当然，法庭在作出决定是需要以未成年人的福祉为主要考虑因素，需要：①在该未成年人的年龄以及理解能力的基础上考虑该未成年的意愿；②关键性讯息，包括社会福利署署长呈递给法庭的报告。

（二）强制令申请主体

申请强制令的主体包括四类：（1）施暴者的配偶或者前配偶；（2）施暴者的亲属[1]；（3）与施暴者处于同居关系中的异性和同性伴侣以及前伴侣；（4）施暴者的配偶、前配偶、伴侣或者前伴侣的子女（包括亲生、领养或者继子女）或者共同居住的未成年人。[2]

强制令涉及的双方法律关系主体包括被告人以及被害人。立法者如果赋予法庭过宽的裁量权，则会出现两种可能的不利情形。一方面，如果法庭放宽发出强制令的条件，这可能会侵害施暴者的基本权利。这一点在实践中的意义尤其体现在强制令可以同时附有逮捕授权书。这就是说警务人员“无需手令，即可逮捕任何他/她合理地怀疑在违反该强制令的情况下，施用暴力，或进入该强制令指明的处所或地方的人”[3]。警务人员在这种情形下“具有进行逮捕时所需的一切权力，包括使用适度武力强行进入某处所或地方进行该次逮捕的权力”[4]。从这个意义上说强制令，虽然在法律上定位为民事手段，也具有准刑事的色彩，其性质与意义决定了强制令对于施暴人的基本人身权利可产生深远的影响，因此如何行使与强制令相关的权力是一个值得关注的问题。另一方面，法庭如果过于严格地限制法庭发放强制令的条件，这也可能造成受害人的权利得不到保护，最后无法有效地遏制家暴事件的发生，从而不能满足立法的目的。法律因此需要在被害人和施暴人之间寻求平衡。更为复杂的情况是，在涉及未成年人的案件中，如果未成年人自身的意愿与对其进行必要保护的社会公共利益相违背，如何在保护未成年人和尊重其自主意志之间达成平衡？类似

---

[1] “亲属”的定义参见《家庭及同居关系暴力条例》第3A（2）条款。

[2] 《家庭及同居关系暴力条例》第3条，第3A条和第3B条。

[3] 香港社会福利署：“处理亲密伴侣暴力个案程序指引”，第71页，载香港社会福利署网，https://www.swd.gov.hk/doc/fcw/proc_guidelines/battered_spouse/Acrobat%20Document%20（updated%20in%20August%202014）%20（Chi）.pdf，2014年8月发表，2019年3月18日访问。

[4] 同上。

复杂的问题也出现在对一些成年受害人的保护的司法实践中。由于强制令不具有解除婚姻及同居关系的效力，因此如果适用不当，则会出现一系列现实的问题。[1] 如果仅仅从受害人和施暴人之间的博弈来讲，这种动态的平衡在近年的历次立法修改中主要体现在以下两个方面：（1）法律对被害人的保护范围不断扩大；（2）法律对申请程序、特别是强制性程序的适用，仍保有严格的规定。

另外，《家庭及同居关系暴力条例》也通过多方面的措施来限制和尽量减少法庭采取的强制措施对施暴人合法权益的不当影响。这些考量主要体现在两个方面：第一，该条例规定，法院在行使发出驱逐令以及重返令的时候，“法院需考虑双方对互相关系有所影响的行为或其他行为，双方的各自需要及经济能力，任何特定未成年人的需要以及该个案的所有情况”[2]。法条的字里行间暗示，在法庭作出决定的时候，除了被害人的利益，也可以适当考虑施暴者的需要和经济能力。在双方共同居住的场所是他们唯一的栖身之处的情况下，这一点就尤为重要。第3A（6）（a）条款特别说明，如果申请人与答辩人（即施暴人）居于同一处，则就两者的共同居所，法院须考虑“该居所的法定或者实益权益或者占用该居所的合约或者法定权利”。第二，该条例对于法院发放强制令以及逮捕授权书作出了某些限制。对于附属于强制令的逮捕授权书，法院认为有效期一般（不得超过24个月）但可以依照受害人的申请延期，并在有效期届满时失效。[3]

（三）强制令的实践

所有的立法须由经过实践的检验。在修订立法之际，法庭收到申请发出强制令的案件数目在在2007至2009年的三年内分别是16件、22件以及28件，而获得批准强制令的案件数量分别是14件、18件以及26件。[4] 由此，三年之间的批准强制令的案件占申请的案件总数的88%。可见，司法实践中，并非所有强制令申请均获得法庭的批准。

---

[1] 罗杰：《香港〈家庭及同居关系暴力条例〉述评》，载《安庆师范学院学报（社会科学版）》2011年第30期。

[2] 《家庭及同居关系暴力条例》第3（2）条。

[3] 《家庭及同居关系暴力条例》第6（2）条。

[4] 香港立法会：“立法会八题：由家事法庭处理的案件”，第10段，载香港政府新闻网，https：//www.info.gov.hk/gia/general/201010/27/P201010270130.htm，2010年10月27日发表，2019年3月18日访问。

2014年左右，社工反映提供的供受害人暂时居住的庇护中心名额已经非常紧张。[1] 对此，社会福利署根据《家庭及同居关系暴力条例》提供两个针对施暴者而设计的心理教育计划——反暴力计划以及施虐者辅导计划，强制施暴者参与。从2006年至2014年，后者共为744名施暴者提供校正服务，以期从根源上改变施暴者的行为和心理模式，改善及修补施暴者与受害人的关系。[2]

此外，香港警方建立了"家庭暴力资料库"，不仅仅记录有关于家庭暴力的案件信息（包括刑事案件和非刑事案件），而且确保第一线的警务工作人员能够尽量有效地保护受害人及制止施暴人。[3] 此数据库还具有自动警戒机制，即当施暴人在数据库中存有多次设计家庭冲突案件的记录，系统就会自动提醒警务人员进行危机评估，从而有效预防家暴事件的恶化与升级。

三、被害人支援服务

香港的家暴防治实践有较长的历史，在为受害妇女提供周到的庇护、广泛细致的社工服务、政府与非政府机构的密切合作等方面体现着香港多元化社会和谐共生的特点。

（一）香港庇护机构概况

在多元防治的反家暴防治模式之下，香港共设立了五处地址保密的安置庇护场所，分散于香港的不同区域（香港岛、九龙及新界），共提供150个床位以便提供临时居所和支持服务给予面临家庭暴力或家庭危机的妇女及其子女。这五个提供24小时入住宿舍服务的安置庇护场所分别是维安中心、和谐之家、恬宁居、昕妍居以及晓妍居。[1] 庇护中心接受直接申请或任何机构的转介。此外，东华三院营办的芷若园针对性暴力受害人，面临家庭暴力或其他家庭危机的个人或家庭提供危机介入支持服务，包括24小时热线、外展服务和短期住

---

[1] 香港劳工及福利局："立法会九题：家庭暴力"，第7段，载香港劳工及福利局网，https://www.lwb.gov.hk/chs/legco/05112014_2.htm，2014年11月5日发表，2019年3月18日访问。

[2] 同上。

[3] 香港立法会："立法会十四题：处理家庭暴力案件"，第16段，载香港政府新闻网，https://www.info.gov.hk/gia/general/201703/22/P2017032200657.htm，2017年3月22日发表，2019年3月18日访问。

[1] 黄淑铃：《从香港某家庭暴力庇护中心服务反思台湾家暴庇护安置》，载《亚洲家庭暴力与性侵害期刊》第11卷第1期，2015年，第137—154页。

宿服务。而香港明爱营办的向晴轩，旨在提供避静设施及综合服务，协助受到极大压力或面临危机，包括家庭暴力问题的人士，处理本身情绪和寻求积极解决家庭问题的方法。这个多层次的庇护服务网络是香港社会福利署及非政府机构提供的庞大并全面的受害人支持服务中的一部分。这个服务网以支援虐儿、虐待配偶/同居情侣和性暴力受害人的福利服务为宗旨。❶ 香港庇护安置服务采用一站通服务，成人保护包括外展、背景调查、危机介入连接法律保护、心理咨询治疗网络、就业及有条件的租屋计划等；儿童保护更增加学校与住宿安排。

（二）专业反家暴机构的重要作用

香港“和谐之家”是当地首间为家暴受害妇女及其子女提供庇护的机构，成立于1985年。至今和谐之家已成为“一站式的家暴防治中心”，具有妇女及儿童庇护中心、赛马会和谐一心家暴防治中心以及“和谐径”中心三个服务单位。该庇护场所“以多元化预防、治疗及发展性服务，协助受家暴影响的家庭，并透过不同类型的社区教育活动，推广和谐健康的家庭关系”❷。在近年家暴案例居高不下的大趋势下，和谐之家面临社会的需求也不断增多。

1. 服务对象

和谐之家服务的对象包括：（1）受虐妇女及其子女（任何年龄之女童及12岁以下之男童；如有需要，庇护中心会酌情考虑12至14岁男童入住）；（2）香港居民及合法留港人士；（3）少数族裔以及不同性向、宗教或其他背景的人士。2015年，庇护中心共收容了457名受家庭暴力影响的妇女和儿童。2016年，这个数字是434名。2017年，这个数字仍维持在高位。庇护中心共收容了226名受家庭暴力影响的妇女和179名受影响儿童。入住和谐之家的受害者的数据还表明，香港特区的家庭暴力的长期受害者非常常见。在这些受害人之中，29%的受害者曾经遭受长达七年以上的家庭暴力历史，而另有27%的受害者曾遭受三至七年的家庭暴力。这侧面表现了家庭暴力的持久、重复出现且具有累积性影响的特点。

---

❶ 香港特别行政区政府社会福利署支援虐儿、虐待配偶/同居情侣和性暴力受害人服务，https：//www.swd.gov.hk/vs/sc/welfare.html。

❷ 和谐之家：守护每一个家和谐成长，2017—2018年报，参见https：//www.harmonyhousehk.org/sites/harmonyhousehk/files/pdf/publications/201718_ Annual%20Report.pdf。

2. 多元化的家暴防治工作

和谐之家在社会和社区中提供不同层面的早期介入工作，主要包括社区教育、个案辅导、治疗小组、儿童照顾服务、互助小组、教育及发展培训以及离舍后跟进服务等。近年来较有成效的重点计划和项目包括，从2017年起，和谐之家在观塘区开展“童”你讲故事以及家长工作坊，以培养和宣传积极的亲子互动以及情绪健康的讯息。“踏暴向前计划”则为施暴者以及受害人士提供多方位的辅助，包括从预防、支援及治疗以及教育三个方面三管齐下治理家暴问题，以便增强公众对家庭暴力的认识及预防意识与跨界别专业人士合作处理家庭暴力问题。具体的举措包括社工以及辅导员通过和谐快线情绪教育流动车，到香港小学提供教育及鼓励家庭和谐以及到香港中学提供讲座及工作坊。

3. 外展危机家庭服务

及早识别及支援受家庭暴力影响的妇女及儿童，预防家庭暴力的惨剧发生，增强新移民家庭对家庭暴力的认识及预防意识。2017年，和谐之家于15所幼稚园举办共有279名学生参与的情绪教育活动，特别是为四岁至六岁的幼稚园学生设立“小丁丁故事屋”，并辨识了183名需要跟进的学生，从而力图将家庭暴力遏制在萌芽阶段。

4. 男性家暴受害人服务

2000年以来，和谐之家对于受害人的支援服务从女性拓展到男性，开设了男士热线。专门为受家庭暴力问题困扰的男性施虐者、受虐者及受家庭暴力问题困扰的其他男士一直提供服务。相对女性求助者来说，男性是与家暴相关的社会服务中比较隐蔽的一个群体，他们的求助意识比较低，也容易被忽略。和谐之家通过成立及运作这样一个热线来甄别以及了解有需要的男士，为他们提供电话辅导服务及转介有关的社区资源。一方面，男士施虐者可以通过与辅导人员以及社工的互动更好地明白其暴力行为的后果和责任，从而起到疏导和教育的积极目的；另一方面，这样的热线也可以为男性受虐者提供合适的协助及支援。除此之外，热线也是政府部门和专业机构（比如警方及其他社会服务机构）向受害人支援部门转介个案的一个重要途径。

四、香港特区家庭暴力典型案例评析

在香港特区刑事案件相关的数据库内搜索，一共可以查到47个有关家庭暴力的刑事案件和37个与此相关的民事案件。刑事案件方面，据律政司披露，在被害人不希望继续支持检控方追究刑事责任的时候，检控人员考虑是否继续依靠其他证据提出检控时，可以考虑的因素有如下一系列事实：罪行的严重性；受害者在身体或精神上受到的伤害；被告人再次犯案的可能性；被告人是否有预谋施袭；被告人有否使用武器；被告人有否在实袭之前或之后恐吓受害者；家中是否有儿童居住；被告人是否继续对受害者或其他可能涉案者的健康及安全构成威胁；被告人与受害者当前的关系状况；被告人与受害者以往的关系，特别是曾否有暴力发生；被告人是否有犯罪记录，特别是曾否有暴力行为的前科。[1] 笔者以此为参考，梳理了47个与家暴相关的刑事案例，得出了一些基本的态势和规律。

在刑事案件中，数量最多的刑事案件的类别分别是：故意伤害类的案件共占74%（又可以根据被害人受伤害的程度细分为有意图而伤人的案件［37%］，有意图而导致他人身体受严重伤害、造成身体严重伤害、伤人、袭击造成身体伤害以及有意图而淋泼腐蚀性液体的案件）。杀人类的案件共占9.3%（其中又可细分为谋杀案件、误杀案件以及企图谋杀案件），其后是个别的普通袭击、刑事恐吓、猥亵以及对看管儿童虐待的案件。受害人因为案件而受到的精神上或身体上的伤害跨度还是相当大的。比较轻微的案件例如刑事恐吓案件。香港特别行政区诉梁某锋一案中，被害人和被告人是同居的关系。两人共同育有一女后分手。被害人以及女儿搬离被告人的家。双方就女儿探视的安排问题发生争执。被告人告诉被害人，若不让他见女儿，他便会找出被害人母亲的住所找她麻烦，并放火烧她的房子。被害人很害怕，遂报警。按照《刑事罪行条例》第24（6）（i）及第27条，被告人仅仅由于引起了被害人的恐惧而被判处3个月有期徒刑。[2] 另一些案件的性质就相对严重。这些包括严重侵害被害人的生命权或者损害其健康及身体完整权的案件。如HKSAR v. LI SO MAN一案中，丈夫和妻子（被告）争吵，丈夫威胁要烧掉全家，妻子报警，丈夫踢妻子腹部，妻子用锤子击打丈夫致其死亡。法庭认定妻子犯谋杀罪，判处有期徒刑8年。[3]

---

[1] 香港律政司："检控涉及家庭暴力案件的政策"，第23段，载香港律政司网，https://www.doj.gov.hk/sc/public/pubppcdv.html，2009年发表，2019年3月18日访问。

[2] 香港特别行政区诉梁浩锋［2008］HKCFI 1457；HCMA 1019/2007（9 May 2008）。

[3] HKSAR v. LI SO MAN［2000］HKCA 235；［2000］2 HKLRD 824；CACC 609/1999（7 July 2000）。

在绝大部分对被告人定罪的（67%）的涉及家庭暴力的案件中，涉案的家庭中都有儿童居住。这从侧面印证了法庭行使刑事制裁手段的一个考量因素是对儿童的利益保护。这些刑事案件中丈夫对妻子施暴的案件占了大概一半的比例。其次是妻子对丈夫实施的暴力（14%）。从性别来看，在81.4%的案件中被告人都是男性。这些数据也从侧面印证了：即使是在香港这样的经济发达地区，“历史上在儒家思想影响下形成的男尊女卑仍是一个重要的文化因素”[1]，而这种文化也影响到与家暴有关的个人行为和社会活动。但是，相反地，也有论者提出了不同的看法。一项实证研究分析了十年间一家香港医院急诊室的治疗资料后指出，在家暴案件中女性占大多数的现象可能正是男性受害人不愿意报案的一个结果和体现。男性在社会中扮演的角色和文化符号决定了他们非常害怕丢面子，他们更在意社会对自己的印象以及其他人的评价，因此相比较来说，除非在受伤的万不得已的情况下，他们可能并不愿意寻求社会组织的帮助。[2] 基于另一项实证研究的数据指出，怀孕女性的男性伴侣中有13%曾经被这些怀孕的女性虐待过，因此“对于家庭暴力的研究不应该仅仅关注女性受害人”。[3]

施暴者被判处的刑罚跨度相当大，从两个月到10年不等。从年龄差距看，年长者对年幼者实施的家庭暴力占据了案件中的绝大部分（超过95%）。而相反，年幼者对年长者实施的家庭暴力则相对罕见。与西方社会的相关数据相比，香港地区的数据可能反映了其独特的历史、文化传统。虽然香港这个当代的国际金融和航运中心已经在过去的两个世纪中经历了多元文化的洗礼，但是对年长者的尊重和扶助依然是传统社会文化中根深蒂固的一个传承。另外一个有趣的研究发现是，所有的刑事案件都涉及发生在配偶、异性的同居者以及家庭成员之间的家庭暴力，在司法实践中仍未有一起有关同性之间的家庭暴力案件被法庭定罪。这可能有两种解释：第一，同性之间的家庭暴力案件很少；第二，同性之间即使发生了家庭暴力，性向小众仍然不愿向司法机关报告自己受到的暴力行为。这说明了家庭暴力仅仅是诸多社会问题中的一个小分支，仅仅

---

[1] Hernández, Miriam, “‘Killed Out of Love’: A Frame Analysis of Domestic Violence Coverage in Hong Kong”, Violence Against Women, 24 (12), 1454-1473.

[2] Ko Ling Chan, Wai Man Anna Choi, et al. “Characteristics of Family Violence Victims Presenting to Emergency Departments in Hong Kong”, The Journal of Emergency Medicine, 44 (2013), 249-258.

[3] Leung, Wing & Leung, et al. “The Prevalence of Domestic Violence Against Pregnant Women in a Chinese Community”, International Journal of Gynaecology and Obstetrics: The Official Organ of the International Federation of Gynaecology and Obstetrics, 66 (1999), 23-30.

修订法律是不够的，关键是要实现全社会的观念、文化和制度的转变。否则先进的法律也只能如无源之水、无本之木。最后，笔者本人初步的研究发现表明，经济困难、文化冲突以及犯罪记录及家暴历史都无法作为现有笔者掌握的家暴相关刑事犯罪数据的解释原因。具体来说，首先，大部分（83.7%）的施暴人并没有遭受经济困难。这说明社会经济地位等因素并不能作为家庭暴力发生和定罪的一个解释因子；其次，大部分（76.7%）组成家庭关系和同居关系的施暴者和受害人之间不存在跨境造成的文化和生活习惯的差别；最后，被告人大部分都没有暴力犯罪前科和家暴的历史。现有的样本中被告人的这一特征和律政司的检控标准并不一致。这说明严重的、达到犯罪程度的家暴行为并非一定在早期就有客观体现。被告人在犯罪时、或者犯罪之前不一定就已经体现出可以识别的、对受害人或者社会公众的人身危险性。这一发现也从侧面说明了家暴犯罪的早期干预以及甄别的困难性。

与家庭暴力相关的民事案件主要可以分为四类。最多数的民事案件是涉及管养权的案件，共占全部民事案件71%，其次是涉及强制令的案件（占13%）和离婚案件（占8%）。而探视案件仅一例。民事案件的判决结果和法庭认定是否存在家庭暴力是怎么样的关系呢？笔者分析了这38个有关家庭暴力的民事案件，发现所有的指控的家庭暴力都发生在异性的夫妻之间，而非同居关系或者同性的伴侣之间。其中除去少数双方互指控对方施暴而法庭未发现有力证据的案件，大部分妻子或者丈夫诉称对方施暴的案件，法庭都作出了有利于申请人的判决。这些判决大部分是颁发管养令，也有少部分是准许离婚以及发放强制令的决定。尤其是，如果有警方关于家庭暴力的记录、社工确认家庭暴力的调查结论以及法院有关家庭暴力的刑事判决，这些可靠的结论都能够证明曾经有过家庭暴力的历史记录。在这种情况下，一般法院都会从儿童及妇女的权益保护角度出发，为受家暴侵害的一方主张权利。只有在少数案件中，一方诉称对方有家暴行为，法庭综合全案信息考虑之后仍然决定双方共同管养子女或者有家暴嫌疑的一方仍有权管养子女。在这些法官“袒护”家暴嫌疑人的案件中，他们无一例外地作出了有利于母亲的判决。即使男方声称女方有家暴行为，但是法官在综合考虑全案信息后，从儿童福利的角度出发，仍然判定女方拥有管养权。

与强制令有关的案例则仅有少量见诸于公开的数据。在袁某孔［2016］HKFC 182一案中，男女双方离婚后，男方拒绝搬离双方曾共同居住的单位前往制定的中转屋居所。女方指控男方不断向儿子及/或女方作出袭击、恐吓及骚扰。具体而言，女方指控男方偷窃儿子的 iPad、殴打儿子、毁损女方的衣物、殴打女方，曾对女方恐吓要“一锅熟”“要你死在这里”“这就是报警的后果”以及毁损居所的门锁等。女方宣称，男方的这一系列行为令女方困扰、恐惧不安及身心疲累。结果她前往九龙医院求诊，被诊断为轻度抑郁（Mild Depressive Episode）。法庭提出，法官在决定是否发放禁制令时，必须考虑下述各种因素，即双方的各种行为、各自的需要及双方的经济能力、任何特定未成年人的需要以及其他所有情况。法庭认为女方申请禁令，因此需要负担举证责任。根据法庭掌握的证据，认定女方针对男方提出的指控缺乏作证支持。最后法庭综合全案情况，包括双方的居住需要以及经济能力，拒绝向女方发放禁制令。女方因此不得强制男方搬离其居所，也不得强制禁止男方进入其居所。但是在判决的结尾部分，法庭非常巧妙地总结，法庭拒绝发放禁令并非就是肯定男方和女方共同居住的合法权限。法官含蓄地提醒女方注意租约条款是否限制居住者的身份。在法理上，此案法庭援引了英国以及中国香港特区普通法上有关禁令的判令，明确了强制性禁止令颁发的三个根本原则，即法庭具有广泛的自由裁量权，法庭需要平衡各方的利益以及比例原则。虽然法庭没有明确阐明，但是于此案中似乎暗示，如果对男方颁发禁止令，则其利益受到的负面影响可能大于申请方能够取得的积极利益。根据 Sharp v. Harrison ［1922］ 1 Ch. 502 一案的法理，“倘若申请禁制令的一方在没有受到损害时，而颁发强制性禁制令则会对被制止的一方带来损害，及在比例上超越要求禁制令的一方应得到的济助，法院应拒绝颁令”。[1] 可以说，此案中香港区域法院的法官在涉及家庭暴力的领域内进一步发展了与禁令颁发相关的法理。

在另一个有关强制令的上诉案例中，申请人和被告人是夫妻的关系。女方为了躲债曾离家四年独自在台湾地区生活，四年后回到香港并希望和男方及女儿共同生活。男方愿意支付女方居住在宾馆的费用并同意女方享有探视权，但是拒绝与其共同生活。女方执意要居住在原先他们共同生活的家中。本案的法官承认，本案中家庭暴力的证据其实比较薄弱，丈夫称女方袭击了他，但程度轻微而且主要还是言语之间的攻击。法官主要从保护女儿的角度出发，认为驱逐女方对于所有各方的利益保护有利，从而维持了原审法官的判决。[2] 在另一

---

[1] 袁对孔［2016］HKFC 182；FCMC 8462/2012（4 November 2016）.

[2] CHAN CHUN HON v. CHAN LAM LAI BING SHIRLEY［1994］HKCA 392；［1994］3 HKC 196；CACV 43/1994（5 July 1994）.

个案件中，妻子和丈夫是跨境婚姻。社工确认了妻子和丈夫关系不睦，并曾经多次遭受丈夫的言语威胁以及身体袭击。法庭之前已经针对丈夫颁发了禁止骚扰令。在重新审查了案件证据的情况下，法庭认为在颁发了禁止骚扰令之后，丈夫仍然存有针对妻子的较高度的骚扰和恐吓，因此，在综合考虑全案因素，特别是权衡双方的行为、他们的需求和经济能力、孩子和申请人共同居住的需要以及需要的情况下，法庭颁发了针对丈夫的驱逐令。

在最后一个案件中，妻子指控丈夫经常性地对其进行性侵，并且经常是当着孩子的面实行这种行为。法官拒绝了丈夫要管养三个孩子中的两个年幼孩子的要求，裁定妻子仍然得以对所有的孩子有管养权。[1]

小　结

家庭暴力是所有司法管辖区公认的问题。在中国大陆、台湾地区和香港特区不同的文化背景下，政府部门和非政府组织为促进执法、保护受害人及矫治犯罪人而采取了各种方法。香港特区的反对家庭暴力法律和实践具有其自身的一系列特点。这些特点有些是由于传统的原因，也有普通法与政策的潜移默化的影响。总体上说，香港有一套成熟并且全面的法律体系来对与被害人和儿童的合法权益进行保护。普通法独有的灵活性和与时俱进也决定了反家暴立法和司法在随着时代的发展而不断完善，在一定意义上，这是大势所趋。中国大陆、台湾地区和香港特别行政区都制定了反家庭暴力的专项规定，也都出台了为家庭暴力受害人提供民事救济并保障家庭暴力受害人免受施暴人骚扰的强制措施。香港特区是这股时代洪流中的一种积极的力量。当然，香港特区的立法和司法实践仍然有众多不足，例如，法律保护范围仍然没有把所有住在“同一个屋檐下”的人们全部包括进来；社会上存在的各种偏见和性别歧视，仍在一定程度上影响着执法和司法：对成年人之间的家暴报案，到场的警务人员往往以各种借口劝说受害人息事宁人、不予追究。[2] 香港特区保安局回复立法

[1] YLS v. TL［2008］HKFC 29；FCMC 8396/2007（30 May 2008）.

[2] 香港立法会：“立法会十四题：处理家庭暴力案件”，第 1 段，载香港政府新闻网，https：//www. info. gov. hk/gia/general/201703/22/P2017032200657. htm，2017 年 3 月 22 日发表，2019 年 3 月 18 日访问。

会的文件也显示，警方近年八成半个案只归为家庭事件，而非家庭暴力。[1] 由此，能进入大众视野的家暴案件很可能只是冰山一角，更为庞大的案件已经淹没在社会的各个角落里。但是另一方面，香港特区在多元文化、跨境移婚频繁及高密度居住的城市元文化的城市生态环境中仍然能够实现政府和非政府之间的资源整合和公私协力，对家暴受害人提供相当程度的保护和关顾，其开放、务实的做法可圈可点，也说明了香港特区反家暴立法和实践在未来可以有长足的发展。

[1] 梁佩珊："家暴年轻化报警反变被告"，第2段，载苹果日报，https://hk.news.appledaily.com/local/daily/article/20170409/19984502，2017年4月9日发表，2019年3月18日访问。

第四章　中国台湾地区防治家庭暴力的相关规定与实践

1998 年 6 月 24 日，中国台湾地区公布了亚洲第一部“家庭暴力防治法”，并在一年后正式全面实施，公权力就此开始介入私领域保护家庭暴力受害人（以下简称“受害人”）。自“家庭暴力防治法”施行迄今已经 20 年，其间经过几次修订，不断完善；同时，台湾地区 20 年来在家暴防治方面也积累了相当多的经验。本章通过系统介绍台湾地区在家暴防治方面的相关规定和实践经验，供大家学习和借鉴。

一、台湾地区家庭暴力状况概述

（一）“家庭暴力防治法”实施前台湾地区家庭暴力的状况

1. 家庭暴力的发生率比较高

由于缺乏准确数据，无法了解“家庭暴力防治法”实施之前台湾地区家庭暴力的发生情况。但是，根据 1992 年台湾大学冯燕教授的抽样调查，大约有 35% 的妇女表示曾经遭受到先生的虐待；而 1992 年台湾地区社会处对岛内 16 岁以上妇女进行的“台湾妇女生活状况调查”显示，大约有 17.8% 的妇女承认曾经遭受过先生的殴打，这些数据尚不包含身体暴力以外的精神暴力、经济控制等其他类型的家暴受害人。[1] 另外，也缺乏家庭成员对老年人和未成年人实施暴力的数据统计。不过，由上述数据可以推测，家庭成员对处于相对弱势的妇女、老人、儿童的暴力应该是普遍存在的现象。可以说，在当时的台湾

[1] 以上数据来源于柯丽评、王佩玲、张锦丽：《家庭暴力理论政策与实务》，巨流图书公司 2011 年版，第 6 次印刷。

地区，家庭暴力发生率还是非常高的。

2. 传统父权社会不认为家庭暴力是违法行为

传统儒家思想在台湾社会占主流地位，家庭中的男女地位不平等，女性附属于男性，男性有权管教女性，其中包括以暴力作为管教的手段，男性对女性的暴力被合理化，当家暴出现时，人们往往责备女性，认为是女性的不当言行招致暴力，却很少谴责男性。同时，受“法不入家门”“清官难断家务事”等传统观念的影响，家庭内的暴力历来被认为是理所当然的家务私事，外人或政府是不便干涉或惩戒的。

3. 家暴受害人难以通过当时的法律和公权力部门摆脱受暴环境

台湾当时的相关制度对于家庭暴力并没有特别的规定，公权力很少干预家庭事务，对于家庭暴力缺少结构性的系统应对和制度规范。家庭暴力与一般的暴力没有区别，甚至当暴力发生在家庭成员之间时，人们往往不认为这是暴力，更多地认为是管教。当时，台湾地区对所谓的“家庭暴力”（那时候没有家庭暴力视角）的规制散见于台湾“民法”“刑法”“儿童福利法”“少年福利法”等成文规定，这些成文规定在民事方面设置了无家庭暴力视角的一般性的救济措施，如配偶一方可以拒绝履行同居义务、请求离婚、请求子女监护权或设置监护人、请求赡养费、请求子女抚养费、请求分配财产、请求终止收养关系、请求损害赔偿等方面，这些救济措施与其他情形下民事主体的救济权利并无区别。刑事方面的救济主要包括：对施暴者的犯罪行为提请告诉或自诉、请求逮捕施暴者、受害人阻止施暴行为将施暴者伤害或杀死进行无罪辩护或减免刑罚等也同样缺少从家庭暴力视角的应对。因此，尽管我们可以认为台湾当时的规定对家暴行为是有规制的，但是其只是从一般伤害的角度进行的，并没有认识到家庭暴力的特殊性和复杂性，再加上“执法者”受“清官难断家务事”“法不入家门”观念所限，即便是因为家庭纠纷导致的暴力，受害人报警后警察的态度也往往比较消极，受害者往往求助无门，并无良策脱离施暴者和暴力环境，公权力没有提供预防措施，更谈不上对施暴者的矫治。邓如雯案的发生[1]，就是一个非常典型的例证。邓如雯婚前同居时因为林阿棋的多次施暴而报警，却被友人劝回，被迫结婚，婚后暴力依然不断，却无法从公权力部门获得任何救助和干预，最后绝望杀夫。

4. “家庭暴力防治法”出台前，台湾针对受虐妇女的社会服务效果有限

实际上，台湾社会对家庭暴力的关注，起始于对受虐妇女的社会服务。随着政治上的“解严”，民间多元思想活跃，妇女运动逐渐得到社会上越来越多人的认同。“台湾社会的妇女运动，其历程所呈现的是个人性别意识觉醒、集体性别认同、与性别政治行动集结倡议”[2]。1990年开始，学者及妇女团体积极对家庭暴力进行考查，并成立“庇护所”之类的中途之家，为家暴受害者提供庇护。1993年的邓如雯杀夫案，引发社会各界对于家庭暴力问题的重视，“法不入家门”的传统观念，受到质疑，妇女团体集结联署、举办研讨会、座谈会，将反家庭暴力尤其是婚姻暴力的声势首度推至高潮。

台湾社会日益增多的严重婚姻暴力服务案件，使妇女服务团体意识到迫切需要一部专门规定来惩治家庭暴力，于是促生了台湾婚姻暴力的“立法”倡议。20世纪90年代起各个妇女团体及相关法律专业积极呼吁婚姻暴力防治规

---

[1] 邓如雯15岁时受到林阿棋性侵而怀孕生子，并在其逼迫下与之同居。林阿棋在同居时期时常殴打邓如雯，导致邓如雯逃回家中躲藏。林阿棋在盛怒下到邓家砸毁财物并毒打邓父，经报警及友人出面调解后，为避免家人受害，邓如雯允诺与林阿棋结婚。婚后，林阿棋仍不断殴打邓如雯，恐吓伤害邓如雯家人，甚至欲性侵邓如雯的妹妹未遂。1993年10月27日下午，邓如雯接获其妹电话，得知这一性侵未遂事件。当晚，林阿棋酒后返家，恫吓要杀害邓家全员，且痛殴邓如雯。邓如雯遂以铁锤及水果刀，趁林阿棋熟睡之际将其杀害。该案经媒体批露后，发现邓如雯实际是长期遭受丈夫的暴力对待，所以妇女团体群起声援并组织律师团为其辩护。1994年，台湾板桥地方“法院”一审法官衡量邓如雯婚后处境及杀夫时的心理状态，属于基于义愤杀人的行为，因此判处邓如雯有期徒刑五年三个月，民事部分则以邓如雯不便行使亲权为由，将子女判由夫家亲属为监护人。一审辩护律师王如玄坚持上诉，同年在台湾地区“高等法院”进行二审程序；1995年，三军总医院精神科出具邓如雯案发当时精神极度耗弱的鉴定证明，二审法官认为邓如雯因长期受暴致精神耗弱，改判有期徒刑三年六个月。民事部分经庭外和解，夫家将子女归还邓如雯。服刑一年半后，邓女假释出狱。详见高凤仙：《从邓如雯案看家庭暴力案件之处理（一）》，司法周刊1996，第768期。

邓如雯案引发各界对于家庭暴力问题的重视，“法不入家门”及“清官难断家务事”等传统观念，受到动摇及质疑，并促使多项研究与倡议开始进行，最大的影响是促成了“家庭暴力防治法”。“家庭暴力防治法”在1998年5月28日经台湾地区“立法院”三读通过，1998年6月24日公布实施，使台湾地区成为亚洲第一个具备“家庭暴力防治法与民事保护令”的地区，6月24日这天，也因此被定为台湾地区的“家暴防治日”。

[2] 黄志中、张可立、谢卧龙：《全球性别暴力治理的台湾在地响应：以婚姻暴力防治为范畴的探讨思与言》第52卷第4期，2014年12月，第259—280页。

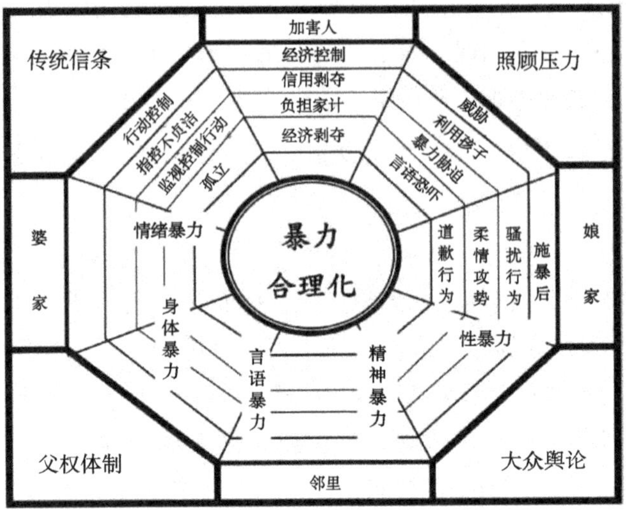

图 4 – 1　在台湾社会女性面临的观念压力

注：图 4 – 1 台湾学者戴世玫在《台湾婚姻暴力图像：从父权家族系统受暴网的观点出发》一文中用以描述在台湾社会，女性面临的来自各方面的观念压力，这些压力试图将婚姻暴力合理化。

定的必要性，1995 年由高凤仙法官及相关专家学者到美国考察后，以美国的模范家庭暴力法典为基础，参考澳洲及新西兰等国的相关法律，开始起草“家庭暴力防治法”。其间，妇女团体及妇运团体大力关注对于婚姻暴力的女性性别困难处境，加上妇女权益促进的相关机制也陆续在政府部门开始设立，婚姻暴力逐渐为社会大众所关注。在此社会运动及“立法”倡议之下，“家庭暴力防治法”于 1998 年制定，1999 年台湾全面施行。台湾地区成为亚洲第一个为婚姻暴力防治制定规定的地区。

（二）“家庭暴力防治法”实施后的家庭暴力状况

1998 年 6 月 24 日，台湾地区公布并在一年后实施的“家庭暴力防治法”，在保护家庭暴力受害人和防治家庭暴力方面发挥了相当重要的作用。具体而言，积极方面的影响如下。

1. 传统观念逐步被瓦解

“家庭暴力防治法”的出台，尤其一些有社会影响力的案件，对社会大众和“执法者”的传统观念影响很大，家庭暴力犯罪化逐步被社会接受。当然，社会群体观念的变化需要时间，并非一蹴而就的。台湾社会逐渐达成共识，家庭暴力不仅仅发生在家庭成员之间，也可能发生在当前或曾经有同居关系的当事人之间，尤其最近两年，同性婚姻在台湾地区得到承认，同性同居关系的当事人之间也适用“家庭暴力防治法”；家庭暴力不仅仅是肢体上的暴力，还包括精神上的暴力和经济上的暴力；对于家庭暴力，不仅仅需要公权力部门的事后惩治，事前的有效预防更为重要。

2. 家暴暴力案件的通报数逐年上升

“家庭暴力防治法”实施后，家暴案件通报数逐年持续上升。2000 年（“家庭暴力防治法”实施后的第一年）台湾地区各家暴防治中心接获家庭暴力案件通报数为2822 件，但到2001 年激增至34348 件，此后每年以约50%的增速在增加，图4－2 是2000 年到2017 年台湾地区家庭暴力与亲密暴力案件通报数（缺2005 年的数据），可以看出，2010 年前，家暴案件通报数每年都大幅增加，从2010 年开始，家暴案件数升至每年10 万件以上，尤其2013 年，达到了13 万之多，此后一直维持在11 万件左右。[1]

图4－2 台湾地区2000—2017 年家庭暴力与亲密暴力案件通报数

3. 一系列配套制度相继面世，家暴防治更全面更合理

2000 年“内政部”公布家暴防治政策与实施方案，积极推动家暴防治工作，确立家暴防治的两个目标，一是健全家暴防治法令制度，强化组织功能，建构“零拒绝”及保密被害人保护网络，加强被害人保护扶助措施，落实加

[1] 数据根据台湾地区“卫生福利部”社会服务司的统计资讯整理。

害人处遇计划，推动家庭暴力防治本土化处遇研究，建构完整的家庭暴力防治体系；二是整合社会资源，平衡城乡差距，建构多元化的具有地方特色的工作模式，加强家暴防治宣传教育，健全家暴防治网络专业人员培育训练制度，全面提升家暴防治工作服务品质。20 年来，台湾地区家庭暴力防治制度以“家庭暴力防治法”为基础，不断向外辐射，构建了比较全面的防治机制，配套制度和措施日趋完善，后面会逐一介绍，这里不再赘述。

4. 家庭暴力防治逐渐具有台湾本地化特性

“家庭暴力防治法”明文规定政府应积极介入家暴防治工作，由于公、私部门的协同合作，多机构合作不断被强调，各地发展出符合本地情况的各种家暴服务方案；家暴案件的“全员全面通报”责任制，使得更多家庭暴力案件被通报；建立“家庭暴力电子数据库”，使家暴案件的档案记录更及时。地方法院、检察署逐步设置单面镜、指认墙、双向电视系统、温馨谈话室及安全通道，以保护受害者。地方法院也多与民间妇女团体合作，在各法院设立“家庭暴力咨询窗口”，以保障被害人。各医疗院所也设立急症服务，并设有全台“113 专线”。

这里要特别提到台湾地区的家庭暴力防治安全网。台湾地区的学者们意识到家暴防治需要多部门的合作，提出了家庭暴力防治网络的观点。2004 年，林明杰提出“家庭暴力危险分级管理试办方案”，并于 2005 年在嘉义县市试办；2007 年现代妇女基金会致力推动，先后在宜兰县、台南市等试办“家庭暴力风险评估及防治安全网”方案，此时期以危险评估量表（DA 量表[1]）作为危险评估工具，具有高危险的被害人，由防治网络成员及时采取强力安全防治策略，通过核心小组会议，防治网络成员共同建立“以妇女为中心的安全计划”，由此形成防治网络分工与执行的工作平台。“内政部”于 2008 年征询愿意开办“家庭暴力防治安全网计划”（指危险分级方案）的县市，2011 年起在台湾地区各县市全面实施“家庭暴力安全防护网”工作，并以学者王佩玲发展的 TIPVDA 量表作为亲密关系暴力危险评估工具。具体做法是：每个县市每月都会召开一次家庭暴力高危机个案网络会议，各相关机关接案后首先给加害人做危险评估，量表中属于中高危险者个案均会被拿到会议进行讨论，由警察或社工人员各自报告访查资料与危险评估量表的分数，是否有酗酒与边缘

[1] DA 量表即 Dangerousness Assessment Scale（简称 DA 量表）是由美国护理教授 Campbell 1985 年发展以评估婚姻暴力案件的致命危险性评估。

人格特质，再由卫生局与教育处报告目前的鉴定评估辅导或学生转学或身心现况，并由专家与学者给予心理或个案处遇之建议，最后再决议是否继续以高危险列管。

二、台湾地区防治家庭暴力相关规定的历史及发展现状

（一）反家暴相关规定的导火索

如前所言，台湾社会受儒家文化的影响，男权思想浓厚，男人常常被认为可以采用适当方式管束或教训自己的妻子，这被视为是家务事，外界尤其是公权力是不介入的，法律对此种行为没有特别关注，仅仅是当危害结果比较严重时，才作为一般的刑事伤害案件处理。而早期政府或民间团体对于家暴受害妇女的服务是以志工为主的零星而无结构的活动，主要是注重引导当事人的自我调适，并不谋求进行制度上的建构。

1993 年邓如雯杀夫案的发生，使得事情有了转机。实际上，邓如雯案最初进入司法系统时，是被当作“大逆不道的逆伦血案”[1] 处理的。但是，经过媒体披露，邓如雯及其家人长期遭受其丈夫的家庭暴力曝光在大众面前，岛内哗然，妇女团体开始积极集结联署，举办各种座谈会、研讨会，将反家庭暴力的声势推到高潮，家庭暴力藉由此案成为大家关注的焦点话题。因此，可以将邓如雯视为台湾地区“家庭暴力防治法”制定工作的导火索。

（二）制定过程

梳理台湾“家庭暴力防治法”的制定过程，大概可以分为以下几个阶段。[2]

1. 民间倡导制定阶段

邓如雯案发生后，以妇女新知为首的民间妇女团体到法院声援邓如雯，希望法官能够充分注意邓氏是在长期受虐、求助无门的情况下杀死其丈夫，应该对其减轻刑罚；这些妇女团体还积极开展活动，如集结联署、举办研讨会、座

---

[1] 柯丽评、王佩玲、张锦丽：《家庭暴力理论政策与实务》，巨流图书公司 2011 年版，第 6 次印刷。

[2] 这部分的写作参考了王启梁：《背景与策略：台湾“家庭暴力防治法”立法过程研究》，《社会学评论》2013 年 12 月第 1 卷第 6 期；柯丽评、王佩玲、张锦丽：《家庭暴力理论政策与实务》，巨流图书公司 2011 年版，第 6 次印刷，第 25—27 页。

谈会，呼吁并引发民众开始广泛关心家庭暴力问题。除了关注案件审理外，妇女团体还以此为契机，倡导立法，妇女新知等团体拜会时任“法务部部长”的马英九，希望尽速制定“婚姻暴力防治法”。

2. 政府介入立法倡导

1994年“内政部”提供100万元台币作为工作经费，委托妇女新知基金会进行“婚姻暴力防治之研究”，该项研究最后形成了《防治妇女婚姻暴力研究报告》，提出防治婚姻暴力短、中、长期可行方案，在法律领域中期计划建议“制定婚姻暴力防治法，内容应包含民事保护令、子女监护权、逮捕法规、证据法规、调解法规、损害赔偿法规、社会服务法规等”，提出以婚姻暴力的严重性，有制定法规的必要性，并建议研拟法制大略方向。后由于政府资金中断，妇女新知的研究被迫停顿。同时期，高凤仙法官从美国搜集并带回家庭暴力相关法律和论文资料，在参照美国模范家庭暴力法及其他国家相关法律文献后，于1995年完成“家庭暴力防治法第一次草案”。1996年，现代妇女基金会在理事长潘维刚女士带队考察美国家庭暴力防治法律实施状况后，正式成立“家庭暴力防治法制定委员会”进行立法倡导。该委员会以高凤仙的第一次草案为基础，分为民事、刑事、家事和防治服务四个小组，委员会成员具有广泛的代表性，既有专家学者、立法委员、关心妇女受虐的民间团体和相关的公权力部门，还邀请了多位受虐妇女参与讨论。在1996年7月到1997年1月短短的6个月内密集召开了25场会议，“家庭暴力防治法第二次草案”出炉。1997年3月至8月期间，现代妇女基金会又举办了5场公听会，女法官协会也召开了2场公听会，以审慎修订法案的内容；在此基础上，“第三次草案”完成。

3. 立法游说

“第三次草案”完成后，作为“立法委员”的潘伟刚女士即将草案送到“立法会”审议。彼时，现代妇女基金会的“草案”是唯一一部草案，台湾“行政院”尚没有能力和时间完成草案起草工作，这就避免了多个草案在“立法院”的竞争和时间上的浪费。另外，为了尽快通过法案，现代妇女基金会采取了非常务实的策略，悬置部分可能不为立法委员接受的草案表述，如在立法目的上加入了“促进家庭和谐”这样的表述，以争取到男性立委的支持；草案从妇女安全角度切入立法而没有选择从当时看比较激进的性别平等角度入手，是非常有智慧的决策。1996 年 11 月 30 日发生彭婉如命案后[1]，妇女人身安全成为社会大众关注的焦点。在这样的情势下，“家庭暴力防治法”从妇女安全角度入手，极大地争取到了男性立委和大部分“立法委员”的支持。另外，潘维刚女士因其“立法委员”的身份，在审议过程中，可以非常方便地就出现的问题和阻碍进行沟通和协调。还有一点需要提及的是，“立法院”虽然有蓝绿不同政治阵营，但是，在推动“家庭暴力防治法”方面女“立法委员”们却能破除党派的藩篱，达成共识。总之，“家庭暴力防治法”的“立法”游说过程还是比较顺利的。

4. “立法院”审查阶段

尽管反“家庭暴力防治法”草案带有比较多的法律移植的痕迹，但是，在当时岛内的社会大环境下，可以说天时地利人和，因此，草案进入“立法院”后，遇到的阻碍比较少。最终于 1998 年 5 月 28 日审议通过了“家庭暴力防治法”。

（三）修订过程

非常有意思的是，“家庭暴力防治法”施行不到两年，民间团体就于 2001 年初成立“家庭暴力防治法修法联盟”，共同开展修法行动；嗣后“内政部”也开展修法工作。据说，在推动“家庭暴力防治法”草案通过的过程中，现代妇女基金会的有关人员和参与起草的人员就已经有了先通过“立法”，再经由修订完善法律的考虑。[2] 高凤仙认为，这主要是由于“‘家庭暴力防治法’引进许多外国法规，于‘立法’过程中又曾作许多妥协，在法律规范及执行上均产生不少困境”[3]。台湾“家庭暴力防治法”颁行至今历经 2007 年 3 月、2008 年 1 月、2009 年 4 月 22 日及同年同月 29 日和 2015 年共五次修订。

1. 第一次修订

2007 年 3 月“立法院”第一次大幅度修法，内容主要涉及“家庭暴力防

[1] 彭婉如，台湾新竹人，是台湾地区妇女运动的重要参与者，1995 年任妇女新知基金会董事长，1996 出任民进党妇女发展部主任。彭婉如一向相信妇女运动的推动必须由政治面切入，除积极游说各党“立法委员”之外，还全力推动“妇女参政四分之一保障条款”。于 1996 年 11 月 30 日晚上乘坐出租车后失踪，警方于 12 月 3 日彭婉如的遗体。

[2] 王启梁：《背景与策略：台湾“家庭暴力防治法”立法过程研究》，《社会学评论》，2013 年 12 月第 1 卷第 6 期。

[3] 高凤仙：《家庭暴力法规之理论与实务》，五南图书出版公司 2014 版，第 1 页。

治法”适用范围、防治机关职能定位、民事保护令、刑事程序及预防与处遇等具体情形。

（1）“家庭暴力防治法”适用范围及防治机关定位。①首先厘清“家庭暴力防治法”的主要目的在于防治家庭暴力行为、保护遭受家庭暴力的被害人之人身安全及保障其自由选择安全生活方式与环境之尊严，删掉了旧法中的“维护家庭和谐”（第1条）。②将有“同居关系”者纳入“家庭暴力防治法”适用范围（第3条），明确同性恋关系者可适用“家庭暴力防治法”。③厘清“内政部”家庭暴力防治委员会业务事项及直辖市、县（市）主管机关所设家庭暴力防治委员会之组织定位及功能（第5条及第7条）。④明确规定“中央”主管机关应设置家庭暴力及性侵害防治基金，以此来推动家庭暴力及性侵害防治相关工作（第6条）。⑤明定直辖市、县（市）主管机关所设家庭暴力防治中心应整合办理各相关业务之机关、单位及办理事项（第8条）。

（2）民事保护令方面。①将民事保护令分为通常保护令、暂时保护令及紧急保护令三种（第9条），更符合实务运作需要。并规定申请保护令免收裁判费（第10条），以加强对被害人的保护。②增列法官审理保护令案件的一些程序规定，如隔别讯问，必要时得在法庭外为之，或采取双向视讯方式讯问；被害人可以在审理时申请其亲属或个案辅导社工、心理师陪同被害人在场，并有陈述权（第13条）。③在核发通常保护令时，增列禁止相对人查阅被害人及受其暂时监护的未成年子女户籍、学籍、所得来源等相关信息。④增加了加害人处遇计划裁定前的鉴定制度（第14条）。⑤要求各地设置家庭暴力事件服务处所，法院应提供场所、必要之软硬件设备及其他相关协助，但离岛法院有碍难之情形者，不在此限（第19条）。⑥明确各种保护令之执行机关（第21条），以厘清事权；并细化具体执行保护令所要求的必需品、相关凭证及未成年子女的一些救济措施或强制执行方法。⑦增列未成年子女的暂时亲权人可持保护令径向户政机关申请未成年子女户籍迁徙登记（第26条）。对于台湾地区的法制而言，民事保护令是舶来品，取自英美法系，1998年制定“家庭暴力防治法”时很多内容难以估计，在“家庭暴力防治法”实施9年后根据实务需要进行适当完善，是非常必要的。

（3）刑事程序方面。①增加了径行拘捕权及适用条件。在被告或犯罪嫌疑人有继续侵害家庭成员生命、身体或自由之危险情况时，检察官、司法警察官或司法警察得径行拘提之要件（第29条及第30条）。②增列具保、责付、限制住居或释放者所附条件之有效期间的规定（第31条）。③所有被害人的讯问与诘问，可得依声请或依职权在法庭进行，或采取适当隔离措施（第36条）。④增加规定了缓起诉处分书的有关规定。

（4）预防及处遇方面。①增列警察应协助家庭暴力防治网络工作人员安全之机制（第49条）。②增列医事人员等执行家暴防治人员知道有疑似家庭暴力的通报责任。③规定“直辖市、县（市）主管机关”有权追查拨打“113专线”之电话号码及地址，并对无正当理由拨打专线，致妨害公务执行经劝阻不听者进行处罚的权力（第51条、第63条）。④增列地方主管机关可为被害人提供紧急生活扶助、身心治疗、咨商与辅导、诉讼、安置、房屋租金、子女教育、生活费用、儿童托育费用、创业贷款等相关补助（第58条）。⑤明确要求各级中小学每学年应有4小时以上之家庭暴力防治课程（第60条），以使中小学生认识家暴，普及防治工作。

2007年的修订，是一次规模比较大的修订活动，通过修订，“家庭暴力防治法”更接地气。

2. 第二次修订

“家庭暴力防治法”开始进入了频繁修订期。第二次于2008年1月进行，主要修订内容有：修正第10条，明确了民事保护令之申请❶、撤销、变更、延长及抗告等程序制度，均免征裁判费，并准用“民事诉讼法”第77条之23第4项规定。此次修订使被害人更容易利用保护令制度保护自己的人身安全。

3. 第三次修订

2009年4月22日第三次修订。重点为“家庭暴力防治法”第50条，规定办理移民业务的工作人员也负有发现家暴后的通报义务。外籍配偶因为婚姻来到台湾，人生地不熟，遭受家暴后缺乏非社会支持系统，没有亲朋好友支援帮助，出于各种身份上或居住权上的考虑，自身又不敢或不愿求助公权力，赋予移民业务部门强制通报的义务，使这类隐藏的家庭暴力更易于被发现，公权力才有机会介入，外籍配偶的人身安全和合法权益才能得到关注。

4. 第四次修订

2009年4月29日第四次修订，主要是修正“家庭暴力防治法”第58条，明确家暴被害人年满二十岁者可申请创业贷款。第58条是2007年3月修法时

---

❶ 台湾一般使用“声请”，而大陆使用“申请”，照顾到读者的阅读方便，本书在涉及“声请”时一律使用“申请”来表述，除非引用法律原文，特此说明。

的新增条文，当时规定的申请创业贷款条件比较严苛，要求必需是依民事保护令取得未成年子女之权利义务行使或有具体事实证明独自扶养子女的家暴被害人，才能申请创业贷款。这次的修订放宽申请创业贷款的条件，不再有其他条件的限制。这样可以帮助更多家暴被害人早日获得经济独立。

5. 第五次修订

2015年2月4日“立法院”对“家庭暴力防治法”进行了第五次修订，涉及的条文也比较多。修正公布第2、4～6、8、11、14～17、19、20、31、32、34、36～38、42、48～50、58～60条条文；并增订第30条之1、34条之1、36条之1、36条之2、50条之1、58条之1、61条之1、63条之1条文。

主要修改的内容包括：

（1）在家庭暴力定义上增加经济暴力的内容。修正为：家庭暴力是指家庭成员间实施身体、精神或经济上之骚扰、控制、胁迫或其他不法侵害之行为。

（2）进一步明确各机关权责。

（3）家暴防治中心的权力配置更合理。

（4）进一步完善保护令的内容。

（5）明确了“家庭暴力防治法”有关保护令的裁定程序与“家事事件法”有关规定的关系，“家庭暴力防治法”有关保护令程序为特别法，优先适用，“家庭暴力防治法”没有规定的，适用“家事事件法”。

（6）增加预防性羁押条款（第30－1条），经询问后，法官对有违反保护令或家庭暴力犯罪嫌疑重大且有反复实施犯罪可能的，可以羁押该加害人。增加无羁押必要条款及警察机关和家防中心的通知义务，涉家暴罪或违反保护令罪的被告被认为无羁押必要的或被撤销、停滞羁押的，法院或检察院应即时通知被害人所在地的警察机关及家防中心，后者要立即通知被害人或其家庭成员。

（7）增加陪同条款（第36－1、36－2条）被害人在侦查中受讯问时，得自行指定其亲属、医师、心理师、辅导人员或社工陪同在场，陪同人有陈述意见的权利。检察官在讯问前应告知被害人有选择陪同人员的权利。

（8）增加媒体宣传报道上的限制及法律后果（第50－1、61－1条），不得报道或记载被害人及其未成年子女的姓名或其他足以识别其身份的信息。

（9）增加预备性就业或支持性就业条款（第58－1条）。

（10）增加亲密关系准用家庭成员之间的家庭暴力，即俗称的恐怖情人条款（第63－1条）。

三、台湾地区“家庭暴力防治法”的主要内容

（一）界定了“家庭暴力”

1. 家庭暴力的具体表现形式

根据“家庭暴力防治法”第 2 条的规定，家庭暴力是指家庭成员间实施身体、精神或经济上之骚扰、控制、胁迫或其他不法侵害之行为。据此，可以认为台湾地区“家庭暴力防治法”所认为的家庭暴力有身体暴力、精神暴力和经济暴力三种形态。下面根据台湾地区的有关法律法规，就这三种暴力的具体表现形式做简单介绍。

（1）关于“骚扰、控制、胁迫”。“家庭暴力防治法”第 2 条对骚扰和跟踪的涵义进行了界定，骚扰是指任何打扰、警告、嘲弄或辱骂他人的言语、动作或制造是人心生畏怖情境的行为；跟踪是指任何以人员、车辆、工具、设备、电子通讯或其他方法持续性监视、跟踪或掌控他人行踪及活动的行为。但是何为控制，“家庭暴力防治法”没有明确指明。

（2）关于经济暴力。对于什么是“经济上的骚扰、控制、胁迫或其他不法侵害行为”，“家庭暴力防治法”没有明确，但是“家庭暴力防治法实施细则”规定：经济上之骚扰、控制、胁迫或其他不法侵害之行为，包括下列足以使被害人畏惧或痛苦之举动或行为：一、过度控制家庭财务、拒绝或阻碍被害人工作等方式。二、透过强迫借贷、强迫担任保证人或强迫被害人就现金、有价证券与其他动产及不动产为交付、所有权移转、设定负担及限制使用收益等方式。三、其他经济上之骚扰、控制、胁迫或其他不法侵害之行为。

（3）关于身体上和精神上的不法侵害。警察机关防治家庭暴力工作手册（“内政部警政署”1999 发布）对身体上不法侵害及精神上不法侵害分别定义如下。

①身体上不法侵害：如虐待、遗弃、押卖、强迫、引诱从事不正当之职业或行为、滥用亲权行为、利用或对儿童、少年犯罪、杀人、重伤害、伤害、妨害自由、性侵害、违反性自主权等。行为态样包括：鞭、殴、捶、踢、推、拉、甩、扯、掴、抓、咬、敲、捏、扭肢体、揪发、扼喉，或使用器械攻击被害人。

②精神上不法侵害：如恐吓、胁迫、侮辱、骚扰、毁损器物、精神虐待等。行为态样包括：a. 言词虐待：以言词、语调施以胁迫、恐吓，企图控制被害人。如谩骂、吼叫、侮辱、嘲弄、讽刺被害人、恫吓、威胁杀害被害人或子女，扬言使用暴力等。b. 心理虐待：窃听、跟踪、监视、冷漠、鄙视、羞辱、不实指控、试图操纵被害人等足以引起人精神痛苦之不当行为。c. 性虐待：强迫性行为或逼迫观看色情影片或图片等。

尽管法律文件试图描述家庭暴力的表现形式，但是，由于文字表述有其局限性，不可能穷尽家庭暴力的所有表现，比如对控制的理解，跟踪和骚扰其实也是一种控制。所以对家庭暴力的界定，还应结合实际案例在实践中不断发展。

2. 家庭暴力防治法中的家庭成员的范围

“家庭暴力防治法”第 3 条规定，家庭成员包括下列各员及其未成年子女：配偶或前配偶；现有或曾有同居关系、家长家属或家属间关系者；[1] 现为或曾为直系血亲或直系姻亲；现为或曾为四亲等以内之旁系血亲或旁系姻亲。可以看出，台湾“家庭暴力防治法”所规定的家庭成员的范围并不限于现实生活中的家庭，也并不完全以婚姻作为家庭组建的纽带。

在台湾，“家庭暴力防治法”的适用对象有一个逐步扩大的过程。1998 年通过的“家庭暴力防治法”，其适用对象仅局限于异性恋关系，强调以婚姻为基础，同性恋被排除在保护令范畴之外，当时“家庭暴力防治法”第 3 条第 2 项规定为“现有或曾有事实上之夫妻关系、家长家属或家属间关系者”。2007 年“家庭暴力防治法”修订时将没有婚姻的同居关系或同志伴侣关系纳入保护令，将“现有或曾有事实上之夫妻关系”改为“现有或曾有同居关系”，但是对于伴侣关系的解释仍是以有“共同居住”的事实为原则。2015 年“家庭暴力防治法”修订时将未同居亲密关系暴力纳入其中，第 63－1 条第 1 款规定被害人年满十六岁，遭受现有或曾有亲密关系之未同居伴侣施以身体或精神上不法侵害之情事者，准用“家庭暴力防治法”的有关规定，并进一步在第 2

---

[1] 台湾地区“民法”第一千一百二十二条：称家者，谓以永久共同生活为目的而同居之亲属团体。第一千一百二十三条：家置家长。同家之人，除家长外，均为家属。虽非亲属而以永久共同生活为目的同居一家者，视为家属。第一千一百二十四条：家长由亲属团体中推定之。无推定时，以家中之最尊辈者为之。尊辈同者以年长者为之。最尊或最长者不能或不愿管理家务时，由其指定家属一人代理之。因此，台湾司法实务上认为，民法上家长与家属关系之发生，系“以永久共同生活为目的而同居一家”为基础，亦即在主观上必须具有永久共同生活之目的，而在客观上有同居一家之事实者。转引自月旦知识库司法案例：家属——“最高法院”106 年度台上字第 1740 号判决。

款规定，前项所称亲密关系伴侣，指双方以情感或性行为为基础，发展亲密之社会互动关系。“家庭暴力防治法”的这些修订，实际上确认了同性亲密关系中的暴力也适用“家庭暴力防治法”，而不以是否同居为判断标准。[1] 因此，要注意，台湾地区“家庭暴力防治法”中的家庭成员和“家庭暴力防治法”的适用对象是两个范畴，“家庭暴力防治法”适用于家庭成员但不限于家庭成员。

另外，需要注意的是，在认定是否构成家庭暴力时，“家庭暴力防治法”并不要求施暴方与受害人一定共同生活在一起，双方只要符合法律规定的家庭成员身份或亲密关系伴侣，并发生法律规定的暴力情形的，就可以认为构成家庭暴力。

（二）公权力在家庭暴力防治工作中的分工合作

将公权力引入家庭暴力防治领域，就需要“家庭暴力防治法”对公权力的参与提供充分的组织保障。台湾地区“家庭暴力防治法”用5条共1692个字占全部“家庭暴力防治法”14%的篇幅来对公权力机关的设置和职责分配进行了规定。

1. 主管机关

在台湾地区，家庭暴力防治的最高行政主管机关为“卫生福利部”[2]；在直辖市为直辖市政府；在县（市）为县（市）政府。“家庭暴力防治法”第5条明确规定了“中央”主管机关应办理的事项，规定其重在提供家暴防治所需的政策支持和数据信息统计整理等，并明确要求“卫生福利部”在履行相

---

[1] 1986年一名叫祁家威的男同性恋者向台北地方法院请求与另一名男性公证结婚，遭到拒绝，之后的三十多年，祁家威通过各种手段试图争取同性权益。2000年9月，祁家威上诉至台湾“司法院”，第一次申请同性婚姻“释宪”遭到拒绝。在2011至2017年间，台湾民间同性恋平权运动愈演愈烈。2015年5月20日，高雄市政府接受同性伴侣登记，成为首个开放同性婚姻登记的行政部门。2015年8月20日，祁家威再次向“司法院”申请“释宪”。2017年2月20日，台湾“司法院大法官”宣布正式受理祁家威“同性二人婚姻自由案”，同年5月24日，台湾“司法院”公布同性婚姻“释宪案”判决，宣告台湾现行“民法”中“禁止同性别二人结合”的条例违背台湾“宪法”中关于保障婚姻自由与平等权的内容，并称“立法院”将在两年内完成对《民法》的修正和制定，如果未在规定时间内完成，同性婚姻将自动生效。2019年2月20日，“行政院”院版专法草案面世，其名称为《司法院释字第748号解释施行法》，其中规定岛内年满18岁的同性伴侣可成立同性婚姻，同性婚姻准用“民法总则编、债编及民法以外其他法规关于配偶、夫妻、结婚或婚姻，及配偶或夫妻关系所生的规定。2019年5月17日，台湾地区“立法院”审议通过该专法草案，并于2019年5月25日正式生效。

[2] 原为“内政部”，台湾“行政院”改组后，从2013年7月23日改为“卫生福利部“，原“内政部家暴防治委员会”的工作由“卫生福利部保护服务司“来承担。

关职责时应“遴聘（派）学者专家、民间团体及相关机关代表提供咨询，其中学者专家、民间团体代表之人数，不得少于总数二分之一；且任一性别人数不得少于总数三分之一”，该项规定为民间团体充分参与家暴防治决策提供了法律上保障。另外，为确保“地方”政府能切实办理家暴防治事项，“家庭暴力防治法”第7条要求“直辖市、县（市）”主管机关应在其内部设立专门机构——家庭暴力防治委员会，来协助“地方”主管机关在家暴防治方面的工作。

2. 基层职能部门

“家庭暴力防治法”对直辖市、县（市）主管机关所属警政、教育、卫生、社政、民政、户政、劳动、传媒等机关应具体承担的家庭暴力防治职责予以明确规定，并要求直辖市、县（市）主管机关应整合前属机关设立家庭暴力防治中心（以下简称家防中心），承担具体事务工作，如提供24小时电话专线服务，提供各种转介服务及危险评估工作等。

这里特别介绍一下处于家暴防治工作一线的家暴防治中心（简称家防中心）[1]。在台北市、新北市、台中市、台南市、高雄市五个直辖市和桃园县等六个家暴防治中心为独立设置，行政层级为社会局的二级机关，均设有主任层级，其余层级则依地方政府规模而有不同的职级。另16县市家防中心为任务编组，所属层级多为隶属社会局（处）下之科（课），仅有连江县隶属于民政局社会课，苗栗县隶属于劳动与社会资源处社会工作科。隶属于社会局（处）者，多数归属为社会工作科，其他则为妇女儿少福利科、社工及妇幼科（或社工妇幼科）、妇幼福利科及社会福利科（课）等。（下图为非“六都”家庭

[1] 在台湾地区，家防中心负责基层家暴防治和性侵害防治工作。

暴力防治中心组织架构图）

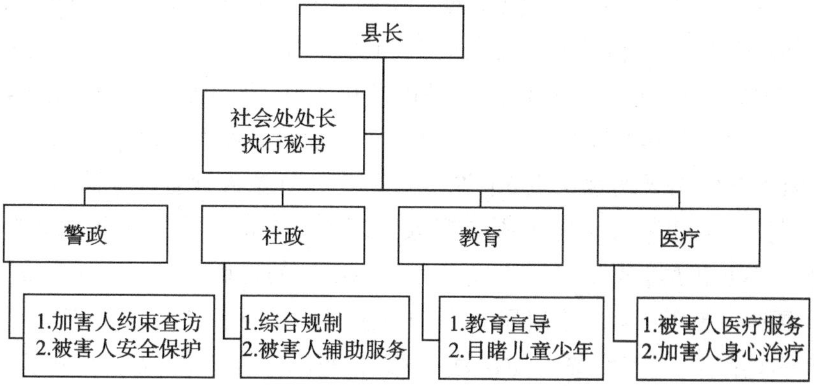

依目前台湾的家暴防治体系运作，警政、医疗、社政均有强制通报家暴义务，若上述单位发现家暴个案，需进行在线通报或传真通报表至地方政府的家庭暴力防治中心，家防中心将视案件类别与行政区域进行派案，并委请社工机构提供受害人相关服务与协助。可以看出，台湾地区形成了以家暴防治中心为核心的多机构合作。

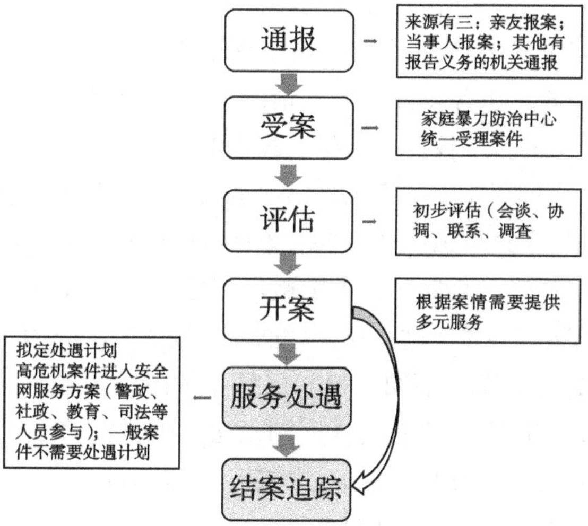

（三）民事保护令制度

民事保护令制度并非台湾地区土生土长的制度，系藉由台湾“家庭暴力防治法”而移植到台湾的。国际上，民事保护令被联合国妇女地位委员会视为防止家庭暴力的最有效的方法之一，在很多国家和地区得到立法上的承认，我国大陆地区在2016年的《反家庭暴力法》中规定了人身安全保护令制度。采用民事保护令制度一般是在家庭暴力尚未发生或有继续发生的可能时由法院根据具体情形命令被申请人在特定时间内为或不为特定行为，以预防危害发生。台湾地区“家庭暴力防治法”是以美国1994年的模范家庭暴力法为蓝本，并参照美国各州及新西兰、澳大利亚、英国等国家的家庭暴力法及学说制定的，具有非常明显的拿来主义倾向。实际上，立法倡导者在立法时已经预测到民事保护令可能会有水土不服的现象，因此，台湾“家庭暴力防治法”颁行以来，民间团体即成立“‘家庭暴力防治法’修法联盟”，致力于修法，其中一项重要的修订内容就是对民事保护令进行本土化，使其更具有可操作性。从法律条文上看，“家庭暴力防治法”第二章用20条专门规定了民事保护令制度，再加上第六章第61条违反保护令罪的有关规定，台湾地区“家庭暴力防治法”用大约三分之一的条款来规定民事保护令制度。目前看，“在保护令制度之规范上可以说内容相对充实，并符合最新法律思潮”[1]。

1. 民事保护令的种类

现行台湾“家庭暴力防治法”规定了三类民事保护令：通常保护令、暂时保护令和紧急保护令。三者的区别主要在于：

（1）保护令核发的时间点不同。通常保护令是在法院审理程序终结后核发，即法院经过审理，在有充分证据的情况下，认为有家暴发生的可能性时为保护被害人及相关人的合法权益，才核发民事保护令；而暂时保护令和紧急保护令，法院可以不经审理程序或在审理终结前就核发，主要是为应对一些突发或紧急情况。当然，法官在这种情况还是要考虑证据的问题，并非没有法律限制。

（2）救济范围不同。通常保护令的救济范围较广，暂时保护令和紧急保护令的救济范围比较狭窄，关于这一点，后面会比较详细的介绍，这里不再赘述。

（3）保护令的有效期间不同。通常保护令的时间比较长，“家庭暴力防治法”规定一般为2年以下，当然具体时间由法官根据案情需要来决定；暂时保护令、紧急保护令自核发时起生效，于申请人撤回通常保护令之申请、法院审理终结核发通常保护令或驳回申请时失其效力，可见，暂时及紧急保护令主要是在紧急情况下为保护家暴受害人才申请的一种保护令，具有过渡性和临时性。

（4）申请保护令的方式不同。紧急保护令可以书面或口头申请，且可以在下班时间申请，而通常保护令和暂时保护令只能以书面申请，且只能在上班

[1] 高凤仙：《家庭暴力法规之理论与实务》，五南图书出版公司2014版，第65页。

时间申请。

（5）申请保护人的主体不同。紧急保护令只能由检察官、警察或地方主管机关申请，而通常保护令和暂时保护令除了上述主体，被害人也可以申请。

（6）核发保护令的条件有所不同。紧急保护令的核发需要申请人到庭或以电话向法院作证，证明有家庭暴力发生，通常保护令和暂时保护令则无需这些特别要求。

（7）核发保护令的时间和方式有所不同。紧急保护令在法院受到申请后的4个小时内发出，法官可以以电信传真及其他科技设备传送到警察机关，而通常保护令和暂时保护令则无此限制和要求。

2. 民事保护令的内容

民事保护令的内容是指法院依法可以核发的保护令的内容，即禁止被申请人为或者不为哪些行为。前面提到，通常保护令的内容较广泛，从法律规定看，共有13种之多；而暂时及紧急保护令的内容较狭窄，共有8种。实际上，暂时及紧急保护令的这8种被通常保护令的内容所包含。

三种保护令都可以规定的内容：

保护令种类	法院核发原则
禁止施暴令	一般不会考虑家庭暴力情节是否严重的问题，只要认为加害人曾实施家庭暴力且有继续实施的可能性时，就可以核发。
禁止接触令	法院会视家庭暴力情节轻重，核发不同内容的禁止接触令，接触包括骚扰、接触、跟踪、通话、通信、其他非必要的联络行为；如果被害人与加害人同居一个居所，核发禁止接触令往往会核发迁出令。
迁出令	核发迁出令，不论房屋所有权属于何人，均可核发迁出令；核发迁出令应以家庭暴力情节较为严重，需要隔离加害人和被害人为要件。
远离令	核发远离令应以家庭暴力情节较为严重或加害人与被害人有必要隔离为前提，但不以被害人与加害人共同居住于一个处所为要件；若被害人与加害人未居住于同一处所，法院可以核发远离令，不能核发迁出令；若二者同居同一处罚，则核发远离令的同时也要核发迁出令；一般是要求加害人远离下述一种或数种场所一定距离：被害人居所、被害人学校、被害人工作场所、其他被害人或其家庭成员经常出入的特定场所。
物品使用权令	不管物品的所有权属于何人，法院均得合法物品使用权令，使被害人得到该物品的排他使用权；仅限于一下物品：汽车、机车、汽机车以外的个人生活必需品、汽机车以外的个人职业必需品、汽机车以外的个人教育必需品。

续表

保护令种类	法院核发原则
暂时监护权令	不以离婚后或分居6个月以上为前提条件；应推定由加害人监护不符合子女最佳利益原则。
禁止查阅咨询令	禁止加害人查阅被害人及其临时监护的未成年子女的资讯：户籍、学籍、所得来源。
其他必要命令	此为兜底条款，法官在必要时为保护被害人及其特定家庭成员的安全，可以利用这个授权条款核发所需保护令。

这里需要特别注意的是，根据“家庭暴力防治法”的规定，在禁止接触令里，骚扰和跟踪是并列的两种禁止接触的行为。“家庭暴力防治法”对骚扰采取广泛定义，具体包括下列语言或动作：打扰、警告、嘲弄、辱骂、制造使人心生畏怖的情境（“家庭暴力防治法”第2条第1项第3款），跟踪是指任何以人员、车辆、工具、设备或其他方法持续性监视、追踪之行为（“家庭暴力防治法”第2条第1项第4款），实务中骚扰与跟踪还是比较难以区分的。高凤仙认为，既然“立法”将跟踪由骚扰中分离出来，可见修法的目的在于扩大而非限缩禁止接触令之法律适用范围，因此法官应从宽解释跟踪的定义，让被害人得到更多保护。❶ 另外，禁止接触令适用于禁止加害人接触被害人，但若加害人通过各种骚扰手段骚扰被害人的家人或特定关系人，也对被害人形成一定的困扰和威胁，对此，由于法律的限制，就不能适用禁止接触令。实务中，南投地方法院曾利用“家庭暴力防治法”规定的“其他必要命令”，禁止加害人骚扰被害人的父母，可见，其他必要命令作为兜底的保护令，可以发挥很大的保护作用。

通常保护令特有的内容：

保护令种类	法院核发原则
暂时探视权令	法院核发暂时探视权令时，可以规定加害人对于未成年子女探视的时间、地点及方式，必要时可以禁止相对人探视子女；不得限制或禁止被害人的探视权；应审酌探视对子女及被害人的安全的影响；探视应在法律规定的安全场所会面或交付子女并收取费用。

❶ 高凤仙：《家庭暴力法规之理论与实务》，五南图书出版公司2014版，第71页。

续表

保护令种类	法院核发原则
租金或扶养费令	法院核定租金令时应审酌双方当事人的经济能力、被害人及其子女的需要等情况；可以是全部租金也可以是部分租金；核定扶养令，法院应注意被害人及其未成年子女是否属于不能维持生活而无谋生能力❶、加害人有扶养能力❷、扶养费的数额能满足被害人及其未成年子女的需要又要适应加害人的经济能力及身份。❸
损害赔偿令	前提是被害人及其特定家庭成员的损害是由于加害人的家庭暴力导致的；赔偿的范围限于：医疗、辅导、庇护所或财物损害等费用。
加害人处遇计划令	适用于加害人需要戒酒、戒毒、精神治疗、心理辅导等治疗的；目前法院核发加害人处遇计划令的并不多见，其成效不明显；法律规定法院核发加害人处遇计划令前需要经过专门的鉴定程序，以确认加害人地区需要治疗。
律师费令	法院应考虑到诉讼标的金额或价值及案件的繁简程度并参酌当事人委托律师所实际支出的费用，及“财政部”订正的执行业务的收费及费用标准等综合来认定。❶

这里需要特别说明几点：

（1）为落实探视权令所需要的对探视处所及监督探视的规定，台湾设置有未成年人子女会面交往处所（主管机关设置或委托其他机构或团体办理），这些会面交往处所应配置受过家庭暴力安全及防制训练的人员。“内政部”于1999年发布“办理家庭暴力事件未成年子女会面交往与交付处所设置办法

❶ 根据台湾地区“民法典”的规定，法院核发扶养令时，原则上被害人及未成年人需要具备不能维持生活和无谋生能力两个条件；但是，由于配偶间有互负扶养的义务和受扶养的权利，该权利义务的顺序与直系血亲尊亲属相同，而根据“民法典”规定，直系血亲尊亲属受扶养的权利，只要受扶养权利者不能维持生活即可，不需要看其有无谋生能力，因此如果被害人是加害人的配偶或直系血亲尊亲属的，只要满足不能维持生活的要件即可。

❷ 关于扶养能力，系指负扶养义务后仍可维持自己之原有相当之生活，如果因负担扶养义务而不能维持自己生活者，免除其义务，但受扶养权利者为直系血亲尊亲属或配偶时，减轻其义务（台湾“民法典”第1118条）。

❸ “扶养程度上，应按受扶养权利者之需要，与负扶养义务者之经济能力及身分定之”（台湾“民法典”第1119条）

❶ 在台湾地区，律师费用原则上不属于诉讼费用，法院不能命令败诉当事人负担胜诉当事人的律师费，当然也有例外情形：当事人确有不能自为诉讼行为，须委托他人代理的，其所支出的律师费用，可以认为是诉讼费用，于必要限度令败诉之人赔偿。在家暴案件中，加害人通常掌管家庭财物，被害人通常无力承担律师费用，为此，“家庭暴力防治法”第14条第1项第11款规定了律师费令，为被害人维权提供特别保护。

(范例)”及“办理家庭暴力事件未成年子女会面交往与交付处理程序（范例)”指导各地公布自己的相关规定。

（2）法院核发扶养费令，目的是使被害人及其子女生活不陷入匮乏，在核发时应注意到台湾“民法典”关于扶养义务成立的法定条件及扶养程度的有关规定。

（3）损害赔偿令在性质上属于损害赔偿性质，家暴案件审理过程中，如果发生这些费用，申请人可以请求法院核发损害赔偿令。

（4）加害人处遇计划令也是移植自外国法制，该保护令的实现，需要其他配套措施，目前看需要不断完善。很多家暴的发生跟加害人酗酒、吸毒后不能控制自己的行为有关，但是，单纯的戒酒、戒毒并不能完全防止家庭暴力的发生，精神治疗和心理辅导所起到的作用不容忽视。“家庭暴力防治法”第2条第1项第5款规定“加害人处遇计划：指对于加害人实施之任职教育辅导、心理辅导、精神治疗、戒瘾治疗或其他辅导、治疗”，“家庭暴力防治法”第54条要求主管机关应完善家暴加害人处遇计划规范，为此，1999年6月台湾“卫生署”发布了“家庭暴力加害人处遇计划规范”，并于2008年修正过一次。民间团体可以作为执行机构参与到处遇计划里。但是，整个规范条文仅仅只有19条，内容比较简单笼统，而且岛内对于处遇计划的实施还是比较陌生，效果并不理想。可以说，加害人处遇计划令在台湾还是面临水土不服的困境。后面会详细介绍加害人处遇计划，这里不赘述。

3. 民事保护令案件的管辖法院

台湾“民事诉讼法”规定了民事案件的管辖法院，遵循原告就被告的原则，以被告住所地来确认管辖法院，若被告住所地法院不能行使职权的，由被告居所地法院管辖，当然，若诉讼的原因事实发生在被告居所地的，应由被告居所地法院管辖。[1]“家庭暴力防治法”为便于家暴被害人申请民事保护令，扩大了法院的管辖范围，“家庭暴力防治法”第11条规定“保护令之声请，由被害人之住居所地、相对人之住居所地或家庭暴力发生地之法院管辖”。这样的灵活规定，更加有利于被害人迅速获得民事保护令，从而尽快保护被害人及其特定家庭成员的安全和合法权益。值得注意的是，根据“家庭暴力防治法”第12条第3项的规定，法院为确定管辖权，可以调查被害人的住居所，

---

[1] 在台湾地区，住所和居所的认定，以当事人是否有“久住”的意思为标准，有“久住”意思的，该居住地为“住所”，无“久住”意思的，该居住地为“居所”。

但是，若申请人或被害人要求对被害人的住居所保密的，法院应以秘密方式讯问，并将该笔录和相关资料密封，禁止阅览，这主要是避免加害人获知被害人的居所地址而对其实施不利行为。另外，根据2012年“司法院”修正的《法院办理家庭暴力案件应行注意事项》的规定，民事保护令案件，由少年及家事法院处理，未设立少年及家事法院的地区，由地方法院内设的家事法庭处理。

4. 民事保护令的申请

民事保护令的申请人，根据要申请的民事保护令的类型而有所不同：被害人可以申请通常保护令和暂时保护令；检察官、警察机关及直辖市、县（市）家暴防治主管机关可以申请任何种类的保护令。被害人若为未成年人或身心障碍者，或有因故难以委托代理人的情形的，被害人的法定代理人、三等亲以内的血亲或姻亲，可以为申请人，但不得为被害人申请紧急保护令。被害人可以委托代理人代为申请，根据“法院办理家庭暴力案件应行注意事项”第14条的规定，申请民事保护令，申请人委托代理人的，申请人可以不亲自出庭，由其代理人代为出庭即可，但是，若申请人为被告人，而法院认为必要的，可以命令其本人亲自出庭。

关于保护令的申请时间，前面已经提及，不再赘述。这里需要补充的是，关于紧急保护令的申请，台湾“家庭暴力防治法”规定，法院对于紧急保护令申请，提供24小时的服务，不论日间、夜间、上班日或休息日，都有值班人员随时受理。关于申请方式，前面也有提及，需补充的是，在申请保护令时，为保护被害人及其子女的安全，“家庭暴力防治法”要求申请可以不记载申请人或被害人的住居所，仅记载其送达处所。关于申请费用，依现行“家庭暴力防治法”第10条第3项规定“保护令之声请、撤销、变更、延长及抗告，均免征裁判费，并准用‘民事诉讼法’第77条之23第4项规定”，因此，不仅上述裁判费和抗告费全免，而且申请人也不必缴纳送达费及法官、书记员、送达员等在法院外因为诉讼行为产生的一切食、住、行等费用。可以看出，“家庭暴力防治法”的上述规定，都是非常有利于被害人的安排，从细节上免除被害人的种种顾虑。这一点值得我们借鉴。

5. 民事保护令的核发

民事保护令的核发，是非常关键的一个环节，这里笔者将用比较多的文字来详细介绍法院在核发保护令时需要考虑的种种法律规定及实践中的一些值得我们借鉴的做法。值得一提的是，为规范各地法院核发保护令，“司法院”2012年修订了之前颁发的“法院办理家庭暴力案件应行注意事项”。

（1）保护令的核发条件。首先是形式要件审查。法院在收到保护令申请后，首先进行形式审查，具体包括：法院是否有管辖权、申请人是否有申请权、代理人是否有代理权及代理权是否有欠缺、申请是否符合申请程序等。经过形式审查，若发现有不合法情形的，需要补正的，可以要求申请人限期补正，逾期不补正的，裁定驳回申请；若不能补正的，则可以径行裁定驳回申请。

其次是实质要件审查。由于保护令的类型不同，对实质要件的审查也有所不同。通常保护令，需要具备两个要件：有家暴事实的存在；有核发通常保护令的必要。前者需要有证据支持家暴事实，后者法官会综合考虑到是否有继续家暴的可能性。暂时保护令的核发要件也有二：有保护被害人的必要；通常保护令审理尚未终结。暂时保护令主要是在通常保护令审理期间，被害人面临继续家暴的可能性时，法官可以在审理尚未终结时考虑到保护被害人的必要性而核发的暂时保护令。紧急保护令的核发要件有二：特定申请人到庭或电话陈述存在家暴事实；被害人有受到家暴危险的急迫性。

（2）审理程序。在三种民事保护令中，只有通常保护令是必需经过审理程序的，民事保护令案件适用非诉案件审理程序，“家庭暴力防治法”另外规定了特别的审理程序，在审理民事保护令案件时需优先遵循“家庭暴力防治法”的程序要求，“家庭暴力防治法”没有规定的，再适用非诉案件审理程序。

①限期审理。法院受理保护令的申请后，应立即进行审理程序，不得以当事人之间有其他案件侦查或诉讼为由，延缓核发保护令。通常保护令，要受到法律关于非诉案件的审理期限的限制。

②不公开审理。公开审理是司法审判的基本原则，但是考虑到家庭暴力涉及到当事人的家事隐私且为了保护当事人的安全，故不公开审理此类案件。不过，“家庭暴力防治法”规定被害人在审理时，可以申请其亲属或个案辅导社工人员、心理师陪同被害人在场，并得陈述意见。这主要是考虑到部分家暴受害人因为家庭暴力而遭受到精神上的伤害，需要有辅助人员帮助安抚其情绪，避免因为讯问而受到二次伤害。

③原则上禁止家暴案件的调解和和解。“家庭暴力防治法”规定涉及家庭暴力案件不得调解和和解，这主要是考虑到民事上的和解和调解一般是基于双

方当事人之间是处于平等的地位，因此可以出于自己的自由意志互相作出让步从而定分止争，但是，在家暴案件中，被害人与加害人之间的关系往往是不平等的，通常情况下，被害人在意志上长期处于被控制的状态，和解和调解时往往无法有效主张自己的权益。美国学者 Evan Stark 认为，受暴妇女往往处于男性的“高压控管”（coercive control）下，难以逃脱，被害人往往臣服于控管关系中逐步丧失理性思考与独立判断的能力。[1] 但是，也并不是所有的涉及家庭暴力的案件都不得和解或调解。

根据“家庭暴力防治法”第 47 条的规定，有下列情形之一的，可以和解或调解。一是行和解或调解之人曾受家庭暴力防治之训练并以确保被害人安全之方式进行和解或调解；二是准许被害人选定辅助人参与和解或调解；三是其他行和解或调解之人认为能使被害人免受加害人胁迫之程序。有学者认为“家庭暴力防治法”这种调解例外情形的规定，依然表现出公权力对家暴案件调解的一厢情愿，并没有考虑到当事人的调解意愿。[2] 目前台湾地区在各地方法院所推动的家事调解中，如果是法律规定不能调解及较严重之家暴案件，则不适宜进入调解；其他特殊或轻微家暴案件，会视个案情形认定是否进入调解。台湾有学者认为，涉及暴力的家事事件中仍适合以调解方式解决双方当事人的纷争，认为调解具有许多优点，比诉讼方式更可以有效解决人际间的冲突，尤其是对那些遭受配偶暴力攻击的妇女而言，如果其仍愿意维持婚姻关系；认为婚姻暴力并不是很严重；或是相对人并不具有犯罪倾向，甚或对于外界的支持情况感到满意时，将较愿意采取调解的方式解决其与对方之间的问题。[3]

跟大陆比较类似的是，在台湾，有两类调解机制：一类是法院调解；另一类是乡镇市调解。所谓乡镇市调解，是指乡、镇、市、区公所所设置的调解委员会，对民间纷争的民事事件及告诉乃论之罪的刑事事件，劝解当事人互相让步，以合意止息争端作成调解书，并由法院核定后，赋予一定效力的制度。乡镇市调解委员会的调解属于行政机关（乡、镇、市公所）对一般纷争解决途

---

[1] 郑诗颖：《受暴女性为何无法脱逃？——从“家庭暴力”到“高压控管”》，《中华心理卫生学刊》第 28 卷第 4 期，2015 年，第 481—497 页。

[2] 史长青：《台湾家庭暴力之处理机制：从公力救济到乡镇市调解》，《台湾研究集刊》2010 年第 5 期（总第 111 期）。

[3] 黄翠纹：《乡镇市区调解委员会调解成效及其影响因素之研究——以家庭暴力案件调解为例》，《亚洲家庭暴力与性侵害期刊》第 6 卷第 1 期，2010 年，第 211—238 页。

径，但是多年来，乡镇市调解在家庭暴力案件方面的作用较弱，有台湾学者通过深入研究，呼吁对乡镇市调解进行改革，提升其在家庭暴力案件方面的处理能力。[1] 这一观点对完善大陆的家庭暴力解决机制也具有参考意义。大陆的人民调解委员会与台湾地区的乡镇市调解作用类似，如果善加利用和合理改造，也可以在涉家暴案件的处理上发挥巨大作用，缓解法院的办案压力，更便捷解决涉家庭暴力纠纷，有益于修复家庭关系。

④安全出庭。鉴于家暴暴力案件双方当事人的特殊关系及实际生活中的地位的不平等性，为防止被害人出庭时遭受可能的伤害，"家庭暴力防治法"特别要求法院要提供安全的出庭环境与措施给被害人或证人。比如，针对关系危机或极度恐惧的受害者，法院提供视频或单面镜审理空间；规划不同的出入法庭路线和时间；准许社工人员、心理师陪同被害人出庭等案件顺利审理；分别讯问等。

（3）举证责任。关于举证责任，"家庭暴力防治法"的规定少之有少，仅仅针对紧急保护令规定由申请人到庭或电话陈述家暴事实；"家暴防治法施行细则"规定，检察官、警察机关及主管机关在申请紧急保护令时应考虑被害人有无遭受相对人虐待、威胁、伤害或其他身体、精神上的不法侵害的现时危险；依照《法院办理家暴案件应行注意事项》第12条规定，在申请暂时保护令或紧急保护令时，申请人负担的"释明"责任，而非"证明"责任[2]，高凤仙在详细考证了台湾"最高法院"的相关裁定和判决及历史上从广东军政府到北洋政府民事诉讼法的有关规定和台湾现行"民事诉讼法"的规定后认为，"当事人如果负'释明'之责任，必须提出可供即时调查之证据，此种证据只在以使法院得薄弱之心证，使法院信其大概真实即可"。[3] 考虑到暂时保护令和紧急保护令的急迫性和过渡性，的确不宜要求申请人承担过重的举证责任。

通常保护令的举证责任，"家庭暴力防治法"及其施行细则和法院办理家暴案件应行注意事项未置一词，在这种情况下，高凤仙认为应准用非诉事件法及民事诉讼法有关举证责任的规定，即通常保护令的申请人原则上应承担

---

[1] 黄翠纹：《乡镇市区调解委员会调解成效及其影响因素之研究——以家庭暴力案件调解为例》，《亚洲家庭暴力与性侵害期刊》第6卷第1期，2010年，211—238页。

[2] 《法院办理家暴案件应行注意事项》第12条：法院受理暂时保护令或紧急保护令之声请，如声请人能释明有正当、合理之理由足认已发生家庭暴力事件，而被害人有继续受相对人虐待、威吓、伤害或其他身体上、精神上不法侵害之危险，或如不暂时核发保护令将导致无法回复之损害者，得不通知相对人或不经审理程序，径以书面核发暂时保护令或紧急保护令。

[3] 高凤仙：《家庭暴力法规之理论与实务》，五南图书出版公司2014版，第119—120页。

“谁主张，谁举证”的证明责任，且证明标准上应达到优势证据的证明程度为宜。[1]

（4）民事保护令核发时间。“家庭暴力防治法”规定，以民事保护令裁定方式作出，自核发时即生效——注意是在核发时生效而非送达时生效。因此，法院核发后要迅速送达给当事人、被害人及有关机关。通常保护令和暂时保护令应在核发后的24小时内送达给当事人、被害人、警察机关及直辖市、县（市）主管机关，紧急保护令应在受理后的4小时内书面核发，并以电话传真或其他科技设备传送暂时保护令到警察机关。直辖市、县（市）主管机关收到保护令裁定书后，应负责将保护令登录进电子资料库，随时供法院、警察机关及其他政府机关查阅。

6. 民事保护令的有效期

前面提到，保护令自核发时生效，即使核发后没有送达，保护令也是处于生效状态的。根据“家庭暴力防治法”的规定，通常保护令有效期为二年以下，自核发时起生效。也就是说通常保护令具体的有效期是由法官决定的，法官根据具体个案的不同情形和必要确定具体的保护令有效期，只要不超过两年即可。2015年“家庭暴力防治法”修改前，通常保护令的有效期是一年以下，2015年修法后改为两年以下，可见，立法试图通过保护令有效期的延长来为被害人提供更长时间的安全保护。

而对于暂时保护令、紧急保护令，“家庭暴力防治法”没有规定特别明确的有效期，虽也是自核发时起生效，但是其失效时间是不确定的，依赖于以下事件的发生：申请人撤回通常保护令之申请、法院审理终结核发通常保护令或驳回申请。[2] 这也体现出暂时保护令和紧急保护令的过渡性。

通常保护令是可以延长的，在通常保护令失效前，应当事人或被害人、检察官、警察机关或“直辖市、县（市）主管机关”申请可以延长，每次延长期间为二年以下。不过，“家庭暴力防治法”没有明确规定延长保护令是否需

[1] 高凤仙：《家庭暴力法规之理论与实务》，五南图书出版公司2014版，第123页。

[2] 这里需要说明的是，依据台湾的“家庭暴力防治法”规定，在申请人申请通常保护令前申请暂时保护令或紧急保护令的，经法院准许核发的，视为申请人已经提出了通常保护令，法院在发出紧急保护令或暂时保护令后即通知双方当事人进行审理，经过审理，法院会作出核发通常保护令或驳回通常保护令的裁定；申请人提出通常保护令后，审理程序开始，由于情况需要，又提出紧急保护令或暂时保护令的，法院核发后，通常保护令的审理继续，审理程序终结后，法院会作出核发通常保护令或驳回申请的裁定。

要经过审理。从逻辑上说，保护令延期会影响到加害人的利益，所以法官在作出延期前应当经过审理程序。暂时保护令和紧急保护令因其具有过渡性和临时性，其失效时间是根据法院核发通常保护令或驳回申请等情形的出现而失效的，因此，暂时保护令和紧急保护令是不能申请延长的。

7. 民事保护令的变更、撤销、撤回和抗告

民事保护令发出后即行生效，可能会出现各种新的情况，为更好地保护当事人的合法权益，有必要在法律上设置各种程序予以补救。

（1）保护令的变更和撤销。根据“家庭暴力防治法”的规定，通常保护令的变更和撤销，法院必须依照当事人或被害人的申请而为，法院自己是不能依职权自行撤销或变更通常保护令的；但是对于暂时保护令和紧急保护令，法院则既可以依当事人或被害人的申请，也可以依职权撤销或变更。但无论何种保护令，法院变更或撤销前须是有效存在的，若法院在变更或撤销前该保护令已失效或期限届满，则法院无必要再行撤销或变更。法律并没有明确规定，法院变更或撤销保护令须通过审理程序完成。逻辑上讲，既然核发通常保护令是经过审理程序的，那么其变更或撤销也应经过审理程序；而暂时或紧急保护令可以不经审理程序核发，故也可不经审理程序变更或撤销。

（2）保护令的撤回。民事保护令的撤回准用台湾“民事诉讼法”的有关规定，申请人在保护令裁定作出前可以申请撤回保护令，可以是全部撤回也可以是部分撤回。实务中，申请人提出撤回申请后即发生效力，法院并不对申请进行审查并作出准予或驳回的决定。

（3）抗告。当事人认为法院准予核发的保护令和驳回申请的裁定有不当时，都可以依法提出抗告。当事人可有两次抗告机会，但都只能是向原裁定法院提出。再抗告只能以法院的裁定适用法律有误为由，且需经原法院许可。再抗告的管辖法院为原抗告法院的上级法院。不过，抗告人因裁定所涉及的利益不同而有所不同。法院依照申请人的申请全部或部分准许核发民事保护令或依职权发出保护令，加害人可以提出抗告；法院驳回申请人的全部或部分申请，申请人均可提出抗告。民事保护令并不因提出抗告而停止执行，加害人如果认为需要停止保护令执行的，需在法院就抗告作出裁定前申请停止执行民事保护令，且由法院来决定是否停止执行；抗告法院、原法院或原法院的审判长认为需要停止执行保护令的，也可以在抗告裁定前作出停止执行的决定。

8. 民事保护令的执行程序

2007 年修订前，法院和警察机关同为民事保护令的两个执行机关，法院

依照强制执行法执行，警察机关的执行却缺乏可操作性。这种情形跟当前大陆的《反家庭暴力法》所面临的困难非常类似。大陆《反家庭暴力法》在人身安全保护令的执行上问题很多。台湾地区“家庭暴力防治法”在2007年第一次修订时，特别增加了一节，规定了民事保护令的执行。

（1）执行机关。旧的“家庭暴力防治法”只规定了法院和警察机关作为保护令的执行机关，实践中多有不便，削弱了保护令的作用。2007年修订“家庭暴力防治法”时大幅扩充了民事保护令的执行机关。“家庭暴力防治法”第21条规定了多种机关作为民事保护令的执行机关，各司其职，必要时相互合作。例如，保护令涉及不动产的，由被害人申请法院强制执行且免征执行费；若保护令涉及未成年子女会面交往的，由相对人申请“直辖市、县（市）”主管机关执行；涉及加害人处遇计划的，由“直辖市、县（市）”主管机关执行；涉及禁止查阅相关资讯的，由被害人向各相关机关（如户政事务所、学校、国税局）申请；其他保护令的执行，由警察机关执行。“内政部”曾在1998年“家庭暴力防治法”出台后，制订了“警察机关执行保护令及处理家庭暴力案件办法”。2007年，根据修订后的“家庭暴力防治法”，“内政部”将之修正为“行政机关执行保护令及处理家庭暴力案件办法”并进行全文修订，系统规定了行政机关执行保护令的执行程序。台湾地区根据保护令内容和各行政机关的职权来确定不同的执行机关，这种做法值得借鉴。

大陆《反家庭暴力法》规定，人身安全保护令由法院执行，公安机关和居委会、村委会等协助执行，但是并没有明确法院和公安机关、居委会、村委会在保护令执行上的职能分工，目前也没有下位法对此进行具体规定。实务中，法院在执行保护令时面临许多困难，比如法院审执分离，当事人申请执行保护令时，法院的执行庭并不熟悉案情，往往还需要对是否构成违反保护令进行证据审查，且执行庭并不是24小时办公，这些都造成保护令的执行比较滞后，受害人的合法权益得不到及时保护。司法实务部门认为将保护令的执行权主要赋予法院是反家庭暴力法的“硬伤”，呼吁修改《反家庭暴力法》关于保护令执行主体的规定，以切实保障家暴受害人的人身安全。

（2）执行程序。因为执行机关的多元和民事保护令内容的不同，台湾地区民事保护令的执行程序也各不相同。限于篇幅，这里不一一介绍执行程序，但是会着重介绍台湾的几个有特色的执行程序，以期对完善大陆民事保护令的执行有所借鉴。值得一提的是，台湾地区根据保护令执行机关的不同，分别制定了专门的规范性文件来。

①未成年子女交付保护令的执行。台湾地区“家庭暴力防治法”规定，权利人应该先向警察机关申请执行，由警察机关命令义务人限期交付；义务人逾期未交付的，权利人才能向法院申请强制执行。根据“行政机关执行保护令及处理家庭暴力案件办法”的规定，警察机关执行交付未成年子女时，可审酌权利人及义务人的意见，决定交付时间、地点及方式；执行遇有困难无法完成交付的，警察机关应根据权利人的申请，限期命令义务人交付，逾期未交付的，应发给权利人限期履行未果的证明文件，并告知其向法院申请强制执行。在执行交付未成年子女的保护令方面，先由警察机关执行再在交付未果的情况下由法院强制执行，这种做法值得大陆借鉴。大陆《反家庭暴力法》并没有明确规定人身安全保护令的内容包括交付未成年子女，但涉及子女抚养权、探视权的民事判的执行缺往往比较难，一方“私藏孩子”，拒绝提供探视机会或将未成年子女交付给获得抚养权的另一方，导致判决上胜诉而执行上“败诉”的尴尬局面。因此，我们需要改变思路，不是说法院的判决或裁定就一定要由法院来执行，而是应该根据各个公权力机关的职权特点合理分配执行权。

②未成年子女会面交往保护令的执行。按照“家庭暴力防治法”的规定，这类保护令是由各社政机关提供会面场所，该场所配备有受过家暴防制训练的专门工作人员在场。“内政部”在1999年曾制定“办理家庭暴力事件未成年子女会面交往与交付处理程序（范例）”供各县市政府制定相关行政命令时参考。台湾地区很多地市县都制定有自己的会面交往和交付程序。另外，义务人不依保护令办理未成年子女会面交往时，执行机关或权利人可按照前面提到的未成年子女交付程序请求警察机关执行，执行未果的，可以向法院申请强制执行，同时可向法院申请变更保护令。

③加害人处遇计划保护令的执行。根据台湾地区“家庭暴力加害人处遇计划规范”的规定，执行程序主要包括以下几个方面：a. 组建评估小组，该评估小组成员是由地方主管机关遴选、聘请受过家庭暴力防治相关训练的人员组成；b. 出具处遇计划书面建议书，该建议书是基于法院通知主管机关对某个家庭暴力案件的相对人有无必要接受处遇计划作出的评估建议；c. 安排相应的执行机构提供治疗或辅导；d. 遇有加害人不接受处遇计划、接受时数不足或不遵守处遇计划内容的情形，致使在保护令裁定期限内无法完成处遇计划或加害人有恐吓、施暴等行为的，主管机关接到执行机构的通知后，根据具体

需要通知警察机关或地方法院检察署处理；e. 执行结束后，执行机构填报《家庭暴力加害人完成处遇计划书》，主管机关就执行成果进行综合评估，并定期辅导访查。大陆地区目前尚无专业机构针对特殊家暴加害人的治疗和辅导措施，尽管《反家庭暴力法》第22条规定了工会、共青团、妇联、残联、居委会、村委会必要时对加害人、受害人进行心理辅导，但是该条缺乏操作性，且仅仅只是进行心理辅导是远远不够的。

④异议程序。"家庭暴力防治法"规定，在执行过程中，当事人或者利害关系人对执行保护令的方法、程序违法或不当的，或有其他侵害利益情形的，在执行程序终结前，有权向执行机关声明异议。执行机关认为其理由成立的，应停止执行并撤销或更正已经作出的执行行为；认为其理由不成立的，应在10日内出具意见，并送至原核发保护令的法院，由法院来裁定。对法院裁定不服的，不得上诉。

当然，台湾地区的民事保护令制度尚有许多需要完善的地方。例如：没有明确规定保护令的核发期限导致各类保护令的核发速度偏缓慢；由于"家庭暴力防治法"对于审理程序及举证标准没有明确规定，导致实务中不同法官核发保护令的标准高低不一；执行方面存在的问题也比较多。

（四）"家庭暴力防治法"中的刑事程序

台湾地区的"家庭暴力防治法"是一部实体和程序兼顾的综合性法规，不仅重视对家庭暴力受害人的实体权益的保障和公权力机关介入家庭暴力的权力配置，也重视当事人程序性权利的保障及对公权力介入家庭暴力防治时的程序约束；不仅重视惩治家庭暴力行为，也多管齐下在各个环节采取有效措施预防和制止家庭暴力行为。另外，尽管台湾地区"刑法"规定有杀人罪、重伤罪、伤害罪，并针对特殊亲属关系，规定了杀害直系血亲尊亲罪、伤害直系血亲尊亲罪的加重情节等，但这些罪名都缺乏家庭暴力视角，不足以有效遏制家庭暴力犯罪。因此，1998年"家庭暴力防治法"增设了两类罪名：家庭暴力罪[1]及违反民事保护令罪，并规定了追究或执行该两项罪名或刑罚时需遵循的一些特别刑事程序。下面做简单介绍。

---

[1] 严格讲，家庭暴力罪并非新增加的罪名，"家庭暴力防治法"所谓家庭暴力罪，是指家庭成员间故意实施家庭暴力行为而成立其他法律所规定之犯罪，例如杀人、重伤害、强制性交、恐吓、伤害等，并非"家庭暴力防治法"新规定之犯罪类型，只是为方便称呼及叙述起见才创设此罪名。

1. 径行逮捕和径行拘提

为及时制止家庭暴力犯罪，尽可能化解受害人面临的现实危险或可能的威胁，并保障后续侦查起诉工作的顺利进行，台湾地区“家庭暴力防治法”第29条规定，警察发现家庭暴力罪现行犯时，应径行逮捕，并依照“刑事诉讼法”第92条的规定处理。对于现行犯，台湾地区“刑事诉讼法”的态度是，只要是现行犯，都可径行逮捕，检察官、警察或利害关系人对于公告通缉犯可以径行逮捕。因此，警察发现家庭暴力罪现行犯径行逮捕应该是延续了“刑事诉讼法”的一贯态度。

“家庭暴力防治法”第29条还规定，检察官、司法警察官或司法警察侦查犯罪时，认为被告或犯罪嫌疑人犯家庭暴力罪或违反保护令罪嫌疑重大，且有继续侵害家庭成员生命、身体或自由的危险，而情况急迫者，得迳行拘提。并且为了提高效率，明确要求如果是检察官执行拘提，不需要传票，如果是司法警察官或司法警察执行拘提，若有急迫情形来不及报请检察官的，也可以无传票先径行拘提，但事后需要报请检察官补签传票，如果检察官拒绝签发传票，司法警察要即刻放人。台湾地区的拘提类似于大陆刑事诉讼法上的强制传唤，是有关机关基于一定诉讼目的，强制将刑事被告人押送至一定处所的措施。台湾地区“刑事诉讼法”第88－I对于径行拘提有明确的适用条件，主要是针对那些嫌疑重大，有事实证明有逃脱可能的犯罪嫌疑人，“家庭暴力防治法”的径行拘提则主要针对有犯家庭暴力罪或违反保护令罪嫌疑重大，有继续侵害家庭成员生命、身体或自由的危险，情况急迫的，可以看出“家庭暴力防治法”实际上扩大了台湾地区“刑事诉讼法”有关径行拘提的适用范围，是针对家暴行为的特别强制措施。

但是，有台湾学者指出，目前“家庭暴力防治法”关于径行拘提的规定，在执行上存在问题。是否应径行拘提，法律规定内容较抽象，造成检察官和警察认定标准不一，执行警察会担心执行后报请检察官签发拘票时若检察官不签发，会给自己带来麻烦，甚至被控告涉嫌妨害自由。另外，分驻（派出）所或分局警备警察若执行家暴案件时径行拘提，执行后须将被告或犯罪嫌疑人移交分局侦查队值日人员接手侦办，一切法定程序均须比照现行犯移送地检署，有检警共享24小时移送时间的压力，而分局侦查队目前除设置家防官（不一定是侦查人员）1名外，并未设置家暴案件专责侦查人力，侦查队值日人员通常较不意愿处理此类案件。[1]

2. 附条件释放

针对家庭暴力犯罪的特殊性，“家庭暴力防治法”第31条规定，检察官或法院认为家庭暴力罪或违反保护令罪的被告无羁押必要或法院需要裁定停止羁押的，可以附条件释放被告。

检察官或法院在讯问尚未被羁押的被告后，认为无羁押必要的（“家庭暴力防治法”并没有明确何为“无羁押必要”，但是根据台湾地区“刑事诉讼法”的有关规定，可以认定有事实证明被告有反复实施家庭暴力行为可能的，就需要羁押被告），可以附条件释放被告。具体的释放条件包括：（1）禁止实施家庭暴力；（2）禁止为骚扰、接触、跟踪、通话、通信或其他非必要之联络行为；（3）迁出住居所；（4）命相对人远离其住居所、学校、工作场所或其他经常出入之特定场所、特定距离；（5）其他保护安全之事项。可以看出，这里所附的条件，实际上多数就是民事保护令的部分内容，但是比民事保护令的内容少一些。法院在审理案件过程中，对于被羁押的家庭暴力罪或违反保护令罪的被告，无羁押必要的，也可以裁定停止羁押，并附特定条件命令被告遵守。实际上，检察院或法院在附条件释放时，除了根据需要附加上述条件的一项或多项外，往往会根据具体情形采用替代性的措施，如要求被告具保、责负、限制居住或者直接释放。

“家庭暴力防治法”要求这些释放条件的有效期自核发释放条件至刑事诉讼终结时止，最长不得超过1年。当然在附条件释放期间，如认为有必要，还可以撤销或变更释放条件，重新羁押或核发新的释放条件。警察如发现被告有违反释放条件的行为的，应及时报告核发机关。

3. 附条件缓刑

刑事法庭的法官如果判决被告的行为构成家庭暴力罪或违反保护令罪，但依台湾地区“刑法”的有关规定应适用缓刑时，依“家庭暴力防治法”第38条规定，被告在缓刑期内应接受保护管束（保护管束是台湾地区“刑法”上一项非常有特色的罪犯处遇制度，又被称为保护观察，实际上就是对缓刑犯的监督），在缓刑保护管束期间，被告应遵守特定命令，这些特定命令的内容与民事保护令的内容基本相同，主要是限制罪犯的行为，以免伤害受害人。

---

[1] 王乐民：《警察在危险家暴案件之径行拘提之困境与对策》，2008年家庭暴力与性侵害防治实务工作研讨会：补网与承担，16－1。

4. 附条件假释

同样的，若罪犯在监狱服刑期间符合假释条件的，监狱方面可以报请“法务部”许可对罪犯的假释，由检察官向法院申请裁定对罪犯的保护管束。在假释保护管束期间，法院根据需要可以要求遵守特定的命令，内容同上。

以上附条件释放、附条件缓刑、附条件假释，在台湾地区又被称为刑事保护令，[1] 当然这并不是法律上的用语。与民事保护令相比，刑事保护令由公权力机关根据需要依职权迅速核发，简单直接，不需要证据和法院审查；但是，刑事保护令也有一定的局限性，比如，刑事保护令的内容比民事保护令的内容少，不如民事保护力对受害人的保护力度大。从实务看，法院核发的刑事保护令比较少，运行状况不太好。

（五）家庭暴力案件中对未成年子女的保护

家庭暴力行为比较多的发生在婚姻关系或同居关系中，但是家庭中的未成年人，也往往会遭遇家庭暴力。根据“内政部”的统计，绝大多数的未成年人受虐事件都属于家庭暴力事件。传统文化往往认为子女属父母私有，棍棒底下出孝子，不打不成器。对子女施加暴力，往往被认为是管教子女的正当做法，人们在道义上觉得并无不当，邻居一般不会干涉，更不用说公权力机关了。

台湾地区早在1994年就强化对受虐儿童的责任通报制度，借此使公权力及时介入未成年人受虐案件，进而保护未成年人的合法权益。“家庭暴力防治法”对于发生家庭暴力的子女，不管其是否遭受暴力或目睹暴力，都规定了特别的保护条款，目的是使暴力家庭的未成年子女能尽量获得一个安全的生活环境和成长环境。当然，除了“家庭暴力防治法”，台湾地区的民事、刑事、民事诉讼、刑事诉讼、儿童及少年福利及权益保障等方面的规定，都从各自的角度为未成年人提供支持和保护。台湾地区“家庭暴力防治法”特设第四章来规范因为家庭暴力而对未成年子女提供的特别保护。

1. 推定家暴加害人行使或负担权利义务不利于其未成年子女

家庭暴力案件发生后，父母关系不稳定，家庭往往会解体或临时性的分

---

[1] 高凤仙：《家庭暴力法规之理论与实务》，五南图书出版公司2014版，第192—193页。

离，未成年子女这时面临着一系列权利关系的重新确定，如亲权[1]、监护权的归属或暂时停止。从儿童利益最大化原则出发，“家庭暴力防治法”第43条推定，由于家庭暴力行为的存在，加害人不适合行使对未成年子女的亲权和监护权；并且规定判决后又发生家庭暴力的，被害人、未成年子女所在“直辖市”“县（市）主管机关”、社会福利机构或其他利害关系人，可以向法院请求变更权利义务的行使或负担。当然，第43条仅仅是法律的推定，具体实施该条文时除非经加害人举证或法院调查后证明，由加害人行使亲权较被害人更合乎子女之利益，否则应由被害人行使。

有台湾学者认为，“家庭暴力防治法”第43条的规定在现实上将导致“对妻施暴之夫将不利于子女”的法律推定，亦即将坏先生推定为坏爸爸，认为这样的推定值得商榷，建议法院于适用该条所称“已发生家庭暴力者”时，应对家庭暴力进行类型区分，若为最常见之婚姻暴力而非儿童虐待，宜先认定该婚姻暴力的性质系较偏属于“权力控制”“遇境施暴”，并判断施暴之严重程度，以求审慎评估施暴者是否因权力控制性格从而对子女亦有暴力风险，若属遇境施暴（非真正之家暴事件），则仍可回归各项子女成长利益之判断。[2]

2. 为未成年子女安全着想，规定了相对完备的加害人与未成年子女会面交往的规制

“家庭暴力防治法”为保护未成年子女的安全，规定了相当完备的条款。第一，要求法院在准许家庭暴力加害人与未成年子女会面交往时，应审酌子女及被害人或其他家庭成员的安全。第二，法院核发的保护令非常细致，包括以

---

[1] 亲权，是指父母对未成年子女在人身和财产方面的管教和保护的权利和义务，是一种身份权。源于罗马法和日耳曼法。现代各国对亲权的规定不尽一致，法国、德国、瑞士、日本、秘鲁等大陆法系国家都规定有亲权；而在英美法系国家，亲权与监护权不分，统称监护。亲权一般由父母共同行使，父母行使亲权必须是为了子女的利益；未成年子女必须服从父母的亲权；父母必须履行亲权的责任。亲权一般分为对子女人身上的权利义务和财产上的权利义务。对子女人身上的权利义务，是亲权的主要内容。人身照护权，在台湾地区“民法”上称为“保护教养”，保护指预防及排除危害，以谋子女心身之安全，如预防或治疗疾病，禁止阅读黄色书刊；教养指教导养育子女，以谋子女心身成长之健全，如鼓励从事有益运动，资助学习进修。

[2] 台湾地区彭南元法官曾将法院所审理的家庭暴力事件分为“真正之家庭暴力事件”与“非真正之家暴事件”，前者系指双方权力失衡且证据充分，应立即核发保护令者，后者则指法院审理后，发现双方间虽有言语或肢体上冲突，并无权力失衡或继续发生危险的，此类或发生于夫妻间或发生于其他家庭成员间者，后者在实务上颇为常见。为此，彭南元法官主张应将家事事件所内含之家庭暴力区分为“权力控制”与“遇境施暴”两类，前者须审慎评估是否因双方权力失衡而有持续之暴力风险，后者仍可回归一般家事事件之处理原则。见彭南元：《家事法庭对“家庭暴力事件”提供心理咨询服务之剖析—兼响应“心理咨商VS. 家暴案”》，《司法改革》双月刊，第46卷，第53—55页。

下一项或数项命令：（1）于特定安全场所交付未成年子女；（2）由第三人或机关、团体监督会面交往；（3）完成加害人处遇计划或其他特定辅导为会面交往的前提条件；（4）辅导监督会面交往费用；（5）禁止过夜会面交往；（6）准时、安全交换子女并缴纳保证金；（7）其他保护子女、被害人或其他家庭成员安全的条件。第三，法院根据具体情形的需要，可以依照有关方的申请或依照职权禁止加害人与未成年子女会面交往。如果法院认为加害人在会面交往时有违背民事保护令的行为，或者有可能出现会面交往无法确保被害人或其子女安全的，可以禁止会面交往，加害人如缴纳了保证金的，没收保证金。第四，必要时，法院可以命令有关机关或有关人员保密被害人或其子女的住居所。

前面提到过，"直辖市、县（市）主管机关"有义务设置未成年子女会面交往处所或委托其他机构提供相应会面交往的服务，该处所应配置符合条件的人员，并收取一定的费用。这里不再赘述。

3. 目睹家暴儿童少年的处遇计划

根据台湾地区"儿童及少年福利与权益保障法"第64条的规定，属目睹家庭暴力的儿童及少年，经"直辖市、县（市）主管机关"列为保护个案者，该主管机关应于三个月内提出儿童及少年家庭处遇计划；必要时，得委托儿童及少年福利机构或团体办理。前项处遇计划得包括家庭功能评估、儿童及少年安全与安置评估、亲职教育、心理辅导、精神治疗、戒瘾治疗或其他与维护儿童及少年或其他家庭正常功能有关的协助及福利服务方案。处遇计划的实施，需要儿童及少年本人、父母、监护人、其他实际照顾儿童及少年的人或其他有关人员应予配合。

（六）家庭暴力其他预防和配套制度

台湾地区"家庭暴力防治法"制定初衷不仅仅是要惩治家庭暴力行为，更注重对家暴案件的事前预防，防患于未然。为此，其确立了其他预防措施和配套制度，下面简单介绍一下。

1. 警察机关的预防措施

警察机关处于处置家庭暴力案件的第一线，适当的处置措施，对于保护被害人及防止家庭暴力事件的发生至关重要。实际上，在台湾地区，自"家庭暴力防治法"颁行以来，警察部门是在所有行政机关中最先制定警察机关防治家庭暴力工作手册的，这些年来，警察部门的组织架构和工作方式因应

“家庭暴力防治法”的需要，进行了改革。比如，设置专人，专责处理家暴事宜，警察局成立妇幼队（正副队长中有一人须为女性），警察分局成立防治组，设置专门的家暴防治官，派出所设置社区家暴防治官，并对涉家暴防治人员进行专门的培训，持证上岗，发展专业执法，并配置评核制度，检视家暴防治工作的执行情况。工作方式上，推行三级预防工作模式，初级预防是警察走进社区和校园进行家暴防治的宣导工作；二级预防主要是约制告诫，一方面对评估为高危机个案，实施加害人约制告诫，避免其再犯，另一方面将警政查询人口系统和家暴资料库连接，发现异常人口进行约制告诫；三级预防主要是查访、逮捕拘提和预防性羁押，对法院、检察院和警察局确定的家暴加害人在交保后及时联系被害人，警示被害人提防，再就是保护令执行期间，对加害人定期查访。

根据“家庭暴力防治法”的规定，警察人员处理家庭暴力案件，一般会采取下列措施保护被害人及防止家庭暴力的发生：

（1）法院核发紧急保护令前，在被害人住居所守护或采取其他保护被害人或其家庭成员之必要安全措施。这里“必要安全措施”，根据“行政机关执行保护令及处理家庭暴力案件办法”规定，具体包括协助转介紧急安置、紧急救援、安全护送、查访并告诫相对人、其他必要且妥适之安全措施。

（2）保护被害人及其子女至庇护所或医疗机构。

（3）告知被害人其可以行使之权利、救济途径及服务措施。

（4）访查被害人及其家庭成员，并提供必要之安全措施。以上措施旨在为被害人及其家庭成员提供安全保护，防止家庭暴力的施暴人继续施暴。另外，医事人员、社工人员、教育人员及保育人员为防治家庭暴力行为或保护家暴被害人权益，如果面临身体或精神上的可能的或现实的不法侵害的，可以请求警察提供必要的协助。

需要说明的是，尽管台湾地区的“家庭暴力防治法”也规定了警察对施暴人的告诫，但是，“家庭暴力防治法”及其“下位法”对告诫规定得比较简陋，并没有作为“家庭暴力防治法”上的重要制度予以细化，操作性比较差，还很难说告诫是台湾规定家暴行为的一项制度。大陆《反家庭暴力法》规定的行政告诫制度，被认为是一项重要的制度创新，立法上对家庭暴力行政告诫着墨比较多，一些地方也先后出台了自己的家庭暴力行政告诫实施办法，从告诫主体、告诫对象、告诫适用条件、告诫程序及违反告诫后的不利后果，甚至有行政告诫书的模范样式，可以看出，在大陆地区，行政告诫制度在反家庭暴力工作中被赋予重任。

2. 强制报告制度

根据台湾地区“家庭暴力防治法”第50条规定，医事人员、社会工作人员、教育人员、保育人员、警察人员、移民业务人员及其他执行家庭暴力防治人员，在执行职务时知有疑似家庭暴力，应立即通报当地主管机关，至迟不得逾24小时。此强制报告制度，对于及时发现、制止、处置家庭暴力，保护受害人及其家庭成员，追究加害人责任起到了非常重要的作用。传统社会观念认为家庭暴力是家庭私事，他人不应予以干涉，而强制报告制度要求相关单位及工作人员发现疑似家庭暴力时，必须向当地主管机关报告，报告家庭暴力成为强制性的义务和职责，如若不报告或不及时报告，要承担一定的法律责任。大陆地区的《反家庭暴力法》也确定了强制报告制度，下面做简单的分析比较。

（1）强制报告的义务主体。台湾地区的“家庭暴力防治法”将强制报告的主体限定在医事人员、社会工作人员、教育人员、保育人员、警察人员、移民业务人员及其他执行家庭暴力防治人员。大陆地区的《反家庭暴力法》规定负有强制报告义务的主体是学校、幼儿园、医疗机构、居民委员会、村民委员会、社会工作服务机构、救助管理机构、福利机构及其工作人员。从范围上看，大陆的义务主体范围更为广一些，除了专业机构外，居委会和村委会这样以居住地为标准的群众性自治组织也有义务报告。非常有意思的一点是台湾地区的义务主体是相关个人，大陆地区的义务主体是相关组织和个人。

（2）强制报告的受理主体。台湾地区接受报告的主体是当地主管机关，主要是指“直辖市政府”和“县（市）政府”。大陆地区接受报告的主体是各地公安机关，一般理解为区县一级的公安机关，不过具体出警的一般都是派出所民警。

（3）适用强制报告的对象。台湾地区强制报告是针对所有疑似遭受家庭暴力的受害人，只要是发现疑似遭受家暴即可报案，不需要确凿证据，而且对受害人没有任何其他的条件限制。大陆地区强制报告限定了适用的对象，即只针对遭受或者疑似遭受家庭暴力的无民事行为能力人、限制民事行为能力人，即并非针对所有的家暴受害人。应该说台湾地区的强制报告制度保护的受害人范围更广，力度更大。

（4）强制保护的时限。台湾地区要求强制报告义务主体在发现家庭暴力后应立即通报当地主管机关，至迟不得逾24小时。大陆地区要求强制报告义务在发现家庭暴力后“及时”报告给当地公安机关，但并没有规定具体的时间区间。

（5）强制报告的方式和内容。台湾地区对义务主体报告的方式和内容有明确的要求，“家庭暴力防治法”要求由“中央”主管机关定之，根据“家庭暴力防治法实施细则”，义务主体应“以电信传真或其他科技设备传送；情况紧急时，得先以言词、电话通讯方式通报，并于通报后24小时内补送通报表”，报告的内容包括通报人、被害人、相对人之基本资料、具体受暴事实及相关协助等事项，对报告人的身份资料应予保密。大陆对于强制报告的方式和内容没有法律上的明确规定，同时也要求对报案人的信息予以保密。

（6）违反强制报告义务应承担的法律责任。台湾地区“家庭暴力防治法”规定，违反强制报告义务的，主要承担的是行政处罚，由“直辖市”“县（市）主管机关”处新台币6000元以上3万元以下罚款，但医事人员为避免被害人身体紧急危难而没有通报的，不处罚；另外，台湾地区各个地方主管机关还就社政人员、教育人员、医事人员制定了许多相关通报责任行政奖惩调查处理的作业规定，规范召开调查处理的程序，对尽通报责任的相关职业人员，予以奖励；对未尽通报义务者，予以惩处。再有，根据台湾地区“民法典”第182条第2款规定，违反保护他人之法律，致生损害于他人者，负赔偿责任；但能证明其行为无过失者，不在此限。因此，通报义务人如违反通报义务，导致受其保护的人员如受虐儿童权益再度受侵害，可认定为两者之间有因果关系，受虐儿童及其法定代理人就可以依据“民法典”第182条第2款请求损害赔偿。

大陆《反家庭暴力法》规定，违反法律规定未向公安机关报案，造成严重后果的，由上级主管部门或者本单位对直接负责的主管人员和其他直接责任人员依法给予处分。可以看出，台湾地区对违反强制报告义务的，不以是否造成严重后果为承担法律责任的标准，大陆则仅对造成严重后果的才承担法律责任；台湾地区的制裁在性质上属于行政处罚，大陆的制裁属于行政处分或纪律处分。

3. 媒体的报道限制

台湾地区“防暴三法”的迅速出台，与媒体的大力宣传报道有非常密切的关系。但是，随着人们对隐私权的日益关注，媒体的宣传报道也要受到一定的限制成为社会的共识。台湾地区2015年第五次修订“家庭暴力防治法”时，增设了第50－1条，其中规定，“宣传品、出版品、广播、电视、网际网路或其他媒体，不得报道或记载被害人及其未成年子女之姓名，或其他足以识别被害人及其未成年子女身份之资讯。但经有行为能力之被害人同意、犯罪侦查机关或司法机关依法认为有必要者，不在此限。”

4. 加害人处遇计划

加害人处遇计划是欧美国家反家暴比较流行的做法。基于家庭暴力发生原因的理论基础不同而发展出不同的治疗技术。一种是女性主义模式，认为家庭暴力的主因是由于社会及文化长期纵容男性对女性伴侣的暴力行为，因此，处遇计划应向家暴者提供教育课程，教育加害人学习尊重两性平等而不是治疗加害人。二是家庭治疗模式，认为家庭暴力是由家庭内的沟通、互动及结构所造成，因此，应促进家人间的沟通技巧以避免暴力发生，故主张实施家庭治疗。这种模式因为无法达到刑事司法中对被害人迅速保护的要求，因此在美国有20个州明令禁止用家庭治疗为主要治疗模式。三是心理治疗模式，认为家庭暴力是由于家暴者个人的人格异常、幼年经验、依附模式或认知行为模式等所造成，因此，应以心理治疗方式加以改善，强调加害人对暴力的认知及行为的改善，并增加自我肯定训练及社交训练。目前的诸多方案多是结合女性主义模式与心理治疗模式。[1]

我国台湾地区的“家庭暴力防治法”主要参照美国《家庭暴力防治法》的精神而制定，加害人处遇计划是透过认知、情绪、行为等层面辅导家暴者以防治暴力，依据“家庭暴力加害人处遇计划规范”（以下简称“规范”），我国台湾地区目前的处遇计划除了有精神疾病或酒瘾者建议精神治疗或戒瘾治疗住院治疗一、二周，或门诊治疗若干次之外，对低致命危险者建议裁定12周的认知教育辅导，而中高致命危险者为24周。通常课程规划以12周为一循环，裁定24周者则需参加两个循环的课程。加害人参加此类课程是要付费的，当然，经济困难的可以申请补助。近年来，台湾地区的屏东、云林、彰化等地，创造性推出了适合本地特点的简易型处遇计划，该处遇计划的特点在于，要求家暴加害人参加三小时的认知教育课程即可，针对的是那些经评估认为家暴行为情况并不严重，但依然有接受认知教育课程必要的加害人，该课程不收费，上课时间主要安排在周末，便于加害人参加。

大陆地区目前在法律层面上对家庭暴力加害人的关注和帮助尚未有可操作

---

[1] 此部分的写作参考了陈慧女、林明杰：《家庭暴力者对参与整合式矫正团体辅导及其改变内涵之看法》,《亚洲家庭暴力与性侵害期刊》第12卷第2期，2016年，第1—32页。

性的规定，仅仅在《反家庭暴力法》第9条规定各级人民政府应当支持社会工作服务机构等社会组织开展心理健康咨询、家庭关系指导、家庭暴力预防知识教育等服务。第22条规定工会、共产主义青年团、妇女联合会、残疾人联合会、居民委员会、村民委员会等应当对实施家庭暴力的加害人进行法治教育，必要时可以对加害人、受害人进行心理辅导。因此，在大陆，加害人接受心理辅导或治疗还没有成为一个强制性的命令，系统的制度还没有建立起来。因此，本章略微详细介绍一下台湾地区的加害人处遇计划，以便为大陆将来的制度建设提供参考。

（1）处遇计划执行机关（构）。

处遇计划执行机关（构）需要具备高度的专业性，“规范”要求应具下列资格之一：经“中央卫生主管机关”医院评鉴合格并设有精神科门诊或精神科病房者；经“中央卫生主管机关”精神科医院评鉴合格者；经“中央卫生主管机关”指定之药瘾戒治医疗机构；经“直辖市、县（市）政府”指定之相关机关（构）或团体。因此，要想成为处遇计划执行机关需获得相关机关的认证或指定。其中，前三类处遇执行机构基于专业人力与执行能力的不同，具体承担一项或数项工作：认知教育辅导、心理辅导、精神治疗、戒瘾治疗、其他辅导和治疗。第四类执行机关门槛略低，主要进行认知教育辅导、心理辅导、其他辅导，针对的是低危险的家暴加害人。

（2）加害人处遇计划实施程序。

①启动程序。a. 法院提出声请状。民事保护令案件审理终结前，法院将声请书状复印件及其他相关资料送至“直辖市、县（市）主管机关”。b. 主管机关组织办理。“直辖市、县（市）主管机关”遴聘受过家庭暴力防治相关训练的精神科专科医师、心理师和社会工作人员、少年调查官、少年保护官或观护人等，组成相对人评估小组，办理相对人有无接受处遇计划必要及其建议之评估。c. 具体评估。“直辖市、县（市）主管机关”应检视“规范”要求法院或相关机关提供的资料[1]，并指定评估小组成员二人以上，以面谈、电话访谈或书面数据评估等方式，形成书面评估意见；评估人员应依相对人之身心

[1] 我国台湾地区“规范”第7条要求的评估资料有：“（一）民事保护令声请书状复印件。（二）警察机关处理家庭暴力与儿少保护案件调查纪录（通报）表复印件。（三）警察机关处理家庭暴力案件现场报告表复印件。（四）访视会谈记录表复印件。（五）被害人验伤诊断证明书或验伤单复印件。（六）判决书（缓刑或假释者）。（七）危险评估量表。（八）相对人前科资料（无前科者免提）。（九）其他相关数据。”

状况及参考相关危险评估量表，视其有无精神状态表现异常、酗酒、滥用药物、人格违常或行为偏差等及其与家庭暴力有无因果关系，并依其家庭暴力行为之严重度及再犯危险性等，评估相对人应否接受处遇计划，并作成处遇计划建议书。d. 将建议书送交法院。“直辖市、县（市）主管机关”应于评估之日起 7 日内将处遇计划建议书送交法院。e. 法院根据处遇计划建议书对加害人作出是否处遇的裁定，并送达给加害人、受害人“直辖市、县（市）政府”等相关机关。

②执行处遇计划。a. “直辖市、县（市）”接到法院的加害人处遇计划裁定后，应即安排适当的处遇计划执行机关（构）及确定开始接受治疗或辅导的日期，同时通知加害人及其代理人、处遇计划执行机关（构）、被害人及其代理人或执行保护管束之地方法院检察署。b. 加害人接获前项通知，应依指定期日至处遇计划执行机关（构）报到，并依法院裁定内容，完成处遇计划。c. 完成处遇计划。执行机关〈构〉应于加害人完成处遇计划 10 日内，填报《家庭暴力加害人完成处遇计划书》，通报“直辖市、县（市）主管机关”。d. 综合评估。“直辖市、县（市）主管机关”应就处遇计划执行机关（构）所提交的《家庭暴力加害人完成处遇计划书》的执行成果进行综合评估，并定期对加害人进行辅导访查。加害人未在规定日期报到的，处遇计划执行机关（构）应于一周内通知加害人至少二次，其仍未报到者，应填报《家庭暴力加害人未到达执行机构通报书》，立即通报“直辖市、县（市）主管机关”。“直辖市、县（市）主管机关”必要时得请警察机关协助，强制加害人接受处遇计划。

③处遇计划的延长、缩短时间或变更内容。a. 启动程序。处遇计划执行机关（构）认为加害人处遇计划需要延长、缩短时间或变更内容的，应叙明理由及建议意见，填写《家庭暴力加害人特殊状况通报书》，通报“直辖市、县（市）主管机关”。b. 向法院申请。“直辖市、县（市）主管机关”接获前项通报后，应即通知当事人及被害人。当事人或被害人向法院声请撤销、变更或延长通常保护令。

④法律后果。“直辖市、县（市）主管机关”接获处遇计划执行机关（构）通知加害人有不接受处遇计划、接受时数不足或不遵守处遇计划内容情事，且明显于保护令裁定期限内，明显无法完成处遇计划，或有恐吓、施暴等行为时，应即通知警察机关或地方法院检察署。根据“家庭暴力防治法”的规定，该行为构成违反民事保护令罪，处 3 年以下有期徒刑、拘役或科或并科

新台币 10 万元。

5. 庇护安置制度

我国台湾地区“家庭暴力防治法”中对庇护安置的规定比较少，其中仅第 8 条规定，“各级地方政府应各设立家庭暴力防治中心，并结合警政、教育、卫生、社政、户政、司法等相关单位，办理下列措施，以保护被害人之权益并防止家庭暴力事件之发生：提供或转介被害人经济扶助、法律服务、就学服务、住宅辅导，并以阶段性、支持性及多元性提供职业训练与就业服务；提供被害人及其未成年子女短、中、长期庇护安置。”另外，“特殊境遇妇女家庭扶助条例”的通过，不但将因家庭暴力陷入困境的妇女纳入服务范畴，也直接强化庇护服务所能提供的服务内容，包括紧急生活扶助、子女生活津贴、子女教育补助、伤病医疗补助、儿童托育津贴、法律诉讼补助及创业贷款补助等。除全台性的“法令”依据外，地方政府亦因应其服务的需求，针对妇女庇护服务的部分有明文规定，如台湾地区“台北市女性权益保障办法”第 15 条。

台湾地区的庇护所提供的安置服务内容大致有：收容（24 小时紧急安置、二个星期至三个月的短期安置，或较长期安置的中途之家）、转介相关服务（心理辅导治疗、法律咨询、职业训练、医疗赡养、中途之家、家庭联系外展服务）、陪同就医、支持性辅导（个案、团体、读书会、夫妻调解或协谈）、就业信息或媒合、经济协助、法律咨询或法院陪同、儿童服务（协助托儿、就学、寄养）、生活管理、休闲娱乐（提供书籍、电视或录像带观赏、庆生会、参与教会活动），以及离开庇护所的后续追踪辅导等。

台湾地区现行庇护所服务模式具有以下几个特征：（1）服务对象上以被害人为中心，因此其安置对象以妇女为主（子女若需安置于同一处所，有年龄及性别的限制），对需安置对象不设限制，家暴被害人有庇护需求都收容，不区分危险等级。（2）主责单位是以法院、警政、社政、卫政与教育与非营利组织等单位组成的安全网。（3）安置期间，可以提供短中长期的庇护安置，但实际上多以紧急安置为主，通常 14 天至 3 个月不等；安置费用上每人 500 元台币/每天（多由政府支付，法院也可以通过保护令的方式要求由加害人承担）。（4）服务机构性质多样，有公办公营、有公办民营、民间自办（包括方案委托和个案委托）等三类。方案委托有点类似于大陆的政府购买庇护安置服务，即由政府每年固定提供一笔经费，设定安置人数合作床位，安置机构可依合约中规定服务项目核销费用；个案委托多为跨县市的安置模式，即政府依实际个案委托设置人数，根据合约中所载服务内容，仅支付个案安置费用。最近还出现了签约饭店或民宿等临时住处提供紧急服务的方式。（5）保密约定上，所有庇护所都是隐密的，部分设于小区公寓，严格要求被安置人员不可泄露地址，被害人必须签订保密保证书，在政府制作的公开宣称资料中，都不得出现庇护所的地址。

台湾地区针对家暴受害人的庇护安置存在的问题有：（1）庇护所提供的服务主要侧重于居住安全和心情平复等浅层需要上，忽略受害人的真实需求，较少关注家暴受害人进入庇护所后的内心煎熬、经济压迫，也缺乏对庇护所内目睹儿童的服务方案以及托育服务等。（2）严格的保密措施，导致受害人的社交中断以及目睹暴力儿童的家庭教育中断，让孩子面临亲权选择与学习接受不同生活环境。（3）各县市承办庇护机构，缺乏跨县市联系，各自行动，缺乏专业交流，包括服务策略、评估工具与教育训练。[1]

6. 家庭暴力被害人经济补助制度

考虑到相当多的家庭暴力被害人在经济上对加害人的依赖或由于加害人的经济控制，在因家庭暴力报案后面临的可能的现实生活困境，例如离开家庭后的生活费、房租、子女教育费用以及为维权所需要支付的费用和其他必要的费用，家暴被害人往往会由于现实的经济压力而投鼠忌器，不敢向公权力寻求帮助和支持。为帮助家暴受害人度过报案后的生活困境和费用匮乏，“家庭暴力防治法”第58条规定，“直辖市、县（市）主管机关”得核发家庭暴力被害人下列补助：“一、紧急生活扶助费用。二、非属全民健康保险给付范围之医疗费用及身心治疗、谘商与辅导费用。三、诉讼费用及律师费用。四、安置费用、房屋租金费用。五、子女教育、生活费用及儿童托育费用。六、其他必要费用。”但是，这种经济救助具有过渡性和临时性。

7. 对被害人的经济赋权

研究发现，家庭暴力中的经济暴力是导致女性在婚后快速陷入贫穷女性化的关键原因，因此如何透过政策机制与专业社会工作系统性协助，重建受暴妇女经济安全、维持经济平衡至逐步迈向经济独立与经济自主，实为工作

---

[1] 黄淑玲：《从香港某家庭暴力庇护中心服务——反思台湾家暴庇护安置中心作为》，《亚洲家庭暴力与性侵害期刊》第11卷第1期，2015年，第113—130页。

重心。[1]

在相当数量的家暴案件中，都出现了加害人对被害人的经济虐待，即加害人通过阻止对方取得金钱或其他财务资源，比如阻碍受害人就业，通过对受害人进行经济上的剥削、财务管控，来控制二人之间的关系，使得受害人在经济上依赖对方。而前面提到的对被害人的经济补助具有过渡性，要真正帮助被害人经济独立，需要公权力和社会的多元支持。根据现代妇女基金会副执行长陈淑芬女士在2019年1月的一次针对公益律师培训及交流研讨会上的发言，对被害人的经济赋权，就是要协助被害人取得与控制经济资源的能力，具体包括：提升被害人的经济能力或知识；提升经济自我效能；提升经济自足能力；管理个人财务的能力；增加财务资本等。目前看，“家庭暴力防治法”对被害人经济赋权的支持，主要体现在以下几个方面。

（1）创业贷款。“家庭暴力防治法”第58条第4项规定：家庭暴力被害人年满二十岁者，得申请创业贷款；其申请资格、程序、利息补助金额、名额及期限等，由“中央”目的事业主管机关定之。为此，“劳动部”于2007年制定并于2015年修订的“家庭暴力被害人创业贷款补助办法”规定，凡20岁至65岁的家庭暴力被害人，“直辖市、县（市）政府”开立家庭暴力被害人身分证明文件，向承贷金融机构提出贷款申请，承贷金融机构同意核贷后，由该金融机构代向“劳动部”申请利息补贴。以新台币100万元贷款额度为限，贷款人前3年不需负担利息，第4年起负担年息1.5%，补贴期间最长7年。“劳动部”为了解贷款人经营情形，得不定期前往访视或查对相关资料，贷款人应予配合。前面提到，对于家庭暴力被害人创业贷款除了年龄限制外，“家庭暴力防治法”不再设其他限制，这是一个极大的进步。

（2）就业服务。“家庭暴力防治法”第58－1条规定，对于具就业意愿而就业能力不足之家庭暴力被害人，劳工主管机关应提供预备性就业或支持性就业服务。预备性就业服务是指为强化被害人就业信心及就业能力，有利于将其转介到一般性职场所提供的服务，包括短期安置性场所、工作训练及职场学习等。支持性就业服务：为协助被害人至一般性职场工作，提供深入且持续之服务，包括就业媒合、就业法令扶助、职场关怀与支持、追踪辅导及职场人身安全计画等。台湾地区“劳动部”2015年制订了“家庭暴力被害人就业服务办

[1] 黄淑怡：《开不出验伤单的家庭暴力中之经济暴力》，月旦知识库，2019年3月30日最后访问。

法”，根据该“办法”的规定，主管机关对于“直辖市、县（市）政府”家庭暴力防治中心转介或自行求职的被害人，应指定专人，依其意愿，拟定个别化就业服务处遇计划，提供就业服务或安排参加职业训练等相关服务。该就业服务处遇计画，包括职前训练、就业适应能力准备、情绪支持与辅导、陪同面试、就业支持与追踪及连结相关资源排除就业障碍等事项。

（3）房屋租赁。台湾地区“内政部”2017年制订的“兴办社会住宅出租办法”将家庭暴力或性侵害之受害者及其子女纳入符合经济或社会弱势身份的，可以承租社会住宅，当然要检附证明文件：受家庭暴力或性侵害一年内之证明，如保护令复印件、判决书复印件；以警察处理家庭暴力事件通报表、报案单、政府立案之医疗院所开立之验伤诊断证明书证明者，应同时出具家庭暴力及性侵害防治中心转介证明单（函）或其他足资证明之文件。社会住宅的租金相比市场租金要便宜些，这也算是对家暴受害人的一个社会支持。

（4）就业促进津贴。在台湾地区根据2002年制定并经过多次修订的“就业促进津贴实施办法”的规定，家暴暴力受害人可以领取下列就业促进津贴：求职交通补助金；临时工作津贴；职业训练生活津贴；创业贷款利息补贴。家庭暴力被害人需持有“直辖市、县（市）政府”开立的家庭暴力被害人身份证明文件、保护令复印件或判决书复印件办理申请。

8. 强制性的家庭暴力防治教育

强制性的家庭暴力防治教育是台湾地区“家庭暴力防治法”的一个特色。主要表现在两个方面，一是防治家庭暴力在职教育，主要是针对涉及家暴暴力防治职责的相关机关工作人员，接受家庭暴力在职教育是从事该项工作的前提。具体包括社会行政主管机关办理社会工作人员、居家式托育服务提供者、托育人员、保育人员及其他相关社会行政人员防治家庭暴力在职教育；警政主管机关办理警察人员防治家庭暴力在职教育；“司法院”及“法务部”办理相关司法人员防治家庭暴力在职教育；卫生主管机关应办理或督促相关医疗团体办理医护人员防治家庭暴力在职教育；教育主管机关应办理学校、幼儿园之辅导人员、行政人员、教师、教保服务人员在职教育；移民主管机关应办理移民业务人员防治家庭暴力在职教育。二是学校教育，“家庭暴力防治法”要求高级中等以下学校每学年应有4小时以上的家庭暴力防治课程，在总时数不变的情况下，学校可弹性安排于各学年实施。

在职教育可以培训更多具有家庭暴力防治知识的专门人员更好地处理家庭暴力防治实务，而学校教育，则通过家暴防治课程，培养学生从小健康对待两性关系，尊重他人，同时也可以及时发现未成年学生家庭可能存在的家庭暴力，结合强制报告制度，更及时防治家庭暴力事件。

另外，在这里补充一定，“家庭暴力防治法”要求“地方政府”应积极向社会大众提供家暴防治的相关资料进行宣传教育，这虽然不属于强制性的教育，但对于宣传家暴防治政策，普及家暴防治知识，预防家庭暴力的发生还是很重要的。“家庭暴力防治法”第57条规定有关机关应向医疗机构、公立或私立国民小学及户政机关提供家庭暴力防治的相关资料，这样医疗机构、公、私立国民小学及户政机关在平时开展也业务工作时时可以将该相关资料提供新生儿父母、办理小学新生注册父母、办理结婚登记新婚夫妻及办理出生登记的人。并要求这些资料内容应包括家庭暴力对于子女及家庭的影响及家庭暴力之防治服务。

9. 建立家庭暴力电子资料库

家庭暴力电子资料库的设立，对家暴加害人是一种威慑，更重要的是便于有关机关在办理相关案件时能更快捷方便地获取当事人的相关信息。“家庭暴力防治法”第5条（7）项规定，“中央”主管机关负责统筹建立、管理家庭暴力电子资料库，该电子库不对社会大众开放，仅供法官、检察官、警察、医师、护理人员、心理师、社会工作人员及其他政府机关使用，并对被害人之身分予以保密。

据“家庭暴力电子资料库建立管理及使用办法”规定，家庭暴力电子资料包括：（1）“司法院”的民事保护令及有关之裁定、家庭暴力罪及违反保护令罪之判决资料；（2）“法务部”的家庭暴力罪及违反保护令罪之起诉书、不起诉处分书、缓起诉处分书及撤销缓起诉处分书；（3）警察机关处理家庭暴力案件调查纪录（通报）表、刑事案件移送书及保护令执行纪录表；（4）“直辖市、县（市）主管机关”受理家庭暴力事件通报表、被害人个案纪录及加害人处遇纪录；（5）其他经“中央”主管机关协商相关机关同意提供之家庭暴力被害人或相对人有关之资料。要求相关机关要设置专人管理和传输电子资料。

在电子资料的使用上，设置了不同的权限。一是依职权查询，法官、检察官、警察及“直辖市、县（市）主管机关”办理家庭暴力防治业务人员，得利用网路查询家庭暴力电子资料库。另一种是依申请查询，主要针对医师、护理人员、心理师、社会工作人员及政府机关办理或处理家庭暴力事件有使用家庭暴力电子资料之必要时，应以书面叙明理由、所需资料类别、内容及使用目的，向当地“直辖市、县（市）政府”提出申请。但情形急迫者，得以传真方式为之。

笔者认为，台湾地区的这一做法，也是非常值得大陆借鉴的，虽然大陆的反家庭暴力法颁布的时间不长，但是，要看到，实务中，我们对于涉及家庭暴力的违法或犯罪行为的资料缺乏整理，而电子资料库的建立，则有助于有关机关和机构了解有家庭暴力行为人的历史，有助于对其社会危险性进行评估，且对家庭暴力者也是一种威慑。

10. 建立专项的家庭暴力基金

台湾地区“家庭暴力防治法”第 6 条规定主管机关要设立专门的基金以供家庭暴力防治工作的展开，根据“家庭暴力及性侵害防治基金收支保管及运用办法”，该项基金的用途限于以下：一是家庭暴力及性侵害防治三级预防工作等相关支出。二是家庭暴力及性侵害防治处遇工作相关支出。三是家庭暴力及性侵害被害人验伤采证、身心治疗等工作相关支出。四是补助“直辖市、县（市）政府”增聘家庭暴力及性侵害防治业务社工人力费用。五是管理及总务支出及其他。专款专用保障了家庭暴力防治工作的展开。

四、借鉴及未来发展方向

从台湾地区家庭暴力防治相关规定制定过程看，各个妇女团体及相关法律专业的积极参与是一大亮点；另外，“家庭暴力防治法”的实施过程中，其防治策略充满了以专业主义主导的色彩。客观看，自“家庭暴力防治法”施行迄今，台湾地区透过陆续修订及相关配套措施的设置，“家庭暴力防治法”逐渐在适应台湾地区的本地需要，不可否认，台湾地区家庭暴力的防治取得了很多的成效和有效做法，对家庭暴力防治发挥了积极作用。这些经验对于大陆反家庭暴力事业有很多值得借鉴的地方。

（一）借鉴之处

1. 积极修订法规回应社会需要

前面提到，台湾地区“家庭暴力防治法”实施以来，历经五次修订，不断回应社会需要，修订内容注重台湾地区民众的呼声，比如将家庭暴力的范围扩至经济暴力，同时将亲密关系者之间的暴力准用家庭暴力条款，都是非常务实的，最大限度保护了家暴受害者的合法权益。再如不断完善民事保护令制度，作为外来制度，从一开始的水土不服，质疑不断，到现在不断增多的民事保护令的核发数，民事保护令制度在台湾地区落地生根，成为保护家暴受害人及其家庭成员的有力武器。

2. 通过制订下位规定来不断完善配套制度

“家庭暴力防治法”的实施，需要很多下位规定的支持，笔者粗略统计了一些，台湾地区涉及家庭暴力防治的“下位法”包括但不限于下列：“家庭暴力防治法”施行细则；“行政机关执行保护令”及“处理家庭暴力案件办法”；“家庭暴力加害人处遇计划规范”；“受刑人监外作业实施办法”；“家庭暴力被害人就业服务办法”；“家庭暴力被害人创业贷款补助办法”；“儿童及少年保护通报与分级分类处理及调查办法”；“纳税义务人与配偶分居得各自办理综合所得税结算申报及计算税额之认定标准”；“特殊境遇家庭创业贷款补助办法”；“‘台湾内政部’兴办社会住宅出租办法”；“就业促进津贴实施办法”；“高级中等以下教育阶段非学校型态实验教育实施条例”；“家庭暴力及性侵害防治基金收支保管及运用办法”；“特殊境遇家庭扶助条例”；“家庭暴力电子数据库建立管理及使用办法”等。可以看出，随着台湾地区“家庭暴力防治法”的实施和不断完善，下位规定也愈加完善，从各个方面为家暴防治提供支持。

3. 妇女团体在修订和具体服务中发挥了重要作用

台湾地区的妇女民间团体在“家庭暴力防治法”的立法和修订过程中发挥的作用不可估量，这里不再赘述。在法律实施过程中，很多妇女团体也积极跟进，贡献力量。

4. 建立家庭暴力整体防治网络成为共识

家庭暴力不是简单的家务事，而是违法行为甚至是犯罪行为，作为一个社会现象，有复杂的社会原因，要想有效防治家庭暴力，从根本上解决家庭暴力问题，就必要寻找一种有效的处理问题的模式。台湾地区从“家庭暴力防治法”颁行后，就不断进行经验探索。“应该改变传统的消极处理模式，让社政、警政、医疗、司法以及教育等单位共同携手合作，建立整体防治网络。”[1]

目前，台湾地区的家暴防治，经过历次的“修法”和机构间的磨合，已基本形成政府机关之间、政府机关与民间团体之间协调合作的良性防治网络，

[1] 高凤仙：《家庭暴力法规之理论与实务》，五南图书出版公司2014版，第260页。

尽管依然存在着这样或那样的问题，但是，整体看，家庭暴力防治网络的运行还是比较好的。

（二）法律未来发展面临的挑战

（1）经济暴力防治的可操作性。经济暴力是2015年“修法”时才增加的内容，在实务中比较难以操作，尤其是对应的加害人处遇方案、被害人经济赋权等，都是需要细化的地方。

（2）对老人、未成年人的家庭暴力，一般不容易发现。目前的家庭暴力防治，主要是以婚姻暴力为对象设计的各种应对方案，虐待老人和儿童的暴力，如何防治，需要精进。

（3）家庭处遇如何发展。随着实务推进，家庭暴力发生的原因也逐渐被发现，目前对当事人的服务都是单向的，比如加害人处遇计划、各种保护令基本都是基于被害人的安全设计的，对于家庭暴力危险程度较低的案例，应从家庭角度设计新的家庭处遇计划来修复家庭关系。

五、台湾地区家庭暴力典型案例评析

赵某冰杀夫案。赵某冰原为“中国科学研究院河南分院”的研究员，办公室主任，硕士学位，与第一任丈夫育有一女，后其第一任丈夫因病去世。2002年经人介绍认识台湾地区河南籍退役“少校”贾某民，2003年放弃大陆公职，提前退休，嫁给贾某民并来台定居。赵某冰比丈夫贾某民小二十三岁，来台后因政治意识、家庭生活费用等问题，二人常常争吵，贾某民更常以“荡妇”等话羞辱赵某冰，并对赵某冰实施金钱控制，不给生活费和医疗费，限制每晚八点睡觉，控制行动，没收身份证等严重虐待行为，且不准其工作。赵某冰历时三年多的痛苦求助无门。因经济受制于贾某民，只能向邻居借贷，2004年底赵某冰经诊断罹患子宫颈癌，住院期间贾某民不曾看望。2005年10月30日贾某民因持抓痒棒殴打赵某冰，被台湾地区法院于2006年1月25日核发民事通常保护令。贾某民的故意伤害罪行，也经台湾地区“台北地方法院检察署”检察官于2005年12月19日声请简易判决处刑。在前述民事通常保护令审理及伤害罪行调查期间，赵某冰因前述疾病、家庭压力等多重因素，造成精神状况不稳定，遂于2005年11月28日经社工人员安排入住医院治疗，经诊断为：重郁症、单纯发作、重度伴有精神症状。2005 年 12 月 9 日出院后，仍数度前往医院门诊治疗。2006 年 2 月 1 日是农历春节，赵某冰因癌症开刀装置的导尿管发生问题，疼痛难当，遂向贾某民求援，贾某民却拿菜刀要赵某冰不要再谈钱的事，否则将她“脑袋剁掉”；赵某冰因早已被贾某民多次持刀威胁杀害，为自保，以榔头敲贾男头部，再持刀砍刺其颈致死后自首。因身世坎坷，案发后引起台湾妇女团体的声援，法院一审认定她罪行属“正当防卫”，又是自首，将最轻十年徒刑的杀人罪连减三次，以杀人罪判她有期徒刑一年半，成为台湾地区首件符合正当防卫的家暴杀夫案；赵某冰上诉请求免刑，但“最高法院”认为她防卫过当，2011 年 5 月 5 日，“最高法院”驳回赵某冰上诉，判一年半徒刑；2011 年 6 月 15 日，赵某冰入监服刑；“高检署”声请假释交付保护管束 2012 年 6 月 29 日，赵某冰获假释，因杀夫，其在台居留证被废止，后被遣返回大陆。

【评论】

第一，赵某冰杀夫案是台湾地区“司法”史上首度有法官以“受虐妇女症候群”作为审判考虑，且以“受虐妇女之经验”，视作正当防卫之反应而能减轻其刑，确为台湾地区“司法史”和受暴妇女运动史之一大跃进。[1]

第二，在杀夫命案发生前，贾某民即因家庭暴力被法院核发通常民事保护令，但是贾某民无视保护令的存在，反而变本加厉，继续施暴，并从经济上控制赵某冰，可见，至少目前的民事保护令制度对贾某民是不起作用的。

第三，赵某冰杀夫案发生后，台湾妇女团体审视台湾地区对新移民妇女的不友好。认为台湾婚姻移民受到制度性的压迫，乃至于比台湾本地女性，更难逃出家暴威胁。婚姻移民配偶，于取得永久居留或归化之前，居留地位并无保障，一旦离婚即不具备继续居留台湾的理由而将被限令出境。各县市政府的家暴通报数据，都显示外籍配偶受到家暴的案例增加，婚姻移民配偶必须忍受台湾本地配偶的虐待而无法以离婚取得救济。

小 结

台湾地区“家庭暴力防治法”颁行已经 20 年了。从倡议到草拟，从制定通过到几次修订，民间妇女团体发挥了重要作用。民事保护令制度引入台湾地

[1] 大陆配偶杀夫宣判一案：外籍受暴妇女，移民权利何在？2007 年 9 月 29 日苦劳网。

区后，从水土不服到落地生根不断完善，成为台湾地区家庭暴力防治的重要制度。以受害人为中心的制度设计，从身体、精神和经济三方面来界定家庭暴力，家庭暴力入罪，亲密关系准用“家庭暴力防治法”，务实的“立法”态度值得称赞。为预防家庭暴力，台湾地区出台了许多与之配套的具体制度，如加害人处遇计划、强制报告、受害人经济赋权等，并形成了以家暴防治中心为主的多机构合作模式。台湾地区“家庭暴力防治法”20 年的发展历程，有很多值得大陆借鉴的地方。

第五章　大陆、香港、台湾反家庭暴力相关成文规定

一、《中华人民共和国反家庭暴力法》

中华人民共和国反家庭暴力法

2015 年 12 月 27 日第十二届全国人民代表大会常务委员会第十八次会议通过

目录

第一章　总　则

第一条　为了预防和制止家庭暴力，保护家庭成员的合法权益，维护平等、和睦、文明的家庭关系，促进家庭和谐、社会稳定，制定本法。

第二条　本法所称家庭暴力，是指家庭成员之间以殴打、捆绑、残害、限制人身自由以及经常性谩骂、恐吓等方式实施的身体、精神等侵害行为。

第三条　家庭成员之间应当互相帮助，互相关爱，和睦相处，履行家庭义务。

反家庭暴力是国家、社会和每个家庭的共同责任。

国家禁止任何形式的家庭暴力。

第四条 县级以上人民政府负责妇女儿童工作的机构，负责组织、协调、指导、督促有关部门做好反家庭暴力工作。

县级以上人民政府有关部门、司法机关、人民团体、社会组织、居民委员会、村民委员会、企业事业单位，应当依照本法和有关法律规定，做好反家庭暴力工作。

各级人民政府应当对反家庭暴力工作给予必要的经费保障。

第五条 反家庭暴力工作遵循预防为主，教育、矫治与惩处相结合原则。

反家庭暴力工作应当尊重受害人真实意愿，保护当事人隐私。

未成年人、老年人、残疾人、孕期和哺乳期的妇女、重病患者遭受家庭暴力的，应当给予特殊保护。

第二章 家庭暴力的预防

第六条 国家开展家庭美德宣传教育，普及反家庭暴力知识，增强公民反家庭暴力意识。

工会、共产主义青年团、妇女联合会、残疾人联合会应当在各自工作范围内，组织开展家庭美德和反家庭暴力宣传教育。

广播、电视、报刊、网络等应当开展家庭美德和反家庭暴力宣传。

学校、幼儿园应当开展家庭美德和反家庭暴力教育。

第七条 县级以上人民政府有关部门、司法机关、妇女联合会应当将预防和制止家庭暴力纳入业务培训和统计工作。

医疗机构应当做好家庭暴力受害人的诊疗记录。

第八条 乡镇人民政府、街道办事处应当组织开展家庭暴力预防工作，居民委员会、村民委员会、社会工作服务机构应当予以配合协助。

第九条 各级人民政府应当支持社会工作服务机构等社会组织开展心理健康咨询、家庭关系指导、家庭暴力预防知识教育等服务。

第十条 人民调解组织应当依法调解家庭纠纷，预防和减少家庭暴力的发生。

第十一条 用人单位发现本单位人员有家庭暴力情况的，应当给予批评教育，并做好家庭矛盾的调解、化解工作。

第十二条 未成年人的监护人应当以文明的方式进行家庭教育，依法履行监护和教育职责，不得实施家庭暴力。

第三章 家庭暴力的处置

第十三条 家庭暴力受害人及其法定代理人、近亲属可以向加害人或者受害人所在单位、居民委员会、村民委员会、妇女联合会等单位投诉、反映或者求助。有关单位接到家庭暴力投诉、反映或者求助后，应当给予帮助、处理。

家庭暴力受害人及其法定代理人、近亲属也可以向公安机关报案或者依法向人民法院起诉。

单位、个人发现正在发生的家庭暴力行为，有权及时劝阻。

第十四条 学校、幼儿园、医疗机构、居民委员会、村民委员会、社会工作服务机构、救助管理机构、福利机构及其工作人员在工作中发现无民事行为能力人、限制民事行为能力人遭受或者疑似遭受家庭暴力的，应当及时向公安机关报案。公安机关应当对报案人的信息予以保密。

第十五条 公安机关接到家庭暴力报案后应当及时出警，制止家庭暴力，按照有关规定调查取证，协助受害人就医、鉴定伤情。

无民事行为能力人、限制民事行为能力人因家庭暴力身体受到严重伤害、面临人身安全威胁或者处于无人照料等危险状态的，公安机关应当通知并协助民政部门将其安置到临时庇护场所、救助管理机构或者福利机构。

第十六条 家庭暴力情节较轻，依法不给予治安管理处罚的，由公安机关对加害人给予批评教育或者出具告诫书。

告诫书应当包括加害人的身份信息、家庭暴力的事实陈述、禁止加害人实施家庭暴力等内容。

第十七条 公安机关应当将告诫书送交加害人、受害人，并通知居民委员会、村民委员会。

居民委员会、村民委员会、公安派出所应当对收到告诫书的加害人、受害人进行查访，监督加害人不再实施家庭暴力。

第十八条 县级或者设区的市级人民政府可以单独或者依托救助管理机构设立临时庇护场所，为家庭暴力受害人提供临时生活帮助。

第十九条 法律援助机构应当依法为家庭暴力受害人提供法律援助。

人民法院应当依法对家庭暴力受害人缓收、减收或者免收诉讼费用。

第二十条 人民法院审理涉及家庭暴力的案件，可以根据公安机关出警记录、告诫书、伤情鉴定意见等证据，认定家庭暴力事实。

第二十一条 监护人实施家庭暴力严重侵害被监护人合法权益的，人民法院可以根据被监护人的近亲属、居民委员会、村民委员会、县级人民政府民政部门等有关人员或者单位的申请，依法撤销其监护人资格，另行指定监护人。

被撤销监护人资格的加害人，应当继续负担相应的赡养、扶养、抚养费用。

第二十二条 工会、共产主义青年团、妇女联合会、残疾人联合会、居民委员会、村民委员会等应当对实施家庭暴力的加害人进行法治教育，必要时可以对加害人、受害人进行心理辅导。

第四章　人身安全保护令

第二十三条 当事人因遭受家庭暴力或者面临家庭暴力的现实危险，向人民法院申请人身安全保护令的，人民法院应当受理。

当事人是无民事行为能力人、限制民事行为能力人，或者因受到强制、威吓等原因无法申请人身安全保护令的，其近亲属、公安机关、妇女联合会、居民委员会、村民委员会、救助管理机构可以代为申请。

第二十四条 申请人身安全保护令应当以书面方式提出；书面申请确有困难的，可以口头申请，由人民法院记入笔录。

第二十五条 人身安全保护令案件由申请人或者被申请人居住地、家庭暴力发生地的基层人民法院管辖。

第二十六条 人身安全保护令由人民法院以裁定形式作出。

第二十七条 作出人身安全保护令，应当具备下列条件：

（一）有明确的被申请人；

（二）有具体的请求；

（三）有遭受家庭暴力或者面临家庭暴力现实危险的情形。

第二十八条 人民法院受理申请后，应当在七十二小时内作出人身安全保护令或者驳回申请；情况紧急的，应当在二十四小时内作出。

第二十九条 人身安全保护令可以包括下列措施：

（一）禁止被申请人实施家庭暴力；

（二）禁止被申请人骚扰、跟踪、接触申请人及其相关近亲属；

（三）责令被申请人迁出申请人住所；

（四）保护申请人人身安全的其他措施。

第三十条　人身安全保护令的有效期不超过六个月，自作出之日起生效。人身安全保护令失效前，人民法院可以根据申请人的申请撤销、变更或者延长。

第三十一条　申请人对驳回申请不服或者被申请人对人身安全保护令不服的，可以自裁定生效之日起五日内向作出裁定的人民法院申请复议一次。人民法院依法作出人身安全保护令的，复议期间不停止人身安全保护令的执行。

第三十二条　人民法院作出人身安全保护令后，应当送达申请人、被申请人、公安机关以及居民委员会、村民委员会等有关组织。人身安全保护令由人民法院执行，公安机关以及居民委员会、村民委员会等应当协助执行。

第五章　法律责任

第三十三条　加害人实施家庭暴力，构成违反治安管理行为的，依法给予治安管理处罚；构成犯罪的，依法追究刑事责任。

第三十四条　被申请人违反人身安全保护令，构成犯罪的，依法追究刑事责任；尚不构成犯罪的，人民法院应当给予训诫，可以根据情节轻重处以一千元以下罚款、十五日以下拘留。

第三十五条　学校、幼儿园、医疗机构、居民委员会、村民委员会、社会工作服务机构、救助管理机构、福利机构及其工作人员未依照本法第十四条规定向公安机关报案，造成严重后果的，由上级主管部门或者本单位对直接负责的主管人员和其他直接责任人员依法给予处分。

第三十六条　负有反家庭暴力职责的国家工作人员玩忽职守、滥用职权、徇私舞弊的，依法给予处分；构成犯罪的，依法追究刑事责任。

第六章　附　则

第三十七条　家庭成员以外共同生活的人之间实施的暴力行为，参照本法规定执行。

第三十八条　本法自 2016 年 3 月 1 日起施行。

二、《山东省反家庭暴力条例》

山东省反家庭暴力条例

2018 年 11 月 30 日山东省第十三届人民代表大会常务委员会第七次会议通过

目录

第一章　总　则

第一条　为了有效预防和制止家庭暴力，保护家庭成员的合法权益，维护平等、和睦、文明的家庭关系，促进家庭和谐、社会稳定，根据《中华人民共和国反家庭暴力法》等法律、行政法规，结合本省实际，制定本条例。

第二条　本省行政区域内对家庭暴力的预防、制止、处置、制裁等有关活动，适用本条例。

第三条　本条例所称家庭暴力，是指家庭成员之间以殴打、捆绑、残害、限制人身自由以及经常性谩骂、恐吓、侮辱、诽谤、威胁、跟踪、骚扰等方式，利用新媒介或者其他手段实施的身体、精神等侵害行为。

第四条　反家庭暴力是国家、社会和每个家庭的共同责任。

全社会应当弘扬互相帮助、互相关爱、和睦相处的家庭美德。

家庭成员之间应当互相尊重、平等相待，不得实施家庭暴力。

第五条　反家庭暴力工作应当坚持预防为主，教育、矫治与惩处相结合，实行社会共治。

反家庭暴力工作应当尊重受害人真实意愿，保护当事人隐私。

未成年人、老年人、残疾人、孕期和哺乳期妇女、重病患者遭受家庭暴力的，应当给予特殊保护。

第六条　县级以上人民政府应当将反家庭暴力工作纳入国民经济和社会发展规划，所需经费列入本级财政预算。

乡镇人民政府、街道办事处应当将预防和制止家庭暴力工作纳入工作规划，提供经费保障。

县级以上人民政府公安、民政、司法行政、教育、文化、广播电视等有关部门和人民法院、人民检察院，应当在各自职责范围内做好反家庭暴力工作。

第七条　县级以上人民政府承担妇女儿童工作的机构，负责组织、协调、指导、督促本行政区域反家庭暴力工作，具体履行下列职责：

（一）组织宣传反家庭暴力有关法律、法规、规章，检查、督促其贯彻实施；

（二）组织研究反家庭暴力工作重大问题，提出解决方案和制定政策措施的建议；

（三）协调、指导、督促有关部门做好反家庭暴力工作，推动反家庭暴力多部门合作；

（四）组织开展与反家庭暴力有关的其他工作。

第八条　工会、共产主义青年团、妇女联合会、残疾人联合会等团体应当在各自工作范围内，协助各级人民政府做好反家庭暴力工作。

居民委员会、村民委员会应当通过自我管理、自我教育、自我服务，做好反家庭暴力工作。

学校、幼儿园应当依法履行反家庭暴力义务。

第九条　鼓励、支持有条件的单位和个人发挥自身优势，参与反家庭暴力工作，开展反家庭暴力宣传教育、心理咨询、心理辅导、志愿服务、理论研究等相关工作。

第二章　家庭暴力的预防

第十条　本省建立健全反家庭暴力宣传教育体系。

机关、团体、基层群众性自治组织、企业事业单位和其他组织应当将反家庭暴力宣传教育与法治宣传教育、家庭美德教育等相结合，普及反家庭暴力知识，增强公民的反家庭暴力意识。

第十一条　人民法院、人民检察院、公安机关、司法行政部门应当健全以案释法工作制度，加强家庭暴力典型案例的收集、整理和发布工作。

法官、检察官、人民警察、律师、基层法律服务工作者等司法、执法、法律服务人员，应当结合具体案件向当事人和公众释法说理，普及反家庭暴力法律知识。

第十二条 婚姻登记机关应当对婚姻登记当事人进行反家庭暴力宣传教育，并向其发放反家庭暴力宣传教育资料。

第十三条 工会、共产主义青年团、妇女联合会、残疾人联合会等团体应当定期组织开展家庭美德和反家庭暴力宣传教育以及相关活动，增强各自服务、保护对象的反家庭暴力意识。

第十四条 广播、电视、报刊、网络等媒体应当通过专题报道、专版策划等方式，经常开展家庭美德和反家庭暴力宣传教育，提高全社会反家庭暴力意识，营造良好舆论环境。

第十五条 学校、幼儿园应当将反家庭暴力知识纳入教育教学内容，区分不同年龄阶段，对学生、幼儿定期开展家庭美德和反家庭暴力宣传教育活动，培养其反家庭暴力的意识和能力；引导家长树立正确的教育观念，采取科学的方法进行家庭教育。

第十六条 乡镇人民政府、街道办事处应当指导、支持和帮助居民委员会、村民委员会开展反家庭暴力宣传教育。

居民委员会、村民委员会应当将反家庭暴力宣传教育作为对居民、村民进行自我教育的重要内容，将反家庭暴力纳入居民公约、村规民约，引导居民、村民依法依规化解家庭纠纷，促进家庭和睦。

第十七条 人民法院、人民检察院和公安、民政等部门以及妇女联合会应当将预防和制止家庭暴力纳入业务培训和统计工作，开展对家庭暴力趋势特点的分析研判，提高全社会预防、应对家庭暴力的意识和能力。

第十八条 公安、民政、司法行政等部门和工会、共产主义青年团、妇女联合会、残疾人联合会、志愿服务组织等单位，应当对反家庭暴力社会工作者、志愿者和人民调解员进行指导、培训，为其参与反家庭暴力工作提供必要的便利条件。

第十九条 医疗机构应当对相关医护人员进行家庭暴力医疗干预的指导和培训，为受害人提供诊疗救治，做好诊疗记录，为其保存相关证据。

第二十条 人民调解组织应当依法调解家庭纠纷，引导家庭成员遵纪守法、遵守社会公德和家庭美德，预防和减少家庭暴力的发生。对存在严重家庭暴力危险、不适合调解的家庭纠纷，人民调解员应当及时向当地公安机关报告。

第二十一条　乡镇、街道应当充分利用社会治安综合治理工作机制，组织公安派出所、司法所、基层妇女联合会、居民委员会、村民委员会会同当事人所在单位，建立社区网格化家庭暴力重点监控机制，确定重点防范对象，及时排查化解家庭纠纷，预防家庭暴力的发生。

第二十二条　县（市、区）、乡镇、街道、城乡社区网格化服务管理中心应当将反家庭暴力工作纳入信息管理平台。

网格管理员应当通过网格内的走访、巡查等方式，开展反家庭暴力法治宣传教育，排查家庭暴力隐患；发现家庭暴力隐患，及时协调解决，无法解决的，上报网格化服务管理中心。

第二十三条　用人单位发现本单位人员有实施家庭暴力行为的，应当给予批评教育，做好家庭纠纷的调解、化解工作；必要时，可以与当事人居住地的居民委员会、村民委员会联系，共同采取措施防范家庭暴力。

第二十四条　未成年人的父母或者其他监护人应当依法履行监护职责，创造和睦的家庭环境，以文明的方式进行家庭教育，不得对未成年人实施家庭暴力。

第三章　家庭暴力的处置

第二十五条　任何单位和个人对正在发生的家庭暴力行为，有权劝阻、制止。

第二十六条　家庭暴力受害人及其法定代理人、近亲属可以向加害人或者受害人所在单位、居民委员会、村民委员会、妇女联合会等单位反映、求助或者投诉，有关单位应当及时协调解决，必要时报告、转送有关部门或者机构，由其提供特殊保护或者专业帮助。对涉及多个单位职责范围的，由首先接到家庭暴力反映、求助或者投诉的单位会同其他单位共同处理。

家庭暴力受害人及其法定代理人、近亲属也可以向公安机关报案或者依法向人民法院起诉。

第二十七条　学校、幼儿园、医疗机构、居民委员会、村民委员会、社会工作服务机构、救助管理机构、福利机构及其工作人员，在工作中发现下列自然人遭受或者疑似遭受家庭暴力的，应当及时向公安机关报案，并为受害人提供必要的救助：

（一）无民事行为能力人；

（二）限制民事行为能力人；

（三）因年老、残疾、重病、受到强制、受到威吓等原因无法报案的人。

公安机关应当对报案人的信息予以保密。

第二十八条 公安机关应当将家庭暴力纳入接警处警范围。

公安机关接到家庭暴力报案后，应当及时赶赴现场，并采取下列措施予以处置：

（一）立即制止正在发生的家庭暴力，控制加害人；

（二）及时调查取证，询问加害人、受害人和目击证人，并使用录音、录像、拍照等方式固定证据，制作询问笔录；

（三）对需要紧急救治的受害人，协助联系医疗机构组织救治，有伤情的，依法进行伤情鉴定；

（四）对无民事行为能力人、限制民事行为能力人因家庭暴力身体受到严重伤害、面临人身安全威胁或者处于无人照料等危险状态的，通知并协助民政部门将其安置到临时庇护场所、救助管理机构或者福利机构；

（五）查明事实，作出危险性评估，依法予以处理。

第二十九条 家庭暴力行为具有下列情形之一，依法不给予治安管理处罚的，由公安机关对加害人给予批评教育或者出具告诫书：

（一）情节特别轻微的；

（二）加害人主动消除或者减轻危害后果，并取得受害人谅解的；

（三）当事人自行和解并履行和解协议，双方当事人书面申请并经公安机关认可的；

（四）经公安机关调解处理，当事人达成协议的；

（五）其他依法不予治安管理处罚的家庭暴力行为。

第三十条 公安机关应当在依法查清双方当事人身份关系、查明家庭暴力事实的情形下，出具告诫书，并向加害人宣读告诫书内容，由其在告诫书上签名。加害人拒绝签收的，不影响告诫书的效力。

告诫书应当包括加害人的身份信息、家庭暴力的事实陈述、禁止加害人实施家庭暴力、再次实施家庭暴力行为的后果等内容。

告诫书由公安机关存档备查。

第三十一条 公安机关应当将告诫书送交受害人，并通知其居住地的居民委员会、村民委员会和妇女联合会等有关组织。

居民委员会、村民委员会、公安派出所应当对收到告诫书的加害人、受害人进行定期查访，检查告诫书落实情况，监督加害人不再实施家庭暴力。

第三十二条 加害人不听从批评教育或者违反告诫书禁止内容，再次实施家庭暴力的，由公安机关依法予以处理。

第三十三条 法律援助机构应当依法为家庭暴力受害人提供法律援助。

鼓励和支持法律服务机构对经济困难，但是达不到法律援助标准的受害人，减收或者免收法律服务费用。

对符合法律援助条件的委托人申请司法鉴定的，司法鉴定机构应当按照有关规定减收或者免收司法鉴定费用。

第三十四条 人民法院审理涉及家庭暴力的案件，可以根据公安机关出警记录、告诫书和有关鉴定机构伤情鉴定意见、医疗机构诊疗记录等证据，认定家庭暴力事实。

人民法院应当依法对家庭暴力受害人缓收、减收或者免收诉讼费用。

第三十五条 监护人实施家庭暴力严重侵害被监护人合法权益的，人民法院可以依法撤销其监护人资格，另行指定监护人。

被撤销监护人资格的加害人，应当依法继续承担相应的赡养、扶养、抚养等费用。

第三十六条 设区的市、县（市、区）人民政府应当单独或者依托救助管理机构至少设立一处临时庇护场所，为家庭暴力受害人提供临时生活帮助。

第四章 人身安全保护令

第三十七条 当事人因遭受家庭暴力或者面临家庭暴力的现实危险，依法向人民法院申请人身安全保护令的，人民法院应当受理。

受害人是无民事行为能力人、限制民事行为能力人，或者因年老、残疾、重病、受到强制、受到威吓等原因无法自行申请的，其近亲属、公安机关、妇女联合会、居民委员会、村民委员会、救助管理机构可以代为申请。

第三十八条 申请人身安全保护令，应当具备下列条件：

（一）申请人是受害人；

（二）有明确的被申请人；

（三）有具体的请求、事实和理由；

（四）有一定证据表明遭受家庭暴力或者面临家庭暴力现实危险的情形。

申请人身安全保护令应当以书面方式提出；书面申请确有困难的，可以口头申请，由人民法院记入笔录。

第三十九条 人民法院受理人身安全保护令申请后，应当在七十二小时内作出人身安全保护令或者驳回申请；情况紧急的，应当在二十四小时内作出。

人民法院经书面审查，认为可以确认申请人曾遭受家庭暴力或者正面临家庭暴力危险的，应当立即作出人身安全保护令。

第四十条 人身安全保护令可以包括下列措施：

（一）禁止被申请人实施家庭暴力；

（二）禁止被申请人骚扰、跟踪、接触申请人及其相关近亲属；

（三）禁止被申请人在申请人的住所、学校、工作单位或者申请人经常出入的其他场所内从事可能影响申请人生活、学习、工作的活动；

（四）禁止被申请人查阅申请人及其未成年子女户籍、学籍、收入来源等相关信息；

（五）责令被申请人迁出申请人住所；

（六）保护申请人人身安全的其他措施。

第四十一条 申请人对人民法院驳回申请不服或者被申请人对人身安全保护令不服的，可以自裁定生效之日起五日内向作出裁定的人民法院申请复议一次。人民法院依法作出人身安全保护令的，复议期间不停止人身安全保护令的执行。

第四十二条 申请人可以以书面形式撤回人身安全保护令申请。人民法院经审查，确属申请人自愿的，予以准许。

第四十三条 人身安全保护令应当向申请人、被申请人或者其同住成年家属，以及公安派出所和居民委员会、村民委员会等有关组织送达。

第四十四条 人身安全保护令应当以书面形式直接送达、邮寄送达或者委托送达，拒绝签收的可以留置送达。紧急情况下，可以采取电话、传真、电子邮件、手机短信等方式先行通知，但是应当留存相关证据。

第四十五条 人身安全保护令自作出之日起生效，其有效期不超过六个月；在其失效前，人民法院可以根据申请人的申请撤销、变更或者延长。

第四十六条 被申请人在人身安全保护令生效期间，继续骚扰、殴打或者威胁申请人及其近亲属，威逼申请人撤诉或者放弃合法权益，或者有其他拒不履行生效裁定行为的，申请人可以向公安机关报警，也可以向人民法院申请执行。

公安机关接到被申请人违反人身安全保护令的报警后，应当依法进行调查取证，对申请人立即采取救助措施，并通知人民法院。

公安机关以及居民委员会、村民委员会等应当协助人民法院执行人身安全保护令。

第五章　法律责任

第四十七条　对违反本条例的行为，法律、行政法规已经规定法律责任的，适用其规定。

第四十八条　加害人实施家庭暴力，构成违反治安管理行为的，由公安机关依法给予治安管理处罚；构成犯罪的，依法追究刑事责任。

第四十九条　被申请人违反人身安全保护令，构成犯罪的，依法追究刑事责任；尚不构成犯罪的，人民法院应当给予训诫，可以根据情节轻重处以五百元以上一千元以下罚款、十五日以下拘留。

第五十条　学校、幼儿园、医疗机构、居民委员会、村民委员会、社会工作服务机构、救助管理机构、福利机构及其工作人员违反本条例规定未向公安机关报案，造成严重后果的，由有关机关或者本单位对直接负责的主管人员和其他直接责任人员依法给予处分。

第五十一条　负有反家庭暴力职责的国家工作人员滥用职权、玩忽职守、徇私舞弊的，依法给予处分；构成犯罪的，依法追究刑事责任。

第五十二条　实施家庭暴力，受到刑事处罚、治安管理处罚或者被人民法院出具人身安全保护令的，应当作为不良信息记入加害人信用档案；对有不良信息记录的加害人，由有关部门或者机构依法对其个人采取惩戒措施。公职人员实施家庭暴力的，还应当由有关机关或者所在单位依法给予处分。

第六章　附　则

第五十三条　家庭成员以外具有监护、扶养、寄养、同居等关系的共同生活的人之间实施的暴力行为，参照本条例规定执行。

第五十四条　本条例自 2019 年 1 月 1 日起施行。

三、《湖北省反家庭暴力条例》

湖北省反家庭暴力条例

2019年3月29日湖北省第十三届
人民代表大会常务委员会第八次会议表决通过

目录

第一章　总　则

第一条　为了预防和制止家庭暴力，保护家庭成员的合法权益，维护平等、和睦、文明的家庭关系，弘扬和践行社会主义核心价值观，促进家庭和谐、社会稳定，根据《中华人民共和国反家庭暴力法》等法律、行政法规，结合本省实际，制定本条例。

第二条　本条例适用于本省行政区域内预防、处置家庭暴力及相关工作。

本条例所称家庭暴力，是指家庭成员之间以殴打、捆绑、残害、限制人身自由以及经常性谩骂、恐吓等方式，或者利用其他手段实施的身体、精神等侵害行为。

第三条　反家庭暴力工作坚持党的领导，遵循预防为主，教育、矫治与惩处相结合原则，实行社会共治。

反家庭暴力工作应当尊重受害人真实意愿，保护当事人隐私，不得泄露涉及家庭暴力案件举报人、报案人的信息。

未成年人、老年人、残疾人、孕期和哺乳期的妇女、重病患者遭受家庭暴力的，应当给予特殊保护。

第四条　县级以上人民政府应当加强对反家庭暴力工作的组织领导，建立健全反家庭暴力工作体系，将反家庭暴力工作纳入精神文明建设和基层社会治理工作内容，所需经费纳入同级财政预算。

乡（镇）人民政府、街道办事处应当做好辖区内家庭暴力的预防、处置、救助等相关工作。

村（居）民委员会应当协助做好反家庭暴力相关工作。

第五条　县级以上人民政府负责妇女儿童工作的机构具体承担反家庭暴力的组织、协调、指导、监督工作，履行下列职责：

（一）组织开展反家庭暴力法律法规宣传和实施工作；

（二）定期组织召开联席会议，研究和解决反家庭暴力工作中的重大问题；

（三）协调、督促相关单位依法履行职责，推动反家庭暴力多部门合作；

（四）支持社会工作服务机构、志愿服务组织等社会组织开展心理健康咨询、家庭关系指导、家庭暴力预防知识教育等服务；

（五）对在反家庭暴力工作中作出显著成绩的组织和个人给予表彰、奖励；

（六）开展反家庭暴力的其他相关工作。

县级以上人民政府负责妇女儿童工作的机构在同级妇女联合会设立的办事机构，负责日常工作。

第六条　公安、教育、民政、卫生健康、司法行政等相关部门和人民法院、人民检察院以及人民团体、社会组织，应当按照各自职责，共同做好反家庭暴力工作。

第七条　反家庭暴力是全社会的共同责任。

禁止任何形式的家庭暴力。任何单位和个人有权对正在发生的家庭暴力予以劝阻、制止、举报。

第二章　家庭暴力的预防

第八条　各级人民政府应当将反家庭暴力相关法律法规宣传纳入普法工作规划，组织开展反家庭暴力宣传教育。

各级妇女联合会应当开展反家庭暴力法治宣传和家庭美德教育活动，维护妇女儿童合法权益。工会、共产主义青年团、残疾人联合会应当在各自工作范围内，开展反家庭暴力和家庭美德宣传教育。

广播、电视、报刊、网络等媒体应当加强反家庭暴力的公益宣传和教育引导，强化对家庭暴力的舆论监督。

在国家规定有关妇女、儿童、老年人、残疾人等的节日，应当集中开展家庭美德和反家庭暴力宣传教育。

第九条 县级以上人民政府以及公安、教育、民政、卫生健康、司法行政等相关部门和人民法院、人民检察院、人民团体、社会组织应当将预防和制止家庭暴力相关知识和技能纳入业务培训，提高相关工作人员预防、处置家庭暴力问题的能力。

第十条 幼儿园、学校等教育机构应当将反家庭暴力教育纳入法治教育、安全教育的重要内容，提高儿童、学生的反家庭暴力意识和自我保护能力，并通过家校共建活动，向其父母或者其他监护人普及反家庭暴力法律和家庭教育知识。

第十一条 民政部门应当指导婚姻登记机关将家庭美德教育和反家庭暴力宣传纳入婚前教育内容，提供婚姻家庭辅导服务，预防家庭矛盾和纠纷。

第十二条 司法行政部门应当加强基层公共法律服务，重点面向农村开展法律咨询、法律援助等工作，预防家庭暴力的发生。

司法行政部门应当推进婚姻家庭纠纷人民调解组织建设，加强人民调解员的专业培训，指导人民调解组织加大对涉及家庭矛盾纠纷的调解工作力度。

第十三条 公安机关、司法行政部门、人民法院、人民检察院应当加强家庭暴力典型案例的收集、整理和发布工作。执法、司法、法律服务人员应当结合具体案件向家庭暴力加害人、受害人和公众释法说理，普及反家庭暴力法律知识。

第十四条 县级以上人民政府负责妇女儿童工作的机构应当组织协调政府相关部门、乡镇人民政府、街道办事处、村（居）民委员会、社会组织等建立反家庭暴力联动机制，开展家庭暴力风险评估，发现家庭暴力隐患的，及时预防和处理。

第十五条 乡镇人民政府、街道办事处应当指导村（居）民委员会将预防家庭暴力纳入村（居）民自治章程、村规民约，作为基层自治的重要内容，推动社区开展互助服务和志愿服务活动。

村（居）民委员会应当加强家庭暴力防范宣传教育，开展文明家庭创建活动，弘扬文明新风，增强村（居）民的法治观念和道德素养。

第十六条 用人单位应当将反家庭暴力纳入员工行为规范，及时做好本单位人员家庭矛盾的调解、化解工作；对家庭暴力加害人给予批评教育，责令改正，并视情节轻重给予相应处理。

第三章 家庭暴力的处置

第十七条 家庭暴力受害人及其法定代理人、近亲属可以向加害人或者受害人所在单位、村（居）民委员会、妇女联合会等单位投诉、反映或者求助。

有关单位接到家庭暴力的投诉、反映或者求助后，应当开展下列工作：

（一）劝阻和制止家庭暴力行为，对加害人进行批评教育和法治教育；

（二）根据工作职责，提供家庭纠纷调解、婚姻家庭关系调适、心理辅导等服务；

（三）根据受害人实际情况，积极协助报案、医疗救治、伤情鉴定、庇护救助、法律援助等，及时转介到有关部门或者机构。

县级以上人民政府负责妇女儿童工作的机构应当建立家庭暴力投诉、处理机制，健全维权工作网络，对涉及多个单位职责范围的，协调相关单位共同处理。

第十八条 家庭暴力受害人及其法定代理人、近亲属可以向公安机关报案或者依法向人民法院起诉。

幼儿园、学校、村（居）民委员会、医疗机构、救助管理机构、社会工作服务机构、福利机构及其工作人员在工作中发现无民事行为能力人、限制民事行为能力人遭受或者疑似遭受家庭暴力的，应当及时向公安机关报案，并提供保护和帮助。

第十九条 公安机关应当建立健全家庭暴力案件处理机制，将家庭暴力警情纳入“110”接处警平台，接到家庭暴力报案后应当及时出警，并做好下列处置工作：

（一）立即制止正在发生的家庭暴力行为，控制加害人；

（二）及时询问加害人、受害人和目击证人，固定有关证据，制作出警记录；

（三）受害人需要立即就医的，应当积极协助联系医疗机构组织救治、委托伤情鉴定；

（四）无民事行为能力人、限制民事行为能力人以及孕期和哺乳期的妇女、重病患者因家庭暴力身体受到严重伤害，面临人身安全威胁或者处于无人照料等危险状态的，应当通知并协助民政部门将其安置到临时庇护场所、救助管理机构或者福利机构。

第二十条 对家庭暴力案件情节较轻，依法不给予治安管理处罚的，公安机关对加害人可以给予批评教育或者出具告诫书；对具有下列情形之一的，应当出具告诫书：

（一）未取得受害人谅解的；

（二）对未成年人、老年人、残疾人、孕期和哺乳期的妇女、重病患者实施家庭暴力的；

（三）因实施家庭暴力曾被公安机关给予批评教育的；

（四）其他依法应当出具告诫书的情形。

第二十一条 对予以告诫的家庭暴力案件，由行为发生地的公安机关自受理家庭暴力报案之日起七十二小时内出具。家庭暴力事实清楚，加害人拒不接受批评教育的，公安机关应当当场出具告诫书。

告诫书应当包括加害人的身份信息、家庭暴力的事实陈述、禁止加害人实施家庭暴力等内容。具体式样由省人民政府公安机关统一规定。

公安机关应当将告诫书及有关档案信息录入执法办案信息系统。

第二十二条 公安机关应当将告诫书送交加害人、受害人，并通知加害人、受害人住所地或者经常居住地的村（居）民委员会。

公安机关应当向加害人当场宣读告诫内容，并由加害人签名。在实施告诫时，可以邀请妇女联合会等基层组织参加；应受害人要求，可以通知加害人所在单位。加害人拒绝签收告诫书的，不影响告诫书的效力。

第二十三条 公安机关、村（居）民委员会应当在告诫书送达之日起定期回访加害人、受害人，监督加害人不再实施家庭暴力并记录存档。

加害人违反告诫书，再次实施家庭暴力的，由公安机关依法予以处理。

第二十四条 医疗机构及工作人员在诊断治疗活动中发现家庭暴力伤害病例的，应当做好诊断治疗记录，并告知受害人妥善保存相关资料，有关机关调查取证时，应当据实出具诊断、医疗证明。

第二十五条 司法鉴定机构应当依法开展家庭暴力伤情司法鉴定工作，及时出具鉴定意见。

对符合法律援助条件的受害人，法律援助机构应当提供法律援助，司法鉴定机构应当依法减免司法鉴定费用。

第二十六条　人民法院依法受理和审理因家庭暴力引发的民事和刑事案件，可以安排专人或者接受过专门培训的审判人员审理。

人民检察院对公安机关、人民法院办理家庭暴力案件，依法进行监督。

第二十七条　县级以上人民政府应当单独或者依托救助管理机构设立临时庇护场所，或者通过政府购买服务等方式，提供临时庇护场所，为家庭暴力受害人提供临时生活帮助。

公安机关、妇女联合会、村（居）民委员会等应当告知受害人享有临时庇护的权利，受害人提出临时庇护请求的，应当协助安排至临时庇护场所。

第二十八条　临时庇护场所应当符合下列条件：

（一）有必要的经费、设施、专业人员和固定场所，能够稳定持续运营；

（二）有安全保障，能够防止加害人继续实施加害行为；

（三）与公安机关以及接受家庭暴力投诉的机构、组织有畅通的合作与转介机制。

民政部门负责对社会力量设立的临时庇护场所依法进行监督、管理。

第二十九条　临时庇护场所应当做好下列工作：

（一）根据性别、年龄实行分类分区救助，妥善安排食宿，保护受害人隐私；

（二）协调社会工作服务机构、心理咨询机构等对受害人进行需求评估，提供个性化服务；

（三）协调卫生健康、司法行政等相关部门、人民法院和社会组织，为受害人提供医疗救助、司法救助、法律援助等转介服务。

第三十条　出现下列情形之一的，工会、共产主义青年团、妇女联合会、残疾人联合会以及村（居）民委员会应当结合工作特点，为家庭暴力受害人、加害人提供心理辅导，对加害人进行法治教育：

（一）因家庭暴力造成较重侵害后果的；

（二）加害人长期、多次实施家庭暴力的；

（三）受害人为未成年人、老年人、残疾人、孕期和哺乳期妇女、重病患者的；

（四）未成年人、老年人、残疾人、孕期和哺乳期妇女、重病患者虽未直接遭受家庭暴力，但因目睹家庭暴力造成精神伤害的。

第三十一条　县级以上人民政府应当建立健全反家庭暴力工作信息沟通机

制，公安、民政、司法行政等相关部门和人民法院、人民检察院以及妇女联合会等单位相关信息系统应当互联互通，共享共用，做好家庭暴力的干预、救助等工作。

第四章　人身安全保护令

第三十二条　受害人因遭受家庭暴力或者面临家庭暴力现实危险的，可以依法向人民法院申请人身安全保护令。

受害人是无民事行为能力人、限制民事行为能力人，或者因受到强制、威吓等原因无法申请人身安全保护令的，其近亲属、公安机关、妇女联合会、村（居）民委员会、救助管理机构可以代为申请。

第三十三条　申请人身安全保护令，应当具备下列条件：

（一）有明确的被申请人；

（二）有具体的请求；

（三）有遭受家庭暴力或者面临家庭暴力现实危险的情形。

申请人身安全保护令应当以书面方式提出；书面申请确有困难的，可以口头申请，由人民法院记入笔录。

第三十四条　人身安全保护令案件由申请人或者被申请人居住地、家庭暴力发生地的基层人民法院管辖。

人民法院受理申请后，应当依法在七十二小时内作出人身安全保护令或者驳回申请；情况紧急的，应当在二十四小时内作出。

人身安全保护令的有效期不超过六个月，自作出之日起生效。人身安全保护令失效前，人民法院可以根据申请人的申请撤销、变更或者延长。

第三十五条　人身安全保护令可以包括下列措施：

（一）禁止被申请人实施家庭暴力；

（二）禁止被申请人骚扰、跟踪、接触申请人及其相关近亲属；

（三）责令被申请人迁出申请人住所；

（四）保护申请人人身安全的其他措施。

人身安全保护令应当送达申请人、被申请人、公安机关以及村（居）民委员会等有关组织。

人身安全保护令由人民法院执行，公安机关以及村（居）民委员会等应当协助执行。

第三十六条　被申请人拒不履行人身安全保护令的，申请人可以向人民法院申请执行或者向公安机关报案。

村（居）民委员会发现被申请人存在违反人身安全保护令行为的，应当及时向人民法院报告或者向公安机关报案。

第三十七条　公安机关在接到被申请人违反人身安全保护令的报案后，应当依法进行调查取证，对申请人采取救助措施，并通知人民法院。

对被申请人违反人身安全保护令尚不构成犯罪的，公安机关应当将案件材料移送作出人身安全保护令的人民法院，由人民法院依法处理；涉嫌犯罪的，公安机关应当依法处理。

第五章　法律责任

第三十八条　违反本条例，法律、法规有规定的，从其规定。

第三十九条　加害人违反人身安全保护令的，有关部门或者机构应当依法纳入社会信用信息平台，实行失信联合惩戒。

第四十条　幼儿园、学校、村（居）民委员会、医疗机构、救助管理机构、社会工作服务机构、福利机构及其工作人员，违反本条例第十八条规定，未向公安机关报案，造成严重后果的，对直接负责的主管人员和其他直接责任人员依法给予处分。

第四十一条　负有反家庭暴力职责的国家工作人员玩忽职守、滥用职权、徇私舞弊的，依法给予处分；构成犯罪的，依法追究刑事责任。

第六章　附　则

第四十二条　家庭成员以外具有监护、扶养、寄养等关系的共同生活人员之间实施的暴力行为，参照本条例执行。

第四十三条　本条例自 2019 年 6 月 1 日起施行。2003 年 7 月 25 日湖北省第十届人民代表大会常务委员会第四次会议通过的《湖北省人民代表大会常务委员会关于预防和制止家庭暴力的决议》同时废止。

四、香港特别行政区《家庭及同居关系暴力条例》

家庭及同居关系暴力条例

本条例旨在对人提供使其免受家庭及同居关系中的暴力侵害的保护，以及就附带事宜订定条文。

（由 2009 年第 18 号第 3 条修订）

〔1986 年 12 月 19 日〕

1986 年第 305 号法律公告

注：

＊《2009 年家庭暴力（修订）条例》（2009 年第 18 号）对本条例作出修订。该修订条例第 17 条所载的保留条文内容如下——

“17. 保留条文

在紧接本条例生效日期（“生效日期”）前有效的《家庭暴力条例》（第 189 章）（包括附属法例）（“《未修订条例》”）继续在各方面适用于以下各项，犹如不曾制定本条例——

（a）符合以下说明的法律程序——

（i）已根据《未修订条例》展开；及

（ii）在生效日期当日尚未处置；

（b）符合以下说明的法庭命令（不论是强制令或其他命令）——

（i）根据《未修订条例》作出；及

（ii）在生效日期当日属有效；

（c）在生效日期当日或之后，在（a）段所述的法律程序中作出的法庭命令（不论是强制令或其他命令）；及

（d）与（b）或（c）段所述的法庭命令有关连的进一步的法律程序。”

生效日期：2010 年 1 月 1 日。

1. 简称

本条例可引称为《家庭及同居关系暴力条例》。

（由 2009 年第 18 号第 4 条修订）

2. 释义及适用范围

（1）在本条例中，除文意另有所指外——

“未成年人”（minor）指未满 18 岁的人；

（由 2008 年第 17 号第 3 条增补）

“申请人”（applicant）指提出申请而要求根据第 3、3A 或 3B 条发出强制令的人；

（由 2009 年第 18 号第 5 条增补）

“同居关系”（cohabitation relationship）指——

（a）指作为情侣在亲密关系下共同生活的两名人士（不论同性或异性）之间的关系；及

（b）包括已终结的该等关系；

（由 2009 年第 18 号第 5 条增补）

“同居关系一方”（party to a cohabitation relationship）不包括该段关系的另一方的配偶或前配偶；

（由 2009 年第 18 号第 5 条增补）

“指明未成年人”（specified minor）指——

（a）属有关申请人或答辩人的子女（不论是亲生子女、领养子女或继子女）的未成年人；或

（b）与有关申请人同住的未成年人；

（由 2009 年第 18 号第 5 条增补）

“婚姻居所”（matrimonial home）包括婚姻双方通常共同居住的居所，不论该居所是否同时被其他人占用；

（由 2008 年第 17 号第 3 条修订）

“答辩人”（respondent）指根据第 3、3A 或 3B 条发出或寻求根据第 3、3A 或 3B 条发出的强制令所针对的人。

（由 2008 年第 17 号第 3 条增补；由 2009 年第 18 号第 5 条修订）

（由 2008 年第 17 号第 3 条修订）

（2）

（由 2009 年第 18 号第 5 条废除）

3. 区域法院发出强制令的权力：配偶及前配偶

（1）区域法院如应任何人提出的申请，而信纳申请人的配偶或前配偶曾经骚扰申请人或某指明未成年人，则不论在有关法律程序中是否有人正寻求其他济助，法院亦可在符合第 6 条的规定下发出强制令，强制令可包括以下全部或其中任何条文——

（由 2008 年第 17 号第 4 条修订）

（a）禁制答辩人骚扰申请人的条文；

（b）禁制答辩人骚扰任何指明未成年人的条文；

（c）禁止答辩人——

（由 2008 年第 17 号第 4 条修订）

（i）（如申请人曾被答辩人骚扰）进入或留在——

（A）申请人的居所；

（B）申请人的居所的指明部分；或

（C）一处指明的地方（不论申请人的居所是否位于该地方内）的条文，不论该居所是否申请人与答辩人的共同居所或婚姻居所；（ii）（如有关指明未成年人曾被答辩人骚扰）进入或留在——

（A）该指明未成年人的居所；

（B）该未成年人的居所的指明部分；或

（C）一处指明的地方（不论该未成年人的居所是否位于该地方内）的条文，不论该居所是否该未成年人与答辩人的共同居所；

（d）规定答辩人必须准许——

（由 2008 年第 17 号第 4 条修订）

（i）（如申请人与答辩人居于同一处）申请人进入及留在该申请人与答辩人的共同居所或婚姻居所，或该共同居所或婚姻居所的指明部分；或

（ii）（如该指明未成年人与答辩人居于同一处）该未成年人进入及留在该未成年人与答辩人的共同居所，或该共同居所的指明部分的条文。

（1A）法院可于载有第（1）（a）或（b）款所述条文的强制令中包括一项条文，规定答辩人参与以改变导致发出该强制令的态度及行为为目的并获社会福利署署长核准的任何计划。

（由 2008 年第 17 号第 4 条增补）

（2）在行使发出载有第（1）（c）或（d）款所述条文的强制令的权力时，区域法院须考虑双方对另一方的行为或其他行为、双方的各自需要及经济能力、任何指明未成年人的需要以及该个案的所有情况。

（3）

（由 2009 年第 18 号第 6 条废除）

（由 1998 年第 25 号第 2 条修订；由 2008 年第 17 号第 4 条修订）

[比照 1976 c. 50 s. 1 U. K.]

注：

＊（由 2008 年第 17 号第 4 条修订）

3A. 区域法院发出强制令的权力：其他亲属

（1）区域法院如应任何人提出的申请，而信纳申请人的亲属曾经骚扰申请人，可发出针对该亲属的强制令。

（由 2009 年第 18 号第 7 条修订）

（2）在第（1）款中，“亲属”（relative）指——

（a）申请人的父亲、母亲、祖父母或外祖父母（不论是在亲生关系或领养关系之下的）；

（b）申请人的继父、继母、继祖父母或继外祖父母；

（c）申请人的配偶的父亲或配偶的母亲，而该父亲或母亲是该申请人的配偶的亲生父母、领养父母或继父母；

（d）申请人的配偶的祖父母或配偶的外祖父母，而该祖父母或外祖父母是该申请人的配偶的亲生祖父母、亲生外祖父母、领养祖父母、领养外祖父母、继祖父母或继外祖父母；

（e）申请人的儿子、女儿、孙、孙女、外孙或外孙女（不论是在亲生关系或领养关系之下的）；

（f）申请人的继子、继女、继孙、继孙女、继外孙或继外孙女；

（g）申请人的女婿或媳妇，而该女婿或媳妇是该申请人的亲生子女、领养子女或继子女的配偶；

（h）申请人的孙女婿、孙媳妇、外孙女婿或外孙媳妇，而该孙女婿、孙媳妇、外孙女婿或外孙媳妇是该申请人的亲生孙、亲生外孙、领养孙、领养外孙、继孙或继外孙的配偶；

（i）申请人的兄弟或姊妹（不论是全血亲、半血亲或凭借领养关系）；

（j）申请人的配偶的兄弟或姊妹（不论是全血亲、半血亲或凭借领养关系）；

（k）申请人的继兄弟或继姊妹；

（l）申请人的配偶的继兄弟或继姊妹；

（m）申请人的伯父母、叔父母、舅父母、姑丈、姑母、姨丈、姨母、侄儿、侄女、甥、甥女、表兄弟、表姊妹、堂兄弟或堂姊妹（不论是全血亲、半血亲或凭借领养关系）；

（n）申请人的配偶的伯父母、叔父母、舅父母、姑丈、姑母、姨丈、姨

母、侄儿、侄女、甥、甥女、表兄弟、表姊妹、堂兄弟或堂姊妹（不论是全血亲、半血亲或凭借领养关系）；或

（o）（i）、（j）、（k）、（l）、（m）或（n）段所述的任何人的配偶。

（3）任何未成年人如根据第（1）款申请强制令，须经由其起诉监护人提出申请。

（4）在符合第6条的规定下，不论在有关法律程序中是否有人正寻求其他济助，根据第（1）款发出的强制令，可包括以下全部或其中任何条文——

（a）禁制答辩人骚扰申请人的条文；

（b）禁止答辩人进入或留在——

（i）申请人的居所；

（ii）申请人的居所的指明部分；或

（iii）一处指明的地方（不论申请人的居所是否位于该地方内）的条文，不论该居所是否申请人与答辩人的共同居所；

（c）（如申请人与答辩人居于同一处）规定答辩人必须准许申请人进入及留在——

（i）申请人与答辩人的共同居所；或

（ii）该共同居所的指明部分的条文。

（5）法院可于载有第（4）（a）款所述条文的强制令中包括一项条文，规定答辩人参与以改变导致发出该强制令的态度及行为为目的并获社会福利署署长核准的任何计划。

（6）在行使发出载有第（4）（b）或（c）款所述条文的强制令的权力时，区域法院须考虑——

（a）（如申请人与答辩人居于同一处）就申请人与答辩人的共同居所而言，谁有——

（i）该居所的法定或实益权益；或

（ii）占用该居所的合约或法定权利；

（b）（如申请人与答辩人居于同一处）该强制令对申请人、答辩人及与他们居于同一处的其他家庭成员之间的关系的影响；

（c）申请人及答辩人双方对另一方的行为或其他行为；

（d）申请人及答辩人的各自需要及经济能力；及

（e）该个案的所有情况。

（由2008年第17号第5条增补）

3B. 区域法院发出强制令的权力：同居人士及前同居人士

（1）区域法院如应同居关系一方提出的申请，而信纳该段同居关系的另一方曾经骚扰申请人或某指明未成年人，则不论在有关法律程序中是否有人正寻求其他济助，法院亦可在符合第6条的规定下发出强制令，强制令可包括以下全部或其中任何条文——

（a）禁制答辩人骚扰申请人的条文；

（b）禁制答辩人骚扰该指明未成年人的条文；

（c）禁止答辩人——

（i）（如申请人曾被答辩人骚扰）进入或留在——

（A）申请人的居所；

（B）申请人的居所的指明部分；或

（C）一处指明的地方（不论申请人的居所是否位于该地方内）的条文，不论该居所是否申请人与答辩人的共同居所；

（ii）（如该指明未成年人曾被答辩人骚扰）进入或留在——

（A）该指明未成年人的居所；

（B）该未成年人的居所的指明部分；或

（C）一处指明的地方（不论该未成年人的居所是否位于该地方内）的条文，不论该居所是否该未成年人与答辩人的共同居所；

（d）规定答辩人必须准许——

（i）（如申请人与答辩人居于同一处）申请人进入及留在申请人与答辩人的共同居所，或该共同居所的指明部分；或

（ii）（如该指明未成年人与答辩人居于同一处）该未成年人进入及留在该未成年人与答辩人的共同居所，或该共同居所的指明部分的条文。

（2）为裁定两名人士（“双方”）是否处于同居关系，法院须顾及该段关系的所有情况，包括而不限于攸关该个案的任何以下元素——

（a）双方是否在同一住户内共同生活；

（b）双方有否分担其日常生活中的事务及责任；

（c）该段关系是否具稳定性和永久性；

（d）双方之间在开支分担或经济资助方面的安排，及在财政方面依靠对方或互相依靠的程度；

（e）双方之间是否有性关系；

（f）双方有否分担对某指明未成年人的照顾和供养；

（g）双方共同生活的理由，及彼此承诺共度人生的程度；

（h）双方在与亲友或其他人士交往时的行为，是否恰如处于同居关系中的两方，及双方的亲友或其他人士是否如此看待双方。

（3）法院可于载有第（1）（a）或（b）款所述条文的强制令中包括一项条文，规定答辩人参与以改变导致发出该强制令的态度及行为为目的并获社会福利署署长核准的任何计划。

（4）在行使发出载有第（1）（c）或（d）款所述条文的强制令的权力时，区域法院须考虑双方对另一方的行为或其他行为、双方的各自需要及经济能力、任何指明未成年人的需要以及该个案的所有情况。

（由 2009 年第 18 号第 8 条增补）

4. 在若干情况下原讼法庭可行使区域法院的权力

在以下情况，原讼法庭可行使第 3、3A 或 3B 条赋予区域法院的权力——

（由 2008 年第 17 号第 6 条修订；由 2009 年第 18 号第 9 条修订）

（a）案件情况紧急；或

（b）原讼法庭信纳案件情况特殊，以致由原讼法庭行使该等权力较由区域法院行使为恰当。

（由 1998 年第 25 号第 2 条修订）

5. 逮捕违反命令的人

*（1）凡法院依据第 3、3A 或 3B 条发出载有以下条文的强制令，或应婚姻其中一方针对婚姻另一方提出的申请，依据任何其他权力发出载有以下条文的强制令——

（由 2009 年第 18 号第 10 条修订）

（a）禁制任何人对另一人（“受保护的人”）施用暴力的条文；或

（b）禁止任何人进入或留在任何处所或地方的条文，法院可在符合第（1A）款及第 6 条的规定下，在强制令附上一份符合订明格式的逮捕授权书。

（由 2008 年第 17 号第 7 条代替）

*（1A）除非法院——

（a）信纳有关的人曾导致受保护的人身体受伤害；或

（b）合理地相信有关的人相当可能会导致受保护的人身体受伤害，否则法院不得根据第（1）款在针对该人发出的强制令附上逮捕授权书。

（由 2008 年第 17 号第 7 条增补）

*（1B）法院可在——

（a）发出强制令时；或

（b）强制令的有效期内的任何时间，根据第（1）款在强制令附上逮捕授权书。

（由 2008 年第 17 号第 7 条增补）

（2）凡强制令根据第（1）款附有逮捕授权书，警务人员无需手令，即可逮捕任何他合理地怀疑在违反该强制令的情况下，施用暴力，或进入或留在该强制令指明的处所或地方（视乎强制令的内容而定）的人；该警务人员并具有进行逮捕时所需的一切权力，包括使用适度武力强行进入某处所或地方进行该次逮捕的权力。

（3）根据第（2）款被逮捕的人——

（a）须在被逮捕翌日午夜前——

（i）带到原讼法庭席前（如有关的逮捕授权书是根据第（1）款附于由原讼法庭发出的强制令上的）；或

（ii）带到区域法院席前（如有关的逮捕授权书是根据第（1）款附于由区域法院发出的强制令上的）；及

（b）如无原讼法庭或区域法院（视乎强制令由前者或后者发出而定）的指示，不得在（a）段所述期间内获释，但本条并不授权任何人在（a）段所述期间届满后拘留被逮捕的人。

（4）除适用于烈风警告日或黑色暴雨警告日的部分外，《释义及通则条例》（第 1 章）第 71 条不适用于本条。

（由 1998 年第 25 号第 2 条修订；由 2008 年第 17 号第 7 条修订）

［比照 1976 c. 50 s. 2 U. K.］

注：

*《2008 年家庭暴力（修订）条例》（2008 年第 17 号）第 7 条对本条作出修订。该修订条例第 18 条所载的保留条文内容如下——

“18. 保留条文

在本条例生效日期前根据《家庭暴力条例》（第 189 章）第 5（1）条附于强制令的逮捕权书，自本条例生效时起，须就所有目的而言视为根据经本条例修订的该条附上的逮捕授权书。”

生效日期：2008 年 8 月 1 日。

6. 对强制令及逮捕授权书的限制

（1）载于根据第 3、3A 或 3B 条发出的强制令内的第 3（1）（c）或（d）、

3A（4）（b）或（c）或3B（1）（c）或（d）条所述条文，在法院认为适当的时间内有效，但有效期不得超过24个月。

（由2008年第17号第8条代替）

（2）根据第5（1）条附于强制令的逮捕授权书，在——

（a）法院认为适当的时间内有效，但有效期不得超过24个月；及

（b）该强制令有效期届满时期满失效。

（由2008年第17号第8条代替）

（3）本条例并不授权法院应同居关系一方提出的申请而——

（由2009年第18号第11条修订）

（a）发出包括第3B（1）（c）或（d）条所述条文的强制令；或

（b）根据第5（1）条在强制令附上逮捕授权书，但在以下情况下除外：该法院在考虑该段同居关系的永久性后，信纳发出该强制令或附上该逮捕授权书在所有情况下均属恰当。

（由2008年第17号第8条修订）

（由2009年第18号第11条修订）

注：

*（由2008年第17号第8条修订）

7. 法院可延长强制令及逮捕授权书的有效期

（1）除第（4）款另有规定外，法院可应申请——

（a）延长根据第3、3A或3B条发出并载有第3（1）（c）或（d）、3A（4）（b）或（c）或3B（1）（c）或（d）条所述条文的强制令的有效期；或

（由2009年第18号第12条修订）

（b）（如该强制令根据第5（1）条附上逮捕授权书）延长该逮捕授权书的有效期，至法院认为适当的较长期间。

（2）法院只可在强制令的有效期内，根据第（1）款延长有关的强制令或逮捕授权书的有效期。

（3）第（1）款所指的申请可由下述人士提出——

（a）有关的强制令的申请人；

（b）（如有关的强制令的申请人为未成年人）经由起诉监护人提出申请的该未成年人。

（4）任何强制令或逮捕授权书的有效期，不可根据第（1）款延长至超过该强制令发出之日的第二个周年日。

（由 2008 年第 17 号第 9 条代替）

7A. 法院可更改或暂停执行管养令或探视令

（1）如——

（a）法院根据第 3、3A 或 3B 条，发出载有第 3（1）（c）、3A（4）（b）或 3B（1）（c）条所述条文的强制令，而该强制令涉及某未成年人；及

（由 2009 年第 18 号第 13 条修订）

（b）在法院对该强制令的申请作出决定时，有一项有效的——

（i）将有关的未成年人的管养权授予该强制令的答辩人的法庭命令；或

（ii）准许该强制令的答辩人探视该未成年人的法庭命令，则该法院可为施行该条文，而以该法院认为必需的方式更改或暂停执行该法庭命令。

（2）在第（1）（b）款中，“法庭命令”（court order）——

（a）就将第（1）款应用于区域法院而言，指区域法院作出的命令；及

（b）就将第（1）款应用于原讼法庭而言，指原讼法庭或区域法院作出的命令。

（3）法院于考虑根据第（1）款更改或暂停执行法庭命令时——

（a）须以有关的未成年人的福利为首要考虑事项；及

（b）于考虑此事项时，须对下列因素给予适当考虑——

（i）有关的未成年人的意愿（如在顾及该未成年人的年龄及理解力以及有关个案的情况下，考虑其意愿属切实可行者）；及

（ii）任何关键性资料，包括在聆讯进行时备呈法院的社会福利署署长的任何报告。

（4）如有法庭命令根据第（1）款被更改，则不论任何其他条例或法律规则有何规定，该命令须在该项更改的规限下具有效力。

（5）就某强制令而根据第（1）款对某法庭命令作出的更改，须藉在该强制令附上一份批注有更改详情的命令的副本示明。

（6）就某强制令而对某法庭命令作出的更改或予以暂停执行，在该强制令有效期届满时，即不再有效。

（由 2008 年第 17 号第 10 条增补）

8. 实务及程序的规则

终审法院首席法官可为施行本条例就以下事项订立规则——

（a）根据本条例提出申请的聆讯及裁定；

（b）根据本条例提出申请或发出命令而使用的有关表格；

（c）文件的送达；

(d) 有关各方出庭应讯；

(e) 按根据第5(1)条附于强制令上的逮捕授权书而被逮捕的人的保释事宜；及

(由2008年第17号第11条修订)

(f) 将在原讼法庭展开的法律程序由原讼法庭移交区域法院处理，以及将在区域法院展开的法律程序由区域法院移交原讼法庭处理。

(由1998年第25号第2条修订)

9. 关于现行司法管辖权的保留性条文

本条例所赋予的，是原讼法庭及区域法院的额外权力，而不减损法院现行权力。

(由1998年第25号第2条修订)

10. 强制令无须注册

载有第3(1)(c)或(d)、3A(4)(b)或(c)或3B(1)(c)或(d)条所述条文的强制令无须根据《土地注册条例》(第128章)注册。

(由2008年第17号第12条修订；由2009年第18号第14条修订)

11. 法院的权力由一位法官行使

(1) 本条例赋予原讼法庭的权力由一位原讼法庭法官行使。

(2) 本条例赋予区域法院的权力由一位区域法院法官行使。

(由1998年第25号第2条修订)

五、台湾地区"家庭暴力防治法"

"家庭暴力防治法"

1998年6月24日公布全文54条

2007年3月28日修正公布全文66条

2008年1月9日修正公布第10条条文

2009年4月22日修正公布第50条条文

2009年4月29日修正公布第58条条文

2015年2月4日公布增订第30条之1、第34条之1、第36条之1、第36条之2、第50条之1、第58条之1、第61条之1及第63条之1条文；并修正

第2条、第4条至第6条、第8条、第11条、第14条至第17条、第19条、第20条、第31条、第32条、第34条、第36条、第37条、第38条、第42条、第48条至第50条、第58条、第59条及第60条条文

本法104.02.04增订之第63－1条条文自公布后一年施行。

第一章　通　则

第1条

为防治家庭暴力行为及保护被害人权益，特制定“本法”。

第2条

“本法”用词定义如下：

一、家庭暴力：指家庭成员间实施身体、精神或经济上之骚扰、控制、胁迫或其他不法侵害之行为。

二、家庭暴力罪：指家庭成员间故意实施家庭暴力行为而成立其他“法律”所规定之犯罪。

三、目睹家庭暴力：指看见或直接听闻家庭暴力。

四、骚扰：指任何打扰、警告、嘲弄或辱骂他人之言语、动作或制造使人心生畏怖情境之行为。

五、跟踪：指任何以人员、车辆、工具、设备、电子通讯或其他方法持续性监视、跟追或掌控他人行踪及活动之行为。

六、加害人处遇计划：指对于加害人实施之认知教育辅导、亲职教育辅导、心理辅导、精神治疗、戒瘾治疗或其他辅导、治疗。

第3条

“本法”所定家庭成员，包括下列各员及其未成年子女：

一、配偶或前配偶。

二、现有或曾有同居关系、家长家属或家属间关系者。

三、现为或曾为直系血亲或直系姻亲。

四、现为或曾为四亲等以内之旁系血亲或旁系姻亲。

第4条

“本法”所称主管机关：在“中央”为卫生福利部；在“直辖市”为“直辖市政府”；在“县（市）”为“县（市）政府”。

“本法”所定事项，主管机关及目的事业主管机关应就其权责范围，针对

家庭暴力防治之需要，尊重多元文化差异，主动规划所需保护、预防及倡导措施，对涉及相关机关之防治业务，并应全力配合之，其权责事项如下：

一、主管机关：家庭暴力防治政策之规划、推动、监督、订定跨机关（构）合作规范及定期公布家庭暴力相关统计等事宜。

二、卫生主管机关：家庭暴力被害人验伤、采证、身心治疗、咨商及加害人处遇等相关事宜。

三、教育主管机关：各级学校家庭暴力防治教育、目睹家庭暴力儿童及少年之辅导措施、家庭暴力被害人及其子女就学权益之维护等相关事宜。

四、劳工主管机关：家庭暴力被害人职业训练及就业服务等相关事宜。

五、警政主管机关：家庭暴力被害人及其未成年子女人身安全之维护及紧急处理、家庭暴力犯罪侦查与刑事案件数据统计等相关事宜。

六、法务主管机关：家庭暴力犯罪之侦查、矫正及再犯预防等刑事司法相关事宜。

七、移民主管机关：设籍前之外籍、大陆或港澳配偶因家庭暴力造成逾期停留、居留及协助其在台居留或定居权益维护等相关事宜。

八、文化主管机关：出版品违反“本法”规定之处理等相关事宜。

九、通讯传播主管机关：广播、电视及其他通讯传播媒体违反“本法”规定之处理等相关事宜。

十、户政主管机关：家庭暴力被害人与其未成年子女身分数据及户籍等相关事宜。

十一、其他家庭暴力防治措施，由相关目的事业主管机关依职权办理。

第 5 条

“中央”主管机关应办理下列事项：

一、研拟家庭暴力防治“法规”及“政策”。

二、协调、督导有关机关家庭暴力防治事项之执行。

三、提高家庭暴力防治有关机构之服务效能。

四、督导及推展家庭暴力防治教育。

五、协调被害人保护计划及加害人处遇计划。

六、协助公立、私立机构建立家庭暴力处理程序。

七、统筹建立、管理家庭暴力电子数据库，供法官、检察官、警察、医师、护理人员、心理师、社会工作人员及其他政府机关使用，并对被害人之身分予以保密。

八、协助地方政府推动家庭暴力防治业务，并提供辅导及补助。

九、每四年对家庭暴力问题、防治现况成效与需求进行调查分析，并定期公布家庭暴力致死人数、各项补助及医疗救护支出等相关之统计分析资料。各相关单位应配合调查，提供统计及分析资料。

十、其他家庭暴力防治有关事项。

"中央"主管机关办理前项事项，应遴聘（派）学者专家、民间团体及相关机关代表提供咨询，其中学者专家、民间团体代表之人数，不得少于总数二分之一；且任一性别人数不得少于总数三分之一。

第一项第七款规定电子数据库之建立、管理及使用办法，由"中央"主管机关定之。

第6条

"中央"主管机关为加强推动家庭暴力及性侵害相关工作，应设置基金；其收支保管及运用办法，由行政院定之。

前项基金来源如下：

一、政府预算拨充。

二、缓起诉处分金。

三、认罪协商金。

四、本基金之孳息收入。

五、受赠收入。

六、依"本法"所处之罚款。

七、其他相关收入。

第7条

"直辖市、县（市）"主管机关为协调、研究、审议、咨询、督导、考核及推动家庭暴力防治工作，应设家庭暴力防治委员会；其组织及会议事项，由"直辖市、县（市）"主管机关定之。

第8条

"直辖市、县（市）"主管机关应整合所属警政、教育、卫生、社政、民政、户政、劳工、新闻等机关、单位业务及人力，设立家庭暴力防治中心，并协调司法、移民相关机关，办理下列事项：

一、提供二十四小时电话专线服务。

二、提供被害人二十四小时紧急救援、协助诊疗、验伤、采证及紧急安置。

三、提供或转介被害人经济扶助、法律服务、就学服务、住宅辅导，并以阶段性、支持性及多元性提供职业训练与就业服务。

四、提供被害人及其未成年子女短、中、长期庇护安置。

五、提供或转介被害人、经评估有需要之目睹家庭暴力儿童及少年或家庭成员身心治疗、咨商、社会与心理评估及处置。

六、转介加害人处遇及追踪辅导。

七、追踪及管理转介服务案件。

八、推广家庭暴力防治教育、训练及倡导。

九、办理危险评估，并召开跨机构网络会议。

十、其他家庭暴力防治有关之事项。

前项中心得与性侵害防治中心合并设立，并应配置社会工作、警察、卫生及其他相关专业人员；其组织，由直辖市、县（市）主管机关定之。

第二章　民事保护令

第一节　声请及审理

第 9 条

民事保护令（以下简称保护令）分为通常保护令、暂时保护令及紧急保护令。

第 10 条

被害人得向法院声请通常保护令、暂时保护令；被害人为未成年人、身心障碍者或因故难以委任代理人者，其法定代理人、三亲等以内之血亲或姻亲，得为其向法院声请之。

检察官、警察机关或直辖市、县（市）主管机关得向法院声请保护令。

保护令之声请、撤销、变更、延长及抗告，均免征裁判费，并准用“民事诉讼法”第七十七条之二十三第四项规定。

第 11 条

保护令之声请，由被害人之住居所地、相对人之住居所地或家庭暴力发生地之地方法院管辖。

前项地方法院，于设有少年及家事法院地区，指少年及家事法院。

第12条

保护令之声请，应以书面为之。但被害人有受家庭暴力之急迫危险者，检察官、警察机关或直辖市、县（市）主管机关，得以言词、电信传真或其他科技设备传送之方式声请紧急保护令，并得于夜间或休息日为之。

前项声请得不记载声请人或被害人之住居所，仅记载其送达处所。

法院为定管辖权，得调查被害人之住居所。经声请人或被害人要求保密被害人之住居所，法院应以秘密方式讯问，将该笔录及相关数据密封，并禁止阅览。

第13条

声请保护令之程序或要件有欠缺者，法院应以裁定驳回之。但其情形可以补正者，应定期间先命补正。

法院得依职权调查证据，必要时得隔别讯问。

前项隔别讯问，必要时得依声请或依职权在法庭外为之，或采有声音及影像相互传送之科技设备或其他适当隔离措施。

被害人得于审理时，声请其亲属或个案辅导之社工人员、心理师陪同被害人在场，并得陈述意见。

保护令事件之审理不公开。

法院于审理终结前，得听取直辖市、县（市）主管机关或社会福利机构之意见。

保护令事件不得进行调解或和解。

法院受理保护令之声请后，应即行审理程序，不得以当事人间有其他案件侦查或诉讼系属为由，推迟核发保护令。

第14条

法院于审理终结后，认有家庭暴力之事实且有必要者，应依声请或依职权核发包括下列一款或数款之通常保护令：

一、禁止相对人对于被害人、目睹家庭暴力儿童及少年或其特定家庭成员实施家庭暴力。

二、禁止相对人对于被害人、目睹家庭暴力儿童及少年或其特定家庭成员为骚扰、接触、跟踪、通话、通信或其他非必要之联络行为。

三、命相对人迁出被害人、目睹家庭暴力儿童及少年或其特定家庭成员之住居所；必要时，并得禁止相对人就该不动产为使用、收益或处分行为。

四、命相对人远离下列场所特定距离：被害人、目睹家庭暴力儿童及少年或其特定家庭成员之住居所、学校、工作场所或其他经常出入之特定场所。

五、定汽车、机车及其他个人生活上、职业上或教育上必需品之使用权；必要时，并得命交付之。

六、定暂时对未成年子女权利义务之行使或负担，由当事人之一方或双方共同任之、行使或负担之内容及方法；必要时，并得命交付子女。

七、定相对人对未成年子女会面交往之时间、地点及方式；必要时，并得禁止会面交往。

八、命相对人给付被害人住居所之租金或被害人及其未成年子女之扶养费。

九、命相对人交付被害人或特定家庭成员之医疗、辅导、庇护所或财物损害等费用。

十、命相对人完成加害人处遇计划。

十一、命相对人负担相当之律师费用。

十二、禁止相对人查阅被害人及受其暂时监护之未成年子女户籍、学籍、所得来源相关信息。

十三、命其他保护被害人、目睹家庭暴力儿童及少年或其特定家庭成员之必要命令。

法院为前项第六款、第七款裁定前，应考虑未成年子女之最佳利益，必要时并得征询未成年子女或社会工作人员之意见。

第一项第十款之加害人处遇计划，法院得径命相对人接受认知教育辅导、亲职教育辅导及其他辅导，并得命相对人接受有无必要施以其他处遇计划之鉴定；“直辖市、县（市）”主管机关得于法院裁定前，对处遇计划之实施方式提出建议。

第一项第十款之裁定应载明处遇计划完成期限。

第 15 条

通常保护令之有效期间为二年以下，自核发时起生效。

通常保护令失效前，法院得依当事人或被害人之声请撤销、变更或延长之。延长保护令之声请，每次延长期间为二年以下。

检察官、警察机关或直辖市、县（市）主管机关得为前项延长保护令之声请。

通常保护令所定之命令，于期间届满前经法院另为裁判确定者，该命令失其效力。

第16条

法院核发暂时保护令或紧急保护令，得不经审理程序。

法院为保护被害人，得于通常保护令审理终结前，依声请或依职权核发暂时保护令。

法院核发暂时保护令或紧急保护令时，得依声请或依职权核发第十四条第一项第一款至第六款、第十二款及第十三款之命令。

法院于受理紧急保护令之声请后，依声请人到庭或电话陈述家庭暴力之事实，足认被害人有受家庭暴力之急迫危险者，应于四小时内以书面核发紧急保护令，并得以电信传真或其他科技设备传送紧急保护令予警察机关。

声请人于声请通常保护令前声请暂时保护令或紧急保护令，其经法院准许核发者，视为已有通常保护令之声请。

暂时保护令、紧急保护令自核发时起生效，于声请人撤回通常保护令之声请、法院审理终结核发通常保护令或驳回声请时失其效力。

暂时保护令、紧急保护令失效前，法院得依当事人或被害人之声请或依职权撤销或变更之。

第17条

法院对相对人核发第十四条第一项第三款及第四款之保护令，不因被害人、目睹家庭暴力儿童及少年或其特定家庭成员同意相对人不迁出或不远离而失其效力。

第18条

保护令除紧急保护令外，应于核发后二十四小时内发送当事人、被害人、警察机关及“直辖市、县（市）”主管机关。

“直辖市、县（市）”主管机关应登录法院所核发之保护令，并供司法及其他执行保护令之机关查阅。

第19条

法院应提供被害人或证人安全出庭之环境与措施。

“直辖市、县（市）”主管机关应于所在地地方法院自行或委托民间团体设置家庭暴力事件服务处所，法院应提供场所、必要之软硬件设备及其他相关协助。但离岛法院有碍难情形者，不在此限。

前项地方法院，于设有少年及家事法院地区，指少年及家事法院。

第20条

保护令之程序，除本章别有规定外，适用家事事件法有关规定。

关于保护令之裁定，除有特别规定者外，得为抗告；抗告中不停止执行。

第二节　执　行

第21条

保护令核发后，当事人及相关机关应确实遵守，并依下列规定办理：

一、不动产之禁止使用、收益或处分行为及金钱给付之保护令，得为强制执行名义，由被害人依强制执行法声请法院强制执行，并暂免征收执行费。

二、于“直辖市、县（市）”主管机关所设处所为未成年子女会面交往，及由“直辖市、县（市）主管机关”或其所属人员监督未成年子女会面交往之保护令，由相对人向直辖市、县（市）主管机关申请执行。

三、完成加害人处遇计划之保护令，由“直辖市、县（市）”主管机关执行之。

四、禁止查阅相关信息之保护令，由被害人向相关机关申请执行。

五、其他保护令之执行，由警察机关为之。

前项第二款及第三款之执行，必要时得请求警察机关协助之。

第22条

警察机关应依保护令，保护被害人至被害人或相对人之住居所，确保其安全占有住居所、汽车、机车或其他个人生活上、职业上或教育上必需品。

前项汽车、机车或其他个人生活上、职业上或教育上必需品，相对人应依保护令交付而未交付者，警察机关得依被害人之请求，进入住宅、建筑物或其他目标物所在处所解除相对人之占有或扣留取交被害人。

第23条

前条所定必需品，相对人应一并交付有关证照、书据、印章或其他凭证而未交付者，警察机关得将之取交被害人。

前项凭证取交无着时，其属被害人所有者，被害人得向相关主管机关申请变更、注销或补行发给；其属相对人所有而为行政机关制发者，被害人得请求原核发机关发给保护令有效期间之代用凭证。

第24条

义务人不依保护令交付未成年子女时，权利人得声请警察机关限期命义务人交付，届期未交付者，命交付未成年子女之保护令得为强制执行名义，由权利人声请法院强制执行，并暂免征收执行费。

第 25 条

义务人不依保护令之内容办理未成年子女之会面交往时，执行机关或权利人得依前条规定办理，并得向法院声请变更保护令。

第 26 条

当事人之一方依第十四条第一项第六款规定取得暂时对未成年子女权利义务之行使或负担者，得持保护令径向户政机关申请未成年子女户籍迁徙登记。

第 27 条

当事人或利害关系人对于执行保护令之方法、应遵行之程序或其他侵害利益之情事，得于执行程序终结前，向执行机关声明异议。

前项声明异议，执行机关认其有理由者，应即停止执行并撤销或更正已为之执行行为；认其无理由者，应于十日内加具意见，送原核发保护令之法院裁定之。

对于前项法院之裁定，不得抗告。

第 28 条（略）

第三章　刑事程序

第 29 条

警察人员发现家庭暴力罪之现行犯时，应径行逮捕之，并依“刑事诉讼法”第九十二条规定处理。

检察官、司法警察官或司法警察侦查犯罪认被告或犯罪嫌疑人犯家庭暴力罪或违反保护令罪嫌疑重大，且有继续侵害家庭成员生命、身体或自由之危险，而情况急迫者，得径行拘提之。

前项拘提，由检察官亲自执行时，得不用拘票；由司法警察官或司法警察执行时，以其急迫情形不及报请检察官者为限，于执行后，应即报请检察官签发拘票。如检察官不签发拘票时，应即将被拘提人释放。

第 30 条

检察官、司法警察官或司法警察依前条第二项、第三项规定径行拘提或签发拘票时，应审酌一切情状，尤应注意下列事项：

一、被告或犯罪嫌疑人之暴力行为已造成被害人身体或精神上伤害或骚扰，不立即隔离者，被害人或其家庭成员生命、身体或自由有遭受侵害之危险。

二、被告或犯罪嫌疑人有长期连续实施家庭暴力或有违反保护令之行为、酗酒、施用毒品或滥用药物之习惯。

三、被告或犯罪嫌疑人有利用凶器或其他危险物品恐吓或施暴行于被害人之纪录，被害人有再度遭受侵害之虞者。

四、被害人为儿童、少年、老人、身心障碍或具有其他无法保护自身安全之情形。

第 30－1 条

被告经法官讯问后，认为犯违反保护令者、家庭成员间故意实施家庭暴力行为而成立之罪，其嫌疑重大，有事实足认为有反复实行前开犯罪之虞，而有羁押之必要者，得羁押之。

第 31 条

家庭暴力罪或违反保护令罪之被告经检察官或法院讯问后，认无羁押之必要，而命具保、责付、限制住居或释放者，对被害人、目睹家庭暴力儿童及少年或其特定家庭成员得附下列一款或数款条件命被告遵守：

一、禁止实施家庭暴力。

二、禁止为骚扰、接触、跟踪、通话、通信或其他非必要之联络行为。

三、迁出住居所。

四、命相对人远离其住居所、学校、工作场所或其他经常出入之特定场所特定距离。

五、其他保护安全之事项。

前项所附条件有效期间自具保、责付、限制住居或释放时起生效，至刑事诉讼终结时为止，最长不得逾一年。

检察官或法院得依当事人之声请或依职权撤销或变更依第一项规定所附之条件。

第 32 条

被告违反检察官或法院依前条第一项规定所附之条件者，检察官或法院得撤销原处分，另为适当之处分；如有缴纳保证金者，并得没入其保证金。

被告违反检察官或法院依前条第一项第一款所定应遵守之条件，犯罪嫌疑重大，且有事实足认被告有反复实施家庭暴力行为之虞，而有羁押之必要者，侦查中检察官得声请法院羁押之；审判中法院得命羁押之。

第 33 条

第三十一条及前条第一项规定，于羁押中之被告，经法院裁定停止羁押者，准用之。

停止羁押之被告违反法院依前项规定所附之条件者，法院于认有羁押必要时，得命再执行羁押。

第 34 条

检察官或法院为第三十一条第一项及前条第一项之附条件处分或裁定时，应以书面为之，并送达于被告、被害人及被害人住居所所在地之警察机关。

第 34-1 条

法院或检察署有下列情形之一，应实时通知被害人所在地之警察机关及家庭暴力防治中心：

一、家庭暴力罪或违反保护令罪之被告解送法院或检察署经检察官或法官讯问后，认无羁押之必要，而命具保、责付、限制住居或释放者。

二、羁押中之被告，经法院撤销或停止羁押者。

警察机关及家庭暴力防治中心于接获通知后，应立即通知被害人或其家庭成员。

前二项通知应于被告释放前通知，且得以言词、电信传真或其他科技设备传送之方式通知。但被害人或其家庭成员所在不明或通知显有困难者，不在此限。

第 35 条

警察人员发现被告违反检察官或法院依第三十一条第一项、第三十三条第一项规定所附之条件者，应即报告检察官或法院。第二十九条规定，于本条情形，准用之。

第 36 条

对被害人之讯问或诘问，得依声请或依职权在法庭外为之，或采取适当隔离措施。

警察机关于询问被害人时，得采取适当之保护及隔离措施。

第 36-1 条

被害人于侦查中受讯问时，得自行指定其亲属、医师、心理师、辅导人员或社工人员陪同在场，该陪同人并得陈述意见。

被害人前项之请求，检察官除认其在场有妨碍侦查之虞者，不得拒绝之。

陪同人之席位应设于被害人旁。

第 36-2 条

被害人受讯问前，检察官应告知被害人得自行选任符合第三十六条之一资格之人陪同在场。

第37条

对于家庭暴力罪或违反保护令罪案件所为之起诉书、声请简易判决处刑书、不起诉处分书、缓起诉处分书、撤销缓起诉处分书、裁定书或判决书，应送达于被害人。

第38条

犯家庭暴力罪或违反保护令罪而受缓刑之宣告者，在缓刑期内应付保护管束。

法院为前项缓刑宣告时，除显无必要者外，应命被告于付缓刑保护管束期间内，遵守下列一款或数款事项：

一、禁止实施家庭暴力。

二、禁止对被害人、目睹家庭暴力儿童及少年或其特定家庭成员为骚扰、接触、跟踪、通话、通信或其他非必要之联络行为。

三、迁出被害人、目睹家庭暴力儿童及少年或其特定家庭成员之住居所。

四、命相对人远离下列场所特定距离：被害人、目睹家庭暴力儿童及少年或其特定家庭成员之住居所、学校、工作场所或其他经常出入之特定场所。

五、完成加害人处遇计划。

六、其他保护被害人、目睹家庭暴力儿童及少年或其特定家庭成员安全之事项。

法院依前项第五款规定，命被告完成加害人处遇计划前，得准用第十四条第三项规定。

法院为第一项之缓刑宣告时，应即通知被害人及其住居所所在地之警察机关。

受保护管束人违反第二项保护管束事项情节重大者，撤销其缓刑之宣告。

第39条

前条规定，于受刑人经假释出狱付保护管束者，准用之。

第40条

检察官或法院依第三十一条第一项、第三十三条第一项、第三十八条第二项或前条规定所附之条件，得通知直辖市、县（市）主管机关或警察机关执行之。

第41条

“法务部”应订定并执行家庭暴力罪或违反保护令罪受刑人之处遇计划。

前项计划之订定及执行之相关人员，应接受家庭暴力防治教育及训练。

第 42 条

矫正机关应将家庭暴力罪或违反保护令罪受刑人预定出狱之日期通知被害人、其住居所所在地之警察机关及家庭暴力防治中心。但被害人之所在不明者，不在此限。

受刑人如有脱逃之事实，矫正机关应立即为前项之通知。

第四章　父母子女

第 43 条

法院依法为未成年子女酌定或改定权利义务之行使或负担之人时，对已发生家庭暴力者，推定由加害人行使或负担权利义务不利于该子女。

第 44 条

法院依法为未成年子女酌定或改定权利义务之行使或负担之人或会面交往之裁判后，发生家庭暴力者，法院得依被害人、未成年子女、直辖市、县（市）主管机关、社会福利机构或其他利害关系人之请求，为子女之最佳利益改定之。

第 45 条

法院依法准许家庭暴力加害人会面交往其未成年子女时，应审酌子女及被害人之安全，并得为下列一款或数款命令：

一、于特定安全场所交付子女。

二、由第三人或机关、团体监督会面交往，并得定会面交往时应遵守之事项。

三、完成加害人处遇计划或其他特定辅导为会面交往条件。

四、负担监督会面交往费用。

五、禁止过夜会面交往。

六、准时、安全交还子女，并缴纳保证金。

七、其他保护子女、被害人或其他家庭成员安全之条件。

法院如认有违背前项命令之情形，或准许会面交往无法确保被害人或其子女之安全者，得依声请或依职权禁止之。如违背前项第六款命令，并得没入保证金。

法院于必要时，得命有关机关或有关人员保密被害人或子女住居所。

第46条

“直辖市、县（市）”主管机关应设未成年子女会面交往处所或委托其他机关（构）、团体办理。

前项处所，应有受过家庭暴力安全及防制训练之人员；其设置、监督会面交往与交付子女之执行及收费规定，由“直辖市、县（市）”主管机关定之。

第47条

法院于诉讼或调解程序中如认为有家庭暴力之情事时，不得进行和解或调解。但有下列情形之一者，不在此限：

一、行和解或调解之人曾受家庭暴力防治之训练并以确保被害人安全之方式进行和解或调解。

二、准许被害人选定辅助人参与和解或调解。

三、其他行和解或调解之人认为能使被害人免受加害人胁迫之程序。

第五章　预防及处遇

第48条

警察人员处理家庭暴力案件，必要时应采取下列方法保护被害人及防止家庭暴力之发生：

一、于法院核发紧急保护令前，在被害人住居所守护或采取其他保护被害人或其家庭成员之必要安全措施。

二、保护被害人及其子女至庇护所或医疗机构。

三、告知被害人其得行使之权利、救济途径及服务措施。

四、查访并告诫相对人。

五、访查被害人及其家庭成员，并提供必要之安全措施。

警察人员处理家庭暴力案件，应制作书面纪录；其格式，由中央警政主管机关定之。

第49条

医事人员、社会工作人员、教育人员及保育人员为防治家庭暴力行为或保护家庭暴力被害人之权益，有受到身体或精神上不法侵害之虞者，得请求警察机关提供必要之协助。

第50条

医事人员、社会工作人员、教育人员、保育人员、警察人员、移民业务人员及其他执行家庭暴力防治人员，在执行职务时知有疑似家庭暴力，应立即通报当地主管机关，至迟不得逾二十四小时。

前项通报之方式及内容，由中央主管机关定之；通报人之身分资料，应予保密。

主管机关接获通报后，应即行处理，并评估有无儿童及少年目睹家庭暴力之情事；必要时得自行或委请其他机关（构）、团体进行访视、调查。

主管机关或受其委请之机关（构）或团体进行访视、调查时，得请求警察机关、医疗（事）机构、学校、公寓大厦管理委员会或其他相关机关（构）协助，被请求者应予配合。

第 50 –1 条

宣传品、出版品、广播、电视、因特网或其他媒体，不得报导或记载被害人及其未成年子女之姓名，或其他足以识别被害人及其未成年子女身分之信息。但经有行为能力之被害人同意、犯罪侦查机关或司法机关依法认为有必要者，不在此限。

第 51 条

“直辖市、县（市）”主管机关对于拨打依第八条第一项第一款设置之二十四小时电话专线者，于有下列情形之一时，得追查其电话号码及地址：

一、为免除当事人之生命、身体、自由或财产上之急迫危险。

二、为防止他人权益遭受重大危害而有必要。

三、无正当理由拨打专线电话，致妨害公务执行。

四、其他为增进公共利益或防止危害发生。

第 52 条

医疗机构对于家庭暴力之被害人，不得无故拒绝诊疗及开立验伤诊断书。

第 53 条

卫生主管机关应拟订及推广有关家庭暴力防治之卫生教育倡导计划。

第 54 条

“中央”卫生主管机关应订定家庭暴力加害人处遇计划规范；其内容包括下列各款：

一、处遇计划之评估标准。

二、司法机关、家庭暴力被害人保护计划之执行机关（构）、加害人处遇计划之执行机关（构）间之连系及评估制度。

三、执行机关（构）之资格。

"中央"卫生主管机关应会同相关机关负责家庭暴力加害人处遇计划之推动、发展、协调、督导及其他相关事宜。

第 55 条

加害人处遇计划之执行机关（构）得为下列事项：

一、将加害人接受处遇情事告知司法机关、被害人及其辩护人。

二、调阅加害人在其他机构之处遇数据。

三、将加害人之资料告知司法机关、监狱监务委员会、家庭暴力防治中心及其他有关机构。

加害人有不接受处遇计划、接受时数不足或不遵守处遇计划内容及恐吓、施暴等行为时，加害人处遇计划之执行机关（构）应告知"直辖市、县（市）"主管机关；必要时并得通知"直辖市、县（市）"主管机关协调处理。

第 56 条

"直辖市、县（市）"主管机关应制作家庭暴力被害人权益、救济及服务之书面数据，供被害人取阅，并提供医疗机构及警察机关使用。

医事人员执行业务时，知悉其病人为家庭暴力被害人时，应将前项资料交付病人。

第一项数据，不得记明庇护所之地址。

第 57 条

"直辖市、县（市）"主管机关应提供医疗机构、公、私立"国民"小学及户政机关家庭暴力防治之相关资料，俾医疗机构、公、私立"国民"小学及户政机关将该相关数据提供新生儿之父母、办理小学新生注册之父母、办理结婚登记之新婚夫妻及办理出生登记之人。

前项数据内容应包括家庭暴力对于子女及家庭之影响及家庭暴力之防治服务。

第 58 条

"直辖市、县（市）"主管机关得核发家庭暴力被害人下列补助：

一、紧急生活扶助费用。

二、非属全民健康保险给付范围之医疗费用及身心治疗、咨商与辅导费用。

三、诉讼费用及律师费用。

四、安置费用、房屋租金费用。

五、子女教育、生活费用及儿童托育费用。

六、其他必要费用。

第一项第一款、第二款规定，于目睹家庭暴力儿童及少年，准用之。

第一项补助对象、条件及金额等事项规定，由“直辖市、县（市）”主管机关定之。

家庭暴力被害人年满二十岁者，得申请创业贷款；其申请资格、程序、利息补助金额、名额及期限等，由中央目的事业主管机关定之。

为办理第一项及第四项补助业务所需之必要资料，主管机关得洽请相关机关（构）、团体、法人或个人提供之，受请求者不得拒绝。

主管机关依前项规定所取得之资料，应尽善良管理人之注意义务，确实办理信息安全稽核作业；其保有、处理及利用，并应遵循“个人资料保护法”之规定。

第 58 –1 条

对于具就业意愿而就业能力不足之家庭暴力被害人，劳工主管机关应提供预备性就业或支持性就业服务。

前项预备性就业或支持性就业服务相关办法，由劳工主管机关定之。

第 59 条

社会行政主管机关应办理社会工作人员、居家式托育服务提供商、托育人员、保育人员及其他相关社会行政人员防治家庭暴力在职教育。

警政主管机关应办理警察人员防治家庭暴力在职教育。

司法院及法务部应办理相关司法人员防治家庭暴力在职教育。

卫生主管机关应办理或督促相关医疗团体办理医护人员防治家庭暴力在职教育。

教育主管机关应办理学校、幼儿园之辅导人员、行政人员、教师、教保服务人员及学生防治家庭暴力在职教育及学校教育。

移民主管机关应办理移民业务人员防治家庭暴力在职教育。

第 60 条

高级中等以下学校每学年应有四小时以上之家庭暴力防治课程。但得于总时数不变下，弹性安排于各学年实施。

第六章 罚 则

第 61 条

违反法院依第十四条第一项、第十六条第三项所为之下列裁定者，为本法所称违反保护令罪，处三年以下有期徒刑、拘役或科或并科新台币十万元以下罚金：

一、禁止实施家庭暴力。

二、禁止骚扰、接触、跟踪、通话、通信或其他非必要之联络行为。

三、迁出住居所。

四、远离住居所、工作场所、学校或其他特定场所。

五、完成加害人处遇计划。

第 61 －1 条

广播、电视事业违反第五十条之一规定者，由目的事业主管机关处新台币三万元以上十五万元以下罚款，并命其限期改正；届期未改正者，得按次处罚。

前项以外之宣传品、出版品、因特网或其他媒体之负责人违反第五十条之一规定者，由目的事业主管机关处新台币三万元以上十五万元以下罚款，并得没入第五十条之一规定之物品、命其限期移除内容、下架或其他必要之处置；届期不履行者，得按次处罚至履行为止。但被害人死亡，经目的事业主管机关权衡社会公益，认有报导之必要者，不罚。

宣传品、出版品、因特网或其他媒体无负责人或负责人对行为人之行为不具监督关系者，第二项所定之罚款，处罚行为人。

第 62 条

违反第五十条第一项规定者，由“直辖市、县（市）”主管机关处新台币六千元以上三万元以下罚款。但医事人员为避免被害人身体紧急危难而违反者，不罚。

违反第五十二条规定者，由“直辖市、县（市）”主管机关处新台币六千元以上三万元以下罚款。

第 63 条

违反第五十一条第三款规定，经劝阻不听者，“直辖市、县（市）”主管机关得处新台币三千元以上一万五千元以下罚款。

第 63 －1 条

被害人年满十六岁，遭受现有或曾有亲密关系之未同居伴侣施以身体或精神上不法侵害之情事者，准用第九条至第十三条、第十四条第一项第一款、第二款、第四款、第九款至第十三款、第三项、第四项、第十五条至第二十条、第二十一条第一项第一款、第三款至第五款、第二项、第二十七条、第二十八条、第四十八条、第五十条之一、第五十二条、第五十四条、第五十五条及第六十一条之规定。

前项所称亲密关系伴侣，指双方以情感或性行为为基础，发展亲密之社会互动关系。

本条自公布后一年施行。

第七章　附　则

第 64 条

行政机关执行保护令及处理家庭暴力案件办法，由“中央”主管机关定之。

第 65 条

本法施行细则，由“中央”主管机关定之。

第 66 条

本法自公布日施行。

六、台湾地区“‘家庭暴力防治法’施行细则”

“家庭暴力防治法”施行细则

第 1 条

本细则依“家庭暴力防治法”（以下简称“本法”）第六十五条规定订定之。

第 2 条

“本法”第二条第一款所定经济上之骚扰、控制、胁迫或其他不法侵害之行为，包括下列足以使被害人畏惧或痛苦之举动或行为：

一、过度控制家庭财务、拒绝或阻碍被害人工作等方式。

二、透过强迫借贷、强迫担任保证人或强迫被害人就现金、有价证券与其他动产及不动产为交付、所有权移转、设定负担及限制使用收益等方式。

三、其他经济上之骚扰、控制、胁迫或其他不法侵害之行为。

第 3 条

“直辖市、县（市）”主管机关家庭暴力防治中心每半年应邀集当地警政、教育、卫生、社政、民政、户政、司法、劳工、新闻、移民等相关机关举行业务协调会报，研议办理“本法”第八条第一项各款措施相关事宜；必要时，得召开临时会议。

第4条

检察官、警察机关或“直辖市、县（市）”主管机关依“本法”第十二条第一项但书规定声请紧急保护令时，应考虑被害人有无遭受相对人虐待、威吓、伤害或其他身体上、精神上或经济上不法侵害之现时危险，或如不核发紧急保护令，将导致无法回复之损害等情形。

第5条

依“本法”第十二条第一项前段规定以书面声请保护令者，应记载下列事项：

一、声请人之姓名、性别、出生年月日、国民身分证统一编号、住居所或送达处所及与被害人之关系；声请人为法人、机关或其他团体者，其名称及公务所、事务所或营业所。

一、被害人非声请人者，其姓名、性别、出生年月日、住居所或送达处所。

二、相对人之姓名、性别、出生年月日、住居所或送达处所及与被害人之关系。

三、有代理人者，其姓名、性别、出生年月日、住居所或事务所、营业所。

四、声请之意旨及其原因、事实。

五、供证明或释明用之证据。

六、附件及其件数。

七、法院。

八、年、月、日。

声请人知悉被害人、相对人、代理人之国民身分证统一编号者，宜并于声请状记载。

第6条

检察官、警察机关或“直辖市、县（市）”主管机关依“本法”第十二条第一项但书规定，以言词、电信传真或其他科技设备传送之方式声请紧急保护令时，应表明前条各款事项，除有特殊情形外，并应以法院之专线为之。

第 7 条

“本法”第十二条第一项但书规定所称夜间，为日出前，日没后；所称休息日，为星期例假日、应放假之纪念日及其他由“中央”人事主管机关规定应放假之日。

第 8 条

法院受理“本法”第十二条第一项但书规定紧急保护令声请之事件，如认现有资料无法审认被害人有受家庭暴力之急迫危险者，得请警察人员及其他相关人员协助调查。

第 9 条

法院受理“本法”第十二条第一项但书规定紧急保护令声请之事件，得请声请人、前条协助调查人到庭或电话陈述家庭暴力之事实，相关人员不得拒绝。

第 10 条

“本法”第十九条第一项所定提供被害人或证人安全出庭之环境及措施，包括下列事项之全部或一部：

一、提供视讯或单面镜审理空间。

二、规划或安排其到庭时使用不同之入出路线。

三、其他相关措施。

被害人或证人出庭时，需法院提供前项措施者，于开庭前或开庭时，向法院陈明。

第 11 条

被害人依“本法”第二十一条第一项第一款规定，向执行目标物所在地法院声请强制执行时，应持保护令正本，并以书状表明下列各款事项：

一、当事人或其代理人。

二、请求实现之权利。

书状内宜记载执行之目标物、应为之执行行为或强制执行法所定其他事项。

第一项暂免征收之执行费，执行法院得于强制执行所得金额之范围内，予以优先扣缴受偿。

未能依前项规定受偿之执行费，执行法院得于执行完毕后，以裁定确定其数额及应负担者，并将裁定正本送达债权人及债务人。

第12条

被害人依“本法”第二十一条第一项第四款规定，申请执行本法第十四条第一项第十二款保护令，应向下列机关、学校提出：

一、任一户政事务所：申请执行禁止相对人查阅被害人及受其暂时监护未成年子女户籍相关信息之保护令。

二、学籍所在学校：申请执行禁止相对人查阅被害人及受其暂时监护未成年子女学籍相关信息之保护令。

三、各地区国税局：申请执行禁止相对人查阅被害人及受其暂时监护未成年子女所得来源相关信息之保护令。

第13条

“本法”第二十四条所称权利人，指由法院依“本法”第十四条第一项第六款所定暂时对未成年子女行使或负担权利义务之一方；所称义务人，指依“本法”第十四条第一项第六款规定应交付子女予权利人者。

第14条

“本法”第二十五条所称权利人、义务人，定义如下：

一、于每次子女会面交往执行前：

（一）权利人：指依“本法”第十四条第一项第七款规定申请执行子女会面交往者。

（二）义务人：指由法院依“本法”第十四条第一项第六款所定暂时对未成年子女行使或负担权利义务之一方。

二、于每次子女会面交往执行后：

（一）权利人：指由法院依“本法”第十四条第一项第六款所定暂时对未成年子女行使或负担权利义务之一方。

（二）义务人：指依“本法”第十四条第一项第七款规定申请执行子女会面交往者。

第15条

权利人依“本法”第二十四条或第二十五条规定，向应为执行行为地之法院声请强制执行时，除依第十一条之规定办理外，声请时并应提出曾向警察机关或“直辖市、县（市）”主管机关声请限期履行未果之证明文件。

第16条

当事人或利害关系人依“本法”第二十七条第一项规定，向执行机关声明异议者，应以书面或言词提出；其以言词为之者，受理之人员或单位应作成纪录，经向声明异议者朗读或使阅览，确认其内容无误后，由其签名或盖章。

声明异议之书面内容或言词作成之纪录，应载明异议人之姓名及异议事由；其由利害关系人为之者，并应载明其利害关系。

第 17 条

“本法”第三十一条第二项所称刑事诉讼终结时，指下列情形：

一、案件经检察官为不起诉处分或缓起诉处分者，至该处分确定时。

二、案件经检察官提起公诉或声请简易判决处刑者，至该案件经法院判决确定时。

第 18 条

警察人员依“本法”第三十五条规定报告检察官及法院时，应以书面为之，并检具事证及其他相关数据。但情况急迫者，得以言词、电信传真或其他科技设备传送之方式报告。

第 19 条

家庭暴力罪及违反保护令罪之告诉人，依“刑事诉讼法”第二百三十六条之一第一项或第二百七十一条之一第一项规定委任代理人到场者，应提出委任书状。

第 20 条

警察人员发现受保护管束人违反“本法”第三十八条第二项于保护管束期间应遵守之事项时，应检具事证，报告受保护管束人户籍地或住居所地之地方法院检察署检察官。

第 21 条

“本法”第五十条第二项通报方式，应以电信传真或其他科技设备传送；情况紧急时，得先以言词、电话通讯方式通报，并于通报后二十四小时内补送通报表。

前项通报表内容，包括通报人、被害人、相对人之基本资料、具体受暴事实及相关协助等事项。

第 22 条

“本法”第五十条之一所定其他足以识别被害人及其未成年子女身分之信息，包括被害人及其未成年子女之照片、影像、声音、住居所、就读学校与班级、工作场所、亲属姓名或与其之关系等个人基本资料。

第 23 条

“本法”第五十八条所定“直辖市、县（市）”主管机关，为被害人户籍地之“直辖市、县（市）”主管机关。

第24条

“本法”第六十三条之一第二项所定亲密关系伴侣，得参酌下列因素认定之：

一、双方关系之本质。

二、双方关系之持续时间。

三、双方互动之频率。

四、性行为之有无及频率。

五、其他足以认定有亲密关系之事实。

第25条

本细则自发布日施行。